Libro de cocina de la freidora de aire Cosori para principiantes 2021

1000 recetas crujientes, fáciles y saludables para su freidora de aire Cosori

Dr. Honeri Davis

© Copyright 2021 Dr. Honeri Davis- Todos los derechos reservados.

En ningún caso es legal la reproducción, duplicación o transmisión de cualquier parte de este documento por medios electrónicos o en formato impreso. La grabación de esta publicación está estrictamente prohibida, y no se permite el almacenamiento de este material a menos que se cuente con la autorización por escrito del editor. Todos los derechos reservados.

La información proporcionada en este documento se declara veraz y coherente, por lo que cualquier responsabilidad, en relación con la falta de atención o de otro tipo, por cualquier uso o abuso de cualquier política, proceso o instrucciones contenidas en el mismo, es la responsabilidad única y completa del lector receptor. Bajo ninguna circunstancia se podrá responsabilizar o culpar al editor por cualquier reparación, daño o pérdida monetaria debida a la información aquí contenida, ya sea directa o indirectamente.

Los autores respectivos son propietarios de todos los derechos de autor que no están en manos del editor.

Aviso legal:

Este libro está protegido por derechos de autor. Es sólo para uso personal. No puede modificar, distribuir, vender, utilizar, citar o parafrasear ninguna parte del contenido de este libro sin el consentimiento del autor o del propietario del copyright. Se emprenderán acciones legales si se incumple esta norma.

Aviso de exención de responsabilidad:

Tenga en cuenta que la información contenida en este documento tiene únicamente fines educativos y de entretenimiento. Se ha hecho todo lo posible para proporcionar información precisa, actualizada, fiable y completa. No se ofrecen garantías de ningún tipo, ni expresas ni implícitas. Los lectores reconocen que el autor no se dedica a prestar asesoramiento legal, financiero, médico o profesional.

Al leer este documento, el lector acepta que bajo ninguna circunstancia somos responsables de cualquier pérdida, directa o indirecta, que se produzca como resultado del uso de la información contenida en este documento, incluyendo, pero no limitándose a, errores, omisiones o inexactitudes.

Índice de contenidos

Introducción 9
Capítulo 1: Recetas para el desayuno 10
- Muffins de queso y huevo para el desayuno 10
- Bocados de huevo para el desayuno 10
- Hash de boniato clásico 10
- Huevos fáciles para el desayuno con queso 11
- Frittata de queso y huevo 11
- Hueveras de queso y jamón 11
- Desayuno Huevos con aguacate 12
- Tortilla de espinacas saludable 12
- Huevo con queso y champiñones al horno 12
- Hash Browns de rábano para el desayuno 13
- Sopa de crema para el desayuno 13
- Huevos al horno con espinacas 13
- Frittata fácil para el desayuno 14
- Frittata de pimientos y brócoli 14
- Frittata de salchicha y queso para el desayuno 15
- Copas de huevo con salchichas y espinacas 15
- Pimientos rellenos de huevo 15
- Frittata de queso y verduras 16
- Revuelto de salchichas y huevos 16
- Muffins de espinacas y ajo 17
- Magdalenas griegas de huevo 17
- Frittata de verduras 17
- Muffins de huevo con col rizada 18
- Frittata de queso y champiñones 18
- Muffins de queso y arándanos 19
- Huevo con queso y mostaza al horno .. 19
- Copas de huevo con requesón 19
- Tortilla de queso 20
- Muffins de huevo con salchicha y queso 20
- Hueveras de hierbas sabrosas 20
- Muffins de huevo con tomate y albahaca 21
- Muffins de huevo y bacon 21
- Muffins de huevo con pimiento y queso feta 21
- Quiche de queso y ajo 22
- Buñuelos de brócoli 22
- Coles de Bruselas picantes 23
- Hamburguesas de calabacín para el desayuno 23
- Coles de Bruselas con tocino 23
- Quiche de brócoli 24
- Bocaditos de huevo con queso y bacon 24
- Frittata de queso, salchichas y pimientos 24
- Frittata de setas 25
- Frittata de brócoli y pimientos 25
- Frittata de espinacas y tomate 26
- Bocado de huevo con albahaca y queso feta 26
- Bocado de huevo con salchicha y queso suizo 26
- Bocado de huevo con queso gruyere ... 27
- Bocado de huevo con queso cheddar y brócoli 27
- Mordida de huevo con chiles verdes 28
- Mordisco de huevo a la pimienta asada 28
- Tortilla de queso Cheddar 28
- Alitas de pollo picantes 29
- Pollo Fajita 29
- Pechugas de pollo al limón 29
- Hamburguesas de salmón al eneldo 30
- Buñuelos de pollo 30
- Deliciosas hamburguesas de pollo 30
- Buñuelos de pollo con queso 31
- Hamburguesas de atún 31
- Bocaditos de huevo con jamón 32

Capítulo 2: Recetas de aves de corral 33
- Deliciosa Fajita de Pollo 33
- Alitas de pollo a la parmesana 33
- Alitas de Pollo Western 33
- Pollo entero perfecto 34
- Pechugas de pollo jugosas 34
- Sabores de pollo al Dijon 35
- Terneras de pollo con costra crujiente . 35
- Tiernas y jugosas gallinas de Cornualles 36
- Sabores y muslos de pollo crujientes ... 36
- Cena perfecta de muslos de pollo 36
- Terneras de Pollo Perfectamente Condimentadas 37
- Pollo al limón fácil y rápido 37
- Deliciosos Nuggets de Pollo 37
- Alitas de Chipotle fáciles y rápidas 38
- Pollo a la espalda con jalapeños picantes 38

Pollo griego saludable 39
Sabroso Pollo a la espalda de Hassel 39
Deliciosas albóndigas de pollo 40
Fajitas de pollo mexicanas 40
Fajita Hassel de Pollo 40
Pechuga de pavo occidental 41
Albóndigas de pavo fáciles 41
Muslos de Pollo Cajún 42
Sabrosos filetes de pollo 42
Jugosos muslos de pollo a la pimienta de limón 43
Pollo al pesto cremoso 43
Sabrosos bocados de pollo Tikka 43
Pollo y brócoli saludables 44
Pechuga de pavo a la pimienta de limón 44
Alitas de pollo al ajo 45
Crispy Bagel Chicken Tenders 45
Palillos de pollo italianos 46
Albóndigas de pollo asiáticas 46
Muslos de pollo marinados con hierbas 46
Jugoso pollo caribeño 47
Buñuelos de pollo y brócoli 47
Alitas de pollo picantes 48
Pollo y verduras nutritivas 48
Albóndigas de pollo y espinacas 48
Piernas de pavo tiernas 49
Albóndigas griegas 49
Pechugas de pollo perfectas 49
Hamburguesas de espinacas de pavo ... 50
Sabrosas fajitas de pavo 50
Alitas de pollo al ajo con rancho 51
Muslos de pollo al rancho 51
Alitas de pollo Taco Ranch 51
Alitas de Pollo al Cilantro y Lima 52
Hamburguesas de pavo con setas 52
Alitas de Pollo Cajún Crujientes 53
Alitas de pollo crujientes y jugosas 53
Alitas de pollo cajún sencillas 53
Muslos de pollo en adobo 54
Pechuga de pavo a las hierbas 54
Pechuga de pavo de Acción de Gracias 54
Pechuga de pavo a las hierbas 55
Hamburguesas de calabacín de pavo.... 55
Hamburguesas griegas de pavo 56
Sabrosa pechuga de pavo 56
Pechuga de pavo húmeda y jugosa 56

Capítulo 3: Recetas con carne de vacuno ... 58
Consejos para un bistec rápido y fácil . 58
Filetes de solomillo sencillos 58
Sabroso bistec 58
Asado de ternera italiano 59
Asado de ternera al romero y tomillo .. 59
Albóndigas italianas 59
Hamburguesas Patties 60
Albóndigas 60
Sabrosas hamburguesas de ternera 60
Pastel de carne 61
Tender & Juicy Kebab 61
Pastel de carne 61
Albóndigas 62
Bistec marinado 62
Carne asiática 63
Sabroso asado de ternera 63
Filete de mantequilla con queso 63
Sabrosa carne con jengibre y ajo 64
Jugosas hamburguesas 64
Pastel de carne 65
Albóndigas 65
Bistec con especias 65
Ternera y brócoli saludables 66
Pastel de carne 66
Tasty Kebab 67
Albóndigas 67
Carne de res y brócoli fácil 67
Albóndigas 68
Tender Steak 68
Albóndigas 68
Hamburguesas de queso 69
Ternera con ajo y brócoli 69
Ternera con comino y lima 70
Hamburguesas 70
Pastel de carne 70
Bife de costilla 71
Hamburguesas de ternera Berger 71
Sabroso Satay de ternera 72
Easy Kebab 72
Hamburguesas de queso con carne de vacuno 72
Pimientos rellenos 73
Brochetas de ternera jugosas 73
Filetes de solomillo 73
Sabrosas Fajitas de Buey 74
Bistec con setas 74
Hamburguesas de sabores 75
Fajitas de ternera 75
Pimientos rellenos 75
Filete a la pimienta Kebab 76
Jugoso y tierno filete a la parmesana.... 76

Capítulo 4: Recetas con carne de cerdo 78

- Chuletas de cerdo picantes 78
- Albóndigas 78
- Albóndigas 78
- Chuletas de cerdo a la barbacoa 79
- Chuletas de cerdo al pesto 79
- Chuletas de cerdo con mantequilla de coco 79
- Chuletas de cerdo crujientes 80
- Chuletas de cerdo con queso y ajo 80
- Chuletas de cerdo al ajo y limón 81
- Chuletas de cerdo a las hierbas 81
- Chuletas de cerdo sazonadas al estilo criollo 81
- Chuletas de cerdo tiernas 82
- Chuletas de cerdo asiáticas 82
- Chuletas de cerdo fáciles y deliciosas... 83
- Chuletas de cerdo sazonadas con Dash 83
- Culo de cerdo fácil 83
- Filete de cerdo picante 84
- Chuletas de cerdo sencillas para freír en el aire 84
- Sabrosas chuletas de cerdo encebolladas 84
- Jugosas y sabrosas chuletas de cerdo 85
- Deliciosas chuletas de cerdo al estilo ranchero 85
- Albóndigas 85
- Empanadas de cerdo fáciles 86
- Chuletas de cerdo sazonadas con pimienta de limón 86
- Sabrosas chuletas de cerdo 86
- Chuletas de cerdo con costra crujiente 87
- Albóndigas 87
- Pastel de carne 87
- Chuletas de cerdo con mantequilla de hierbas 88
- Chuletas de cerdo fritas al aire libre 88
- Chuletas de cerdo con queso cheddar . 88
- Albóndigas 89
- Chuletas de cerdo al ajo 89
- Chuletas de cerdo a la mostaza 89
- Albóndigas 90
- Cerdo y Pimientos 90
- Chuletas de cerdo al romero sencillas . 90
- Costillas de cerdo asiáticas 91
- Sabroso asado de cerdo 91
- Paleta de cerdo picante 91
- Albóndigas 92
- Chuletas de cerdo con queso 92
- Chuletas de cerdo al pimentón 93
- Chuletas de cerdo con pimentón ahumado 93
- Deliciosa carne de cerdo y setas 93
- Chuletas de cerdo con queso 94
- Deliciosas chuletas de cerdo rellenas ... 94
- Bocados de cerdo sencillos y sabrosos . 94
- Lomo de cerdo 95
- Chuletas de cerdo al pesto 95
- Chuletas de cerdo al ajo con queso 96
- Chuletas de cerdo al balsámico 96
- Sabrosas costillas a la barbacoa 96
- Paleta de cerdo picante 97
- Chuletas de cerdo al balsámico 97
- Albóndigas 98
- Chuletas de cerdo con mantequilla de hierbas 98
- Hamburguesas de cerdo picantes 98
- Lomo de cerdo a las hierbas 99
- Lomo de cerdo a las hierbas 99

Capítulo 5: Recetas de cordero 100

- Jugosas y sabrosas chuletas de cordero 100
- Chuletas de cordero al romero 100
- Chuletas de cordero al ajo de Dijon.. 100
- Sabroso cordero al comino 101
- Jugosas y tiernas chuletas de cordero al limón y mostaza 101
- Albóndigas 101
- Filete de cordero picante 102
- Asado de cordero 102
- Chuletas de cordero griegas fáciles 103
- Deliciosas chuletas de cordero Zaatar 103
- Chuletas de cordero fáciles y rápidas. 103
- Chuletas de cordero a las hierbas secas 104
- Asado de cordero húmedo 104
- Chuletas de cordero al tomillo 104
- Chuletas de cordero al horno 105
- Albóndigas 105
- Albóndigas 105
- Albóndigas 106
- Hamburguesas de cordero 106
- Chuletas de cordero picantes............. 106
- Chuletas de cordero al limón y a la albahaca 107
- Cordero a la pimienta y limón........... 107
- Albóndigas 108
- Chuletas de cordero griegas 108
- Chuletas de cordero a las hierbas 108

Albóndigas 109
Chuletas de cordero al ajo y a las hierbas
.... 109
Chuletas de cordero picantes 109
Hamburguesas griegas de cordero 110
Chuletas de cordero a la mostaza 110

Capítulo 6: Aperitivos y tentempiés **111**
Aceitunas de hierbas asadas 111
Dip de cangrejo con queso 111
Nueces asadas 111
Champiñones rellenos de queso 112
Patatas fritas de zanahoria con parmesano 112
Rellenos de jalapeños 112
Dip de cangrejo picante 113
Patatas fritas de calabacín crujientes .. 113
Chips de calabacín saludables 113
Poblanos rellenos de pollo 114
Chips de calabacín con rancho 114
Tofu crujiente 115
Floretes de coliflor crujientes 115
Espárragos a la parmesana 115
Sabrosos bocados de coliflor con búfalo
.... 116
Chips de remolacha 116
Coles de Bruselas a la parmesana 116
Dip de cangrejo picante 117
Sabores del Pollo Tandoori 117
Alitas de pollo asiáticas 118
Kabab de pollo 118
Albóndigas 118
Tasty Chicken Tenders 119
Albóndigas 119
Fichas de taro fácil 120
Buñuelos de brócoli 120
Coles de Bruselas crujientes 120
Zanahorias asadas a las hierbas 120
Verduras sencillas fritas al aire libre .. 121
Nueces asadas saludables 121
Albóndigas 121
Albóndigas de salchicha 122
Dip de pollo con queso 122
Deliciosa salsa de gambas 122
Patatas fritas de berenjena fáciles y rápidas 123
Chips de rábano de lima 123
Sabrosas patatas fritas de zanahoria ... 123
Setas con sabor a hierbas 124
Dip de pavo 124
Chips de calabacín fáciles 125

Patatas fritas de boniato fáciles de hacer
.... 125
Patatas fritas de jícama saludables 125
Bocados de coliflor crujiente 125
Bocados de salmón picante 126
Almendras tostadas saludables 126
Sabrosas rodajas de berenjena 126
Poppers de jalapeños fáciles 127
Nuggets de brócoli fáciles 127
Champiñones rellenos de cangrejo 128
Delicioso Dip de Pollo 128

Capítulo 7: Recetas de marisco **129**
Camarones cajún fáciles 129
Salmón tierno y jugoso 129
Cena de gambas y verduras 129
Gambas al limón y al ajo 130
Pescado blanco al limón y al ajo 130
Camarones de coco fáciles 130
Filetes de pescado blanco a la parmesana
.... 131
Sabrosas fajitas de gambas 131
Salmón con jengibre y ajo 131
Sabrosos camarones al chipotle 132
Salmón fácil y rápido 132
Empanadas de salmón saludables 132
Filetes de salmón al ajo y yogur 133
Brochetas de camarones con ajo y lima
.... 133
Pasteles de cangrejo saludables 134
Vieiras crujientes envueltas en bacon 134
Salmón con parmesano y albahaca 134
Crujientes y jugosas gambas cajún 135
Sabrosos filetes de bacalao al curry 135
Deliciosas gambas a la mantequilla 136
Fajitas mexicanas de camarones 136
Salmón con costra de Dukkah 136
Vieiras al limón y al ajo 137
Vieiras con limón y alcaparras 137
Vieiras Cajún 137
Sabrosos pasteles de cangrejo 138
Salmón a las hierbas 138
Empanadas de salmón fáciles y rápidas
.... 138
Gambas con verduras 139
Nutritivos filetes de salmón 139
Gambas encebolladas a la pimienta ... 140
Camarones Old Bay 140
Palitos de pescado crujientes 140
Jugosos y tiernos filetes de bacalao 141
Sabrosas gambas a la parmesana 141

Filetes de pescado congelados perfectamente tiernos 141
Tortas de cangrejo sazonadas con Old Bay 142
Camarones simples y perfectos 142
Filete de salmón asiático 143
Deliciosos bocados de pescado 143
Bacalao con chile y lima 143
Palitos de pescado salados 144
Tilapia al ajo y a las hierbas 144
Salmón a la parmesana 145
Camarones envueltos en tocino 145
Tilapia cajún 145
Filetes de atún fáciles de hacer 146
Empanadas de atún saludables 146
Pasteles de calabacín con atún 146
Vieiras al pesto 147
Brochetas de camarones al pesto 147
Salmón con sabor a rábano picante... 148
Salmón con limón, ajo y hierbas 148
Vieiras picantes 148
Camarones picantes y sabrosos 149
Camarones tailandeses 149
Camarones con chile y ajo 149
Camarones cremosos 150
Filetes de siluro sencillos 150
Hamburguesas de salmón y aguacate . 150

Capítulo 8: Comidas sin carne 152
Mezcla de verduras saludables 152
=Verduras asadas fáciles 152
Coles de Bruselas fáciles y crujientes . 152
Judías verdes al ajo 153
Brócoli vegano simple 153
Zanahorias con sésamo 153
Espárragos con almendras 154
Zanahorias asadas fáciles 154
Brócoli asiático 154
Calabaza y calabacín saludables 155
Col frita crujiente 155
Coles de Bruselas al balsámico 155
Brochetas rápidas de verduras 156
Setas fáciles de soja y ajo 156
Edamame picante 156
Setas balsámicas 157
Verduras mediterráneas 157
Okra asada simple 157
Verduras griegas 158
Coliflor con limón y ajo 158
Coles de Bruselas al balsámico 158
Sabrosa calabaza de mantequilla 159

Judías verdes crujientes 159
Calabacines asados 159
Zanahorias, calabacines y calabazas fritas al aire libre 160
Berenjena crujiente y picante 160
Rodajas de berenjena al curry 160
Judías verdes con especias 161
Tomates de albahaca al aire libre 161
Pisto en la freidora 162
Floretes de coliflor al ajo 162
Coles de Bruselas a la parmesana 162
Tomates sabrosos 163
Zanahorias asadas saludables 163
Coliflor al curry con piñones 163
Calabaza de tomillo y salvia 163
Judías verdes con cebolla 164
Setas silvestres fáciles 164
Deliciosos espárragos al limón con queso 164
Setas con mantequilla de ajo 165

Capítulo 9: Postres 166
Muffins de canela y nueces 166
Muffins de fresa y almendra 166
Muffins de queso crema y canela 166
Panecillos húmedos de almendra 167
Muffins de queso y limón 167
Brownie de taza fácil 168
Deliciosas galletas de chocó 168
Brownies de mantequilla de almendras y caramelo 168
Mug Cake de vainilla 169
Brownies de chocolate húmedo 169
Brownies de chocolate 169
Brownies Keto súper fáciles 170
Pastel de chocolate húmedo 170
Deliciosas magdalenas de chocolate .. 171
Brownie de chocolate y mantequilla de almendras 171
Ricas magdalenas de brownie 172
Muffins de tarta de queso 172
Muffins de arándanos 172
Galletas de mantequilla 173
Galletas de almendra 173
Brownies de queso crema 173
Brownie proteico de chocolate 174
Bocados de brownie 174
Brownies de calabacín 174
Brownies de chocolate y mantequilla de almendra 175
Tarta de choco y lava 175

Deliciosa tarta de café 176
Tarta de vainilla 176
Chips de manzana 176
Manzanas con especias 177
Deliciosas magdalenas de calabaza 177
Tarta de queso 177
Rodajas de piña fritas al aire 178
Natillas de vainilla 178
Galletas de mantequilla con queso mozzarella 178
Mug Cake de vainilla, almendra y canela 179
Choco Mug Brownie 179
Tarta de limón y ricotta 179
Muffins de canela y capuchino 180
Magdalenas de calabaza húmedas 180

Capítulo 10: Plan de comidas de 30 días . 182
Conclusión 185

Introducción

La dieta Keto y la freidora de aire Cosori son una de las combinaciones únicas de un plan de dieta saludable y nutritiva y un moderno aparato de cocina saludable. La dieta Keto es una de las dietas saludables más famosas del mundo que es baja en carbohidratos y alta en grasas. La mayoría de los pueblos de todo el mundo utilizan esta dieta para la pérdida de peso rápida propósito. La dieta Keto tiene varios beneficios para la salud, en este libro hemos visto varios beneficios para la salud de la dieta Keto.

Todas las recetas escritas en este libro se basan en recetas de la dieta ceto. Estas recetas se hacen en la freidora de aire Cosori. La freidora de aire Cosori es uno de los aparatos de cocina modernos que funciona con tecnología de circulación de aire caliente de 360°. Si usted es una de las personas que gustan de las patatas fritas y decepcionado debido a la falta de crujiente entonces Cosori freidora de aire es la mejor opción para usted. Hace un bol de patatas fritas con una cucharada de aceite y hace que sus patatas fritas estén crujientes por fuera y tiernas por dentro. La freidora de aire Cosori es más rápida, tarda menos de un minuto en pasar de la temperatura ambiente a los 300°F. La tecnología de circulación de aire caliente cocina su comida más rápido con perfección.

El libro contiene recetas saludables de la dieta ceto, como desayunos y almuerzos, carne de ave, carne de cerdo, cordero, aperitivos y tentempiés, mariscos, comidas sin carne y postres. Todas las recetas de este libro son únicas y están escritas de forma fácilmente comprensible. Las recetas escritas en este libro tienen su preparación y tiempo de cocción exactos. Mi objetivo es proporcionarle una receta saludable con un aparato de cocina saludable. El libro contiene toda la información sobre la dieta ceto y la freidora de aire Cosori con sus beneficios. Hay diferentes tipos de libros disponibles en el mercado sobre este tema gracias por elegir mi libro. Espero que la información dada en este libro le ayudará a lograr su objetivo de la dieta y que han disfrutado de todas las recetas escritas en este libro.

Capítulo 1: Recetas para el desayuno

Muffins de queso y huevo para el desayuno

Tiempo de preparación: 10 minutos; Tiempo de cocción: 5 minutos; Servir: 4

Ingredientes:
- 4 huevos
- 1/4 de taza de queso cheddar rallado
- 1/4 de taza de crema de leche
- Pimienta
- Sal

Direcciones:
1. En un bol, bata los huevos con la crema de leche, el queso, la pimienta y la sal.
2. Vierta la mezcla de huevos en los cuatro moldes de silicona para magdalenas.
3. Coloque los moldes de magdalenas en la cesta de la freidora de aire y cocine a 350 F durante 5 minutos.
4. Servir y disfrutar.

Valor nutricional (cantidad por ración):
Calorías 117; Grasas 9,5 g; Carbohidratos 0,7 g; Azúcar 0,4 g; Proteínas 7,5 g; Colesterol 181 mg

Bocados de huevo para el desayuno

Tiempo de preparación: 10 minutos; Tiempo de cocción: 5 minutos; Servir: 6

Ingredientes:
- 4 huevos
- 1/4 de taza de queso cheddar rallado
- 4 cucharaditas de leche de almendras
- Pimienta
- Sal

Direcciones:
1. Rocíe el molde de los bocados de huevo con aceite en aerosol y resérvelo.
2. En un bol, bata los huevos con el queso, la leche, la pimienta y la sal.
3. Vierta la mezcla de huevos en el molde preparado.
4. Coloque el molde en la cesta de la freidora de aire y cocine a 330 F durante 5 minutos. Asegúrese de que los huevos tengan un color ligeramente dorado en la parte superior.
5. Servir y disfrutar.

Valor nutricional (cantidad por ración):
Calorías 69; Grasas 5,3 g; Carbohidratos 0,5 g; Azúcar 0,4 g; Proteínas 4,9 g; Colesterol 114 mg

Hash de boniato clásico

Tiempo de preparación: 10 minutos; Tiempo de cocción: 12 minutos; Servir; 4

Ingredientes:
- 2 tazas de boniatos, pelados y cortados en dados
- 1 cucharadita de condimento italiano
- 1 cucharadita de pimentón
- 3 cucharadas de aceite de oliva
- 3 rebanadas de tocino, cortadas en cubos
- Pimienta
- Sal

Direcciones:
1. En un recipiente, mezcle las batatas con el condimento italiano, el pimentón, el aceite, el tocino, la pimienta y la sal.
2. Añada los boniatos en la cesta de la freidora de aire y cocínelos a 400 F durante 12 minutos. Agite la cesta a mitad de camino.
3. Servir y disfrutar.

Valor nutricional (cantidad por ración):

Calorías 141; Grasas 9,9 g; Carbohidratos 7,3 g; Azúcar 1,5 g; Proteínas 5,9 g; Colesterol 17 mg

Huevos de desayuno fáciles con queso

Tiempo de preparación: 10 minutos; Tiempo de cocción: 5 minutos; Servir: 1

Ingredientes:
- 2 huevos
- 1 cucharadita de queso parmesano rallado
- 2 cucharadas de queso cheddar rallado
- 2 cucharadas de crema de leche
- Pimienta
- Sal

Direcciones:
1. Rocíe un recipiente para ramekines con aceite en aerosol y resérvelo.
2. En un tazón pequeño, bata los huevos con el queso parmesano, el queso cheddar, la crema de leche, la pimienta y la sal.
3. Vierta la mezcla de huevos en la fuente de ramequín preparada.
4. Coloque el plato de ramekines en la cesta de la freidora de aire y cocine a 330 F durante 5 minutos.
5. Servir y disfrutar.

Valor nutricional (cantidad por ración):
Calorías 332; Grasas 27,5 g; Carbohidratos 2,3 g; Azúcar 0,8 g; Proteínas 19,7 g; Colesterol 393 mg

Frittata de queso y huevo

Tiempo de preparación: 10 minutos; Tiempo de cocción: 6 minutos; Servir: 2

Ingredientes:
- 4 huevos
- 1/3 de taza de queso cheddar rallado
- 1/2 taza de mitad y mitad
- Pimienta
- Sal

Direcciones:
1. Rocíe la sartén con spray para cocinar y déjela a un lado.
2. En un bol pequeño, bata los huevos con el queso, la mitad y la mitad, la pimienta y la sal.
3. Vierta la mezcla de huevos en el molde preparado.
4. Coloque la sartén en la cesta de la freidora de aire y cocine a 320 F durante 6 minutos.
5. Servir y disfrutar.

Valor nutricional (cantidad por ración):
Calorías 281; Grasas 22 g; Carbohidratos 3,6 g; Azúcar 0,9 g; Proteínas 17,6 g; Colesterol 370 mg

Hueveras de queso y jamón

Tiempo de preparación: 10 minutos; Tiempo de cocción: 5 minutos; Servir: 4

Ingredientes:
- 4 huevos
- 1/2 taza de queso cheddar rallado
- 4 cucharadas de crema de leche
- 1/2 taza de jamón en dados
- Pimienta
- Sal

Direcciones:
1. Rocíe cuatro moldes con aceite en aerosol y resérvelos.
2. En un tazón pequeño, bata los huevos con el queso, la crema de leche, el jamón, la pimienta y la sal.
3. Vierta la mezcla de huevos en los moldes preparados.

4. Coloque los ramequines en la cesta de la freidora de aire y cocine a 300 F durante 5 minutos.
5. Servir y disfrutar.

Valor nutricional (cantidad por ración):
Calorías 199; Grasas 16,1 g; Carbohidratos 1,6 g; Azúcar 0,4 g; Proteínas 12,2 g; Colesterol 209 mg

Desayuno Huevos con aguacate

Tiempo de preparación: 10 minutos; Tiempo de cocción: 9 minutos; Servir: 2
Ingredientes:
- 2 huevos
- 1 aguacate, cortado por la mitad y sin semilla
- t
- Una pizca de escamas de pimienta roja
- Pimienta
- Sal

Direcciones:
1. Romper un huevo en cada mitad de aguacate. Condimentar con copos de pimiento rojo, pimienta y sal.
2. Coloque las mitades de aguacate en la cesta de la freidora de aire y cocine a 400 F durante 5 minutos o hasta que los huevos estén cocidos. Compruebe después de 5 minutos.
3. Servir y disfrutar.

Valor nutricional (cantidad por ración):
Calorías 268; Grasas 24 g; Carbohidratos 9,1 g; Azúcar 0,9 g; Proteínas 7,5 g; Colesterol 164 mg

Tortilla de espinacas saludable

Tiempo de preparación: 10 minutos; Tiempo de cocción: 8 minutos; Servir: 2
Ingredientes:
- 3 huevos
- 1/2 taza de queso cheddar rallado
- 2 cucharadas de espinacas picadas
- Pimienta
- Sal

Direcciones:
1. Rocíe la sartén con spray para cocinar y déjala a un lado.
2. En un bol, bata los huevos con el queso, las espinacas, la pimienta y la sal.
3. Vierta la mezcla de huevos en el molde preparado.
4. Coloque la sartén en la cesta de la freidora de aire y cocine a 390 F durante 8 minutos.
5. Servir y disfrutar.

Valor nutricional (cantidad por ración):
Calorías 209; Grasas 15,9 g; Carbohidratos 1 g; Azúcar 0,7 g; Proteínas 15,4 g; Colesterol 275 mg

Huevo al horno con queso y champiñones

Tiempo de preparación: 10 minutos; Tiempo de cocción: 8 minutos; Servir: 1
Ingredientes:
- 2 huevos
- 1/2 taza de jamón en dados
- 1/4 de taza de queso cheddar rallado
- 1/4 de taza de leche de coco
- 2 champiñones, cortados en rodajas
- 1 cucharada de cebolla verde picada
- Pimienta
- Sal

Direcciones:
1. Rocíe la sartén con spray para cocinar y déjala a un lado.

2. En un bol, bata los huevos con el queso, la leche, la pimienta y la sal. Añade el jamón, los champiñones y la cebolla verde y remueve bien.
3. Vierta la mezcla de huevos en el molde preparado.
4. Coloque la sartén en la cesta de la freidora de aire y cocine a 330 F durante 8 minutos.
5. Servir y disfrutar.

Valor nutricional (cantidad por ración):
Calorías 498; Grasas 38,3 g; Carbohidratos 8,6 g; Azúcar 3,6 g; Proteínas 31,9 g; Colesterol 396 mg

Hash Browns de rábano para el desayuno

Tiempo de preparación: 10 minutos; Tiempo de cocción: 13 minutos; Servir: 2

Ingredientes:
- 1 libra de rábanos, limpios y cortados en rodajas
- 1 cebolla, cortada en rodajas
- 1 cucharada de aceite de oliva
- 1 cucharadita de cebolla en polvo
- 1 cucharadita de ajo en polvo
- 1/2 cucharadita de pimentón
- 1/4 de cucharadita de pimienta
- 1/2 cucharadita de sal

Direcciones:
1. Mezcle los rábanos y la cebolla en rodajas con aceite de oliva.
2. Rocíe la cesta de la freidora de aire con spray de cocina.
3. Rocíe la mezcla de rábanos y cebollas en la cesta de la freidora de aire y cocine a 360 F durante 8 minutos.
4. Pasar la mezcla de rábanos y cebollas al bol de la batidora. Añada la cebolla en polvo, el ajo en polvo, el pimentón, la pimienta y la sal y mezcle bien.
5. Vuelva a colocar la mezcla de rábanos y cebollas en la cesta de la freidora y cocine durante 5 minutos más.
6. Servir y disfrutar.

Valor nutricional (cantidad por ración):
Calorías 125; Grasas 7,4 g; Carbohidratos 13,6 g; Azúcar 3,2 g; Proteínas 3,6 g; Colesterol 0 mg

Sopa de crema para el desayuno

Tiempo de preparación: 10 minutos; Tiempo de cocción: 10 minutos; Servir: 4

Ingredientes:
- 4 huevos
- 1/4 de cucharadita de guindilla roja
- 4 cucharadas de nata
- Pimienta
- Sal

Direcciones:
1. Precaliente la freidora de aire cosori a 390 F.
2. Rocíe cuatro moldes con aceite en aerosol y resérvelos.
3. En un tazón, bata los huevos con el chile rojo, la crema, la pimienta y la sal.
4. Vierta la mezcla de huevos en los moldes preparados.
5. Coloque los moldes en la cesta de la freidora y cocine durante 10 minutos.
6. Servir y disfrutar.

Valor nutricional (cantidad por ración):
Calorías 71; Grasas 5 g; Carbohidratos 0,8 g; Azúcar 0,6 g; Proteínas 5,7 g; Colesterol 166 mg

Huevos al horno con espinacas

Tiempo de preparación: 10 minutos; Tiempo de cocción: 8 minutos; Servir: 2
Ingredientes:

- 2 huevos
- 1/4 de cucharadita de perejil picado
- 1/4 de cucharadita de tomillo
- 1/4 de cucharadita de romero
- 1/4 de cebolla picada
- 1/4 de taza de espinacas picadas
- Pimienta
- Sal

Direcciones:
1. Precaliente la freidora de aire cosori a 350 F.
2. Rocíe dos moldes con aceite en aerosol y resérvelos.
3. En un bol, bata los huevos con el resto de los ingredientes.
4. Vierta la mezcla de huevos en los moldes preparados.
5. Coloque los moldes en la cesta de la freidora y cocine durante 5-8 minutos.
6. Servir y disfrutar.

Valor nutricional (cantidad por ración):
Calorías 70; Grasas 4,4 g; Carbohidratos 2 g; Azúcar 0,9 g; Proteínas 5,8 g; Colesterol 164 mg

Frittata fácil para el desayuno

Tiempo de preparación: 10 minutos; Tiempo de cocción: 15 minutos; Servir: 2
Ingredientes:
- 1 taza de claras de huevo
- 1/4 de taza de champiñones, cortados en rodajas
- 1/4 de taza de tomate en rodajas
- t
- 2 cucharadas de leche de coco
- 2 cucharadas de cebollino picado
- Pimienta
- Sal

Direcciones:
1. Rocíe la sartén con spray para cocinar y déjela a un lado.
2. Precaliente la freidora de aire cosori a 320 F.
3. En un bol, bata los huevos con pimienta y sal. Añadir el resto de ingredientes y mezclar bien.
4. Verter la mezcla de huevos en el preparado.
5. Coloque la sartén en la cesta de la freidora de aire y cocine durante 15 minutos.
6. Servir y disfrutar.

Valor nutricional (cantidad por ración):
Calorías 105; Grasas 3,9 g; Carbohidratos 3,1 g; Azúcar 2,2 g; Proteínas 14,2 g; Colesterol 0 mg

Frittata de pimientos y brócoli

Tiempo de preparación: 10 minutos; Tiempo de cocción: 17 minutos; Servir: 2
Ingredientes:
- 3 huevos
- 1/2 taza de pimiento picado
- 1/2 taza de ramilletes de brócoli
- 2 cucharadas de queso parmesano rallado
- 2 cucharadas de leche de coco
- Pimienta
- Sal

Direcciones:
1. Rocíe la sartén con spray para cocinar y déjela a un lado.
2. Coloque los pimientos y el brócoli en la sartén preparada.
3. Cocine el brócoli y el pimiento a 350 F durante 7 minutos.
4. En un bol, bata los huevos, la leche y los condimentos.
5. Una vez que la verdura esté cocida, vierta la mezcla de huevo sobre la verdura y espolvoree el queso por encima.
6. Vuelva a colocar la sartén en la cesta de la freidora y cocine durante 10 minutos más.

7. Servir y disfrutar.

Valor nutricional (cantidad por ración):
Calorías 191; Grasas 13,3 g; Carbohidratos 5,6 g; Azúcar 2,9 g; Proteínas 14,1 g; Colesterol 256 mg

Frittata de salchicha y queso para el desayuno

Tiempo de preparación: 10 minutos; Tiempo de cocción: 10 minutos; Servir: 2

Ingredientes:
- 2 huevos
- 1 cucharada de cebolleta picada
- 1 hamburguesa de salchicha de desayuno, picada
- 1 cucharada de mantequilla derretida
- lt
- 2 cucharadas de queso cheddar
- 1 cucharada de pimientos picados
- Pimienta
- Sa

Direcciones:
1. Rocíe la sartén con spray para cocinar y déjela a un lado.
2. Agregue la hamburguesa de salchicha picada en la sartén preparada y fríala al aire a 350 F durante 5 minutos.
3. Mientras tanto, en un bol bata los huevos, la pimienta y la sal. Añade los pimientos, las cebolletas y mezcla bien.
4. Una vez que las salchichas estén cocidas, vierta la mezcla de huevos a la sartén y mezcle bien.
5. Espolvorear con queso y freír a 350 F durante 5 minutos.
6. Servir y disfrutar.

Valor nutricional (cantidad por ración):
Calorías 202; Grasas 14,1 g; Carbohidratos 6,7 g; Azúcar 3,5 g; Proteínas 13 g; Colesterol 186 mg

Copas de huevo con salchichas y espinacas

Tiempo de preparación: 10 minutos; Tiempo de cocción: 10 minutos; Servir: 2

Ingredientes:
- 1/4 de taza de huevo batido
- 4 cucharadas de salchicha cocida y desmenuzada
- 4 cucharaditas de queso jack, rallado
- 4 cucharadas de espinacas picadas
- Pimienta
- Sal

Direcciones:
1. Rocíe dos moldes con aceite en aerosol y resérvelos.
2. En un bol, bata todos los ingredientes hasta que estén bien combinados.
3. Vierta la mezcla en los moldes preparados.
4. Coloque los ramequines en la cesta de la freidora de aire y cocine a 330 F durante 10 minutos.
5. Servir y disfrutar.

Valor nutricional (cantidad por ración):
Calorías 306; Grasas 23,4 g; Carbohidratos 2,4 g; Azúcar 0,2 g; Proteínas 20,9 g; Colesterol 72 mg

Pimientos rellenos de huevo

Tiempo de preparación: 10 minutos; Tiempo de cocción: 13 minutos; Servir: 2

Ingredientes:
- 4 huevos

- 1 pimiento, cortado por la mitad y sin semillas
- Una pizca de escamas de pimienta roja
- Pimienta
- Sal

Direcciones:
1. Romper dos huevos en cada mitad de pimiento.
2. Condimentar con copos de pimienta roja, pimienta y sal.
3. Coloque las mitades del pimiento en la cesta de la freidora de aire y cocine a 390 F durante 13 minutos.
4. Servir y disfrutar.

Valor nutricional (cantidad por ración):
Calorías 145; Grasas 8,9 g; Carbohidratos 5,3 g; Azúcar 3,7 g; Proteínas 11,7 g; Colesterol 327 mg

Frittata de queso y verduras

Tiempo de preparación: 10 minutos; Tiempo de cocción: 10 minutos; Servir: 6
Ingredientes:
- 4 huevos
- 3 cucharadas de crema de leche
- 1/2 taza de queso cheddar rallado
- 1/4 de taza de puerro, cortado en dados
- 1 taza de espinacas, cortadas en dados
- 1 taza de champiñones, cortados en dados
- Pimienta
- Sal

Direcciones:
1. Rocíe la sartén con spray para cocinar y déjela a un lado.
2. En un tazón, bata los huevos, la crema de leche, la pimienta y la sal.
3. Añade el queso, el puerro, las espinacas y los champiñones y remueve bien.
4. Vierta la mezcla de huevos en el molde preparado.
5. Coloque la sartén en la cesta de la freidora de aire y cocine a 300 F durante 10 minutos.
6. Servir y disfrutar.

Valor nutricional (cantidad por ración):
Calorías 112; Grasas 8,9 g; Carbohidratos 1,7 g; Azúcar 0,7 g; Proteínas 6,8 g; Colesterol 129 mg

Revuelto de salchichas y huevos

Tiempo de preparación: 10 minutos; Tiempo de cocción: 8 minutos; Servir: 4
Ingredientes:
- 6 huevos
- 1 taza de queso cheddar rallado
- 3/4 de taza de leche de coco
- 6 salchichas, cocidas y desmenuzadas
- Pimienta
- Sal

Direcciones:
1. Rocíe cuatro moldes aptos para la freidora con aceite en aerosol y resérvelos.
2. En un bol, bata los huevos con la leche de coco, el queso, la pimienta y la sal. Añadir la salchicha y remover bien.
3. Vierta la mezcla de huevos en los moldes preparados.
4. Coloque los moldes en la cesta de la freidora de aire y cocine a 320 F durante 8 minutos o hasta que los huevos estén cocidos.
5. Servir y disfrutar.

Valor nutricional (cantidad por ración):
Calorías 449; Grasas 38,1 g; Carbohidratos 3,4 g; Azúcar 2,2 g; Proteínas 24,2 g; Colesterol 309 mg

Magdalenas de espinacas y ajo

Tiempo de preparación: 10 minutos; Tiempo de cocción: 15 minutos; Servir: 6

Ingredientes:
- 5 huevos
- 1/4 de cucharadita de ajo en polvo
- 1/4 de cucharadita de cebolla en polvo
- 1 loncha de bacon, cocida y desmenuzada
- 1/2 taza de champiñones picados
- 1 taza de espinacas picadas
- Pimienta
- Sal

Direcciones:
1. En un bol, bata los huevos con el ajo en polvo, la cebolla en polvo, la pimienta y la sal. Añada las espinacas, los champiñones y el beicon.
2. Vierta la mezcla de huevos en los seis moldes de silicona para magdalenas.
3. Coloque los moldes en la cesta de la freidora de aire y cocine a 400 F durante 15 minutos.
4. Servir y disfrutar.

Valor nutricional (cantidad por ración):
Calorías 73; Grasas 5 g; Carbohidratos 0,9 g; Azúcar 0,5 g; Proteínas 6,1 g; Colesterol 140 mg

Magdalenas griegas de huevo

Tiempo de preparación: 10 minutos; Tiempo de cocción: 15 minutos; Servir: 6

Ingredientes:
- 2 huevos
- 1/4 de taza de tomates, cortados en dados
- 1/2 taza de leche de coco
- 4 claras de huevo
- 1/4 de taza de queso feta desmenuzado
- 1 cucharada de perejil fresco picado
- 1/4 de taza de aceitunas picadas
- 1/4 de taza de cebolla picada
- Pimienta
- Sal

Direcciones:
1. En un bol, bata los huevos con la leche, la pimienta y la sal. Añadir el resto de ingredientes y remover bien.
2. Vierta la mezcla de huevos en los seis moldes de silicona para magdalenas.
3. Coloque los moldes en la cesta de la freidora de aire y cocine a 350 F durante 15 minutos.
4. Servir y disfrutar.

Valor nutricional (cantidad por ración):
Calorías 105; Grasas 8,2 g; Carbohidratos 2,8 g; Azúcar 1,6 g; Proteínas 5,8 g; Colesterol 60 mg

Frittata de verduras

Tiempo de preparación: 10 minutos; Tiempo de cocción: 20 minutos; Servir: 2

Ingredientes:
- 4 huevos
- 1 taza de pimientos picados
- 1 taza de calabacín picado
- 1 taza de champiñones, cortados en rodajas
- 2 cucharadas de leche de coco
- 1 cucharada de aceite de oliva
- 1 taza de queso cheddar
- 1/2 taza de cebolla picada
- Pimienta
- Sal

Direcciones:
1. Rocíe la sartén con spray para cocinar y déjala a un lado.
2. Calentar el aceite en una sartén mediana a fuego medio. Añade la cebolla, los pimientos, el calabacín y los champiñones, y saltea durante 5 minutos.

3. Retirar la sartén del fuego y dejarla enfriar.
4. En un bol, bata los huevos con la leche, la pimienta y la sal.
5. Añadir las verduras salteadas y el queso y remover bien.
6. Vierta la mezcla de huevos en el molde preparado.
7. Coloque la sartén en la cesta de la freidora de aire y cocine a 350 F durante 20 minutos.
8. Servir y disfrutar.

Valor nutricional (cantidad por ración):
Calorías 495; Grasas 38,4 g; Carbohidratos 12,5 g; Azúcar 7,3 g; Proteínas 28,2 g; Colesterol 387 mg

Muffins de huevo con col rizada

Tiempo de preparación: 10 minutos; Tiempo de cocción: 15 minutos; Servir: 4

Ingredientes:
- 3 huevos
- 1/2 taza de col rizada picada
- 1 cucharadita de aceite de oliva
- 1 cucharada de cebolla picada
- 1/4 de taza de queso suizo rallado
- 1/2 taza de champiñones, cortados en dados
- Pimienta
- Sal

Direcciones:
1. Calentar el aceite en una sartén mediana a fuego medio-alto. Añade las setas y saltéalas durante 2-3 minutos.
2. Añadir la cebolla y la col rizada y saltear durante 2 minutos. Retirar la sartén del fuego y reservar para que se enfríe.
3. En un bol, bata los huevos con pimienta y sal.
4. Añade la mezcla de coles con setas salteadas y el queso rallado y remueve bien.
5. Vierta la mezcla de huevos en los moldes de silicona para magdalenas.
6. Coloque los moldes en la cesta de la freidora de aire y cocine a 350 F durante 15 minutos.
7. Servir y disfrutar.

Valor nutricional (cantidad por ración):
Calorías 90; Grasas 6,4 g; Carbohidratos 2 g; Azúcar 0,6 g; Proteínas 6,5 g; Colesterol 129 mg

Frittata de queso y champiñones

Tiempo de preparación: 10 minutos; Tiempo de cocción: 6 minutos; Servir: 2

Ingredientes:
- 3 huevos
- 2 champiñones picados
- 2 cucharadas de cebolla picada
- 1/4 de pimiento, cortado en dados
- 2 cucharadas de queso cheddar rallado
- 2 cucharadas de leche de coco
- Pimienta
- Sal

Direcciones:
1. Rocíe la sartén con spray para cocinar y déjela a un lado.
2. En un bol, bata los huevos con la leche, la pimienta y la sal. Añadir el resto de ingredientes y remover bien.
3. Vierta la mezcla de huevos en el molde preparado
4. Coloque la sartén en la cesta de la freidora de aire y cocine a 400 F durante 6 minutos.
5. Servir y disfrutar.

Valor nutricional (cantidad por ración):
Calorías 170; Grasas 12,6 g; Carbohidratos 4,1 g; Azúcar 2,5 g; Proteínas 11,2 g; Colesterol 253 mg

Muffins de queso y arándanos

Tiempo de preparación: 10 minutos; Tiempo de cocción: 20 minutos; Servir: 6

Ingredientes:
- 8 oz de queso crema
- 1/4 de cucharadita de vainilla
- 1 huevo ligeramente batido
- 1/4 de taza de Swerve
- 2 cucharadas de almendras en rodajas
- 2 cucharadas de arándanos

Direcciones:
1. Añade el queso crema en un bol y bátelo hasta que esté suave.
2. Añadir el huevo, la vainilla y el edulcorante y batir hasta que estén bien combinados.
3. Añadir las almendras y los arándanos y mezclar bien.
4. Colocar la mezcla con una cuchara en los moldes de silicona para magdalenas.
5. Coloque los moldes en la cesta de la freidora de aire y cocine a 350 F durante 20 minutos.
6. Servir y disfrutar.

Valor nutricional (cantidad por ración):
Calorías 156; Grasas 14,9 g; Carbohidratos 2 g; Azúcar 0,5 g; Proteínas 4,2 g; Colesterol 69 mg

Huevo con queso y mostaza al horno

Tiempo de preparación: 10 minutos; Tiempo de cocción: 25 minutos; Servir: 3

Ingredientes:
- 6 huevos
- 1/4 de cucharadita de mostaza seca
- 2 cucharadas de mantequilla derretida
- 1/4 de libra de queso cheddar rallado
- 1/2 taza de leche de coco
- Pimienta
- Sal

Direcciones:
1. Rocíe la sartén con spray para cocinar y déjela a un lado.
2. En un bol, bata los huevos con la leche, la mostaza, la pimienta y la sal. Incorpore el queso.
3. Vierta la mezcla de huevos en el molde preparado.
4. Coloque la sartén en la cesta de la freidora de aire y cocine a 350 F durante 25 minutos.
5. Servir y disfrutar.

Valor nutricional (cantidad por ración):
Calorías 439; Grasas 38,6 g; Carbohidratos 3,5 g; Azúcar 2,3 g; Proteínas 21,6 g; Colesterol 387 mg

Copas de huevo con requesón

Tiempo de preparación: 10 minutos; Tiempo de cocción: 15 minutos; Servir: 6

Ingredientes:
- 3 huevos ligeramente batidos
- 2 cucharadas de chiles verdes picados
- 2 cucharadas de requesón
- 1 cucharada de leche de coco
- 2 cucharadas de queso cheddar rallado
- Pimienta
- Sal

Direcciones:
1. Rocíe el molde de los huevos con aceite en aerosol y resérvelo.
2. En un bol, bata los huevos con la leche, la pimienta y la sal. Añade el queso cheddar, los chiles verdes y el requesón y remueve bien.
3. Vierta la mezcla de huevos en un molde preparado para ello.
4. Coloque el molde de huevos en la cesta de la freidora de aire y cocine a 350 F durante 15 minutos.
5. Servir y disfrutar.

Valor nutricional (cantidad por ración):
Calorías 53; Grasas 3,7 g; Carbohidratos 1,1 g; Azúcar 0,6 g; Proteínas 4,2 g; Colesterol 85 mg

Tortilla de queso

Tiempo de preparación: 10 minutos; Tiempo de cocción: 8 minutos; Servir: 2
Ingredientes:
- 2 huevos
- 1/4 de taza de queso cheddar rallado
- 1/4 de taza de crema de leche
- Pimienta
- Sal

Direcciones:
1. Rocíe la sartén con spray para cocinar y déjela a un lado.
2. En un bol, bata los huevos con la nata, la pimienta y la sal.
3. Vierta la mezcla de huevos en la sartén preparada. Coloque la sartén en la cesta de la freidora de aire y cocine a 350 F durante 4 minutos.
4. Espolvorear el queso por encima y cocinar durante 4 minutos más.
5. Servir y disfrutar.

Valor nutricional (cantidad por ración):
Calorías 172; Grasas 14,6 g; Carbohidratos 1 g; Azúcar 0,4 g; Proteínas 9,4 g; Colesterol 199 mg

Muffins de huevo con salchicha y queso

Tiempo de preparación: 10 minutos; Tiempo de cocción: 5 minutos; Servir: 6
Ingredientes:
- 4 huevos
- 4 cucharadas de queso cheddar rallado
- 2 cucharadas de crema de leche
- 1/2 taza de salchicha cocida
- Pimienta
- Sal

Direcciones:
1. Rocíe el molde de los huevos con aceite en aerosol y resérvelo.
2. En un bol, batir los huevos hasta que estén espumosos. Añadir el resto de los ingredientes a los huevos y remover para mezclar.
3. Vierta la mezcla de huevos en el molde de huevos preparado.
4. Coloque el molde del huevo en la cesta de la freidora de aire y cocine a 330 F durante 5 minutos.
5. Servir y disfrutar.

Valor nutricional (cantidad por ración):
Calorías 82; Grasas 6,6 g; Carbohidratos 0,4 g; Azúcar 0,3 g; Proteínas 5,2 g; Colesterol 122 mg

Sabrosas hueveras de hierbas

Tiempo de preparación: 10 minutos; Tiempo de cocción: 20 minutos; Servir: 6
Ingredientes:
- 6 huevos
- 1/2 cucharada de cebollino picado
- 1/2 cucharada de eneldo fresco picado
- 1 cucharada de perejil fresco picado
- 1/2 cucharada de albahaca fresca picada
- 1/4 de taza de queso mozzarella rallado
- Pimienta
- Sal

Direcciones:

1. En un bol, bata los huevos con pimienta y sal. Añadir el resto de ingredientes y remover bien.
2. Vierta la mezcla de huevos en los moldes de silicona para magdalenas.
3. Coloque los moldes en la cesta de la freidora de aire y cocine a 350 F durante 20 minutos.
4. Servir y disfrutar.

Valor nutricional (cantidad por ración):
Calorías 67; Grasas 4,6 g; Carbohidratos 0,6 g; Azúcar 0,4 g; Proteínas 6 g; Colesterol 164 mg

Muffins de huevo con tomate y albahaca

Tiempo de preparación: 10 minutos; Tiempo de cocción: 20 minutos; Servir: 6

Ingredientes:
- 6 huevos
- 1 1/2 cucharadas de albahaca picada
- 2 cucharaditas de aceite de oliva
- 1/2 taza de queso feta desmenuzado
- 5 tomates cherry picados
- 4 tomates secos picados
- Pimienta
- Sal

Direcciones:
1. En un bol, bata los huevos con pimienta y sal. Añadir el resto de ingredientes y remover bien.
2. Vierta la mezcla de huevos en los moldes de silicona para magdalenas.
3. Coloque los moldes en la cesta de la freidora de aire y cocine a 400 F durante 20 minutos.
4. Servir y disfrutar.

Valor nutricional (cantidad por ración):
Calorías 143; Grasas 9 g; Carbohidratos 8,1 g; Azúcar 5,7 g; Proteínas 9 g; Colesterol 175 mg

Muffins de huevo y bacon

Tiempo de preparación: 10 minutos; Tiempo de cocción: 12 minutos; Servir: 6

Ingredientes:
- 4 huevos ligeramente batidos
- 2 cucharadas de leche de coco
- 2 rebanadas de tocino, cocidas y desmenuzadas
- 2 cucharadas de queso cheddar rallado
- Pimienta
- Sal

Direcciones:
1. En un bol, bata los huevos con la leche, la pimienta y la sal. Añade el bacon y el queso y remueve bien.
2. Vierta la mezcla de huevos en los moldes de silicona para magdalenas.
3. Coloque los moldes en la cesta de la freidora de aire y cocine a 350 F durante 12 minutos.
4. Servir y disfrutar.

Valor nutricional (cantidad por ración):
Calorías 97; Grasas 7,5 g; Carbohidratos 0,6 g; Azúcar 0,4 g; Proteínas 6,7 g; Colesterol 119 mg

Muffins de huevo con pimiento y queso feta

Tiempo de preparación: 10 minutos; Tiempo de cocción: 20 minutos; Servir: 6

Ingredientes:
- 4 huevos
- 1/2 taza de claras de huevo
- 1 pimiento rojo picado
- 2 cucharadas de cebolla verde picada
- 5 hojas de albahaca fresca, picadas
- 1 cucharadita de ajo en polvo
- 2 cucharadas de queso feta desmenuzado
- 1/4 de taza de leche de coco
- Pimienta
- Sal

Direcciones:
1. En un bol, bata los huevos, las claras de huevo, la leche de coco, el ajo en polvo, la pimienta y la sal.
2. Añade el queso, el pimiento, la cebolla verde y la albahaca y remueve bien.
3. Vierta la mezcla de huevos en los moldes de silicona para magdalenas.
4. Coloque los moldes en la cesta de la freidora de aire y cocine a 350 F durante 20 minutos.
5. Servir y disfrutar.

Valor nutricional (cantidad por ración):
Calorías 92; Grasas 6,1 g; Carbohidratos 3,1 g; Azúcar 2 g; Proteínas 6,9 g; Colesterol 112 mg

Quiche de queso y ajo

Tiempo de preparación: 10 minutos; Tiempo de cocción: 30 minutos; Servir: 4

Ingredientes:
- 6 huevos
- 1/2 taza de cebolla picada
- 1/8 cucharadita de cayena
- 1/8 cucharadita de nuez moscada
- 8 oz de queso cheddar, rallado
- 4 rebanadas de tocino, cocidas y picadas
- 3/4 de taza de leche de coco
- 1/2 cucharadita de ajo picado
- 1 cucharada de aceite de oliva
- Pimienta
- Sal

Direcciones:
1. Rocíe la sartén con spray para cocinar y déjela a un lado.
2. Calentar el aceite en una sartén a fuego medio. Añadir la cebolla y saltear durante 5 minutos.
3. Añadir el ajo y saltear durante 30 segundos. Retirar la sartén del fuego y reservar para que se enfríe.
4. En un bol, bata los huevos con la leche, la pimienta y la sal. Incorpore la cebolla salteada, el ajo, la cayena, la nuez moscada, el beicon y el queso.
5. Vierta la mezcla de huevos en el molde preparado.
6. Coloque la sartén en la cesta de la freidora de aire y cocine a 350 F durante 25 minutos.
7. Servir y disfrutar.

Valor nutricional (cantidad por ración):
Calorías 566; Grasas 47,6 g; Carbohidratos 5,5 g; Azúcar 2,9 g; Proteínas 30,7 g; Colesterol 326 mg

Buñuelos de brócoli

Tiempo de preparación: 10 minutos; Tiempo de cocción: 15 minutos; Servir: 4

Ingredientes:
- 3 tazas de ramilletes de brócoli, al vapor y picados
- 2 tazas de queso cheddar rallado
- 1/4 de taza de harina de almendra
- 2 huevos ligeramente batidos
- 2 dientes de ajo picados
- Pimienta
- Sal

Direcciones:
1. Forrar la cesta de la freidora con papel pergamino.
2. Añada todos los ingredientes en el bol de la batidora y mézclelos hasta que estén bien combinados.
3. Haga hamburguesas con la mezcla de brócoli y colóquelas en la cesta de la freidora.
4. Cocine a 375 F durante 15 minutos. Voltee las hamburguesas a la mitad.
5. Servir y disfrutar.

Valor nutricional (cantidad por ración):

Calorías 285; Grasas 22 g; Carbohidratos 6,3 g; Azúcar 1,7 g; Proteínas 19,2 g; Colesterol 141 mg

Coles de Bruselas picantes

Tiempo de preparación: 10 minutos; Tiempo de cocción: 14 minutos; Servir: 2
Ingredientes:
- 1/2 libra de coles de Bruselas, recortadas y cortadas por la mitad
- 1 cucharada de cebollino picado
- 1/4 de cucharadita de cayena
- 1/2 cucharadita de chile en polvo
- 1/2 cucharada de aceite de oliva
- Pimienta
- Sal

Direcciones:
1. Añade todos los ingredientes en el bol grande y mézclalos bien.
2. Coloque las coles de Bruselas en la cesta de la freidora de aire y cocínelas a 370 F durante 14 minutos. Agite la cesta a mitad de camino.
3. Servir y disfrutar.

Valor nutricional (cantidad por ración):
Calorías 82; Grasas 4,1 g; Carbohidratos 10,9 g; Azúcar 2,6 g; Proteínas 4 g; Colesterol 0 mg

Hamburguesas de calabacín para el desayuno

Tiempo de preparación: 10 minutos; Tiempo de cocción: 15 minutos; Servir: 6
Ingredientes:
- 1 taza de calabacín, rallado y exprimido todo el líquido
- 2 cucharadas de cebolla picada
- 1 huevo ligeramente batido
- 1/4 de cucharadita de copos de pimienta roja
- 1/4 de taza de queso parmesano rallado
- 1/2 cucharada de mostaza de Dijon
- 1/2 cucharada de mayonesa
- 1/2 taza de harina de almendra
- Pimienta
- Sal

Direcciones:
1. Forrar la cesta de la freidora con papel pergamino.
2. Añade todos los ingredientes al bol y mézclalos hasta que estén bien combinados.
3. Haga pequeñas hamburguesas con la mezcla de calabacín y colóquelas en la cesta de la freidora.
4. Cocinar a 400 F durante 15 minutos.
5. Servir y disfrutar.

Valor nutricional (cantidad por ración):
Calorías 48; Grasas 3,3 g; Carbohidratos 2,1 g; Azúcar 0,7 g; Proteínas 3,1 g; Colesterol 31 mg

Coles de Bruselas con tocino

Tiempo de preparación: 10 minutos; Tiempo de cocción: 30 minutos; Servir: 4
Ingredientes:
- 1 libra de coles de Bruselas, cortadas por la mitad
- 1/2 aguacate, cortado en dados
- 1/4 de taza de cebolla en rodajas
- 4 rebanadas de tocino, cortadas en trozos
- 1 cucharadita de ajo en polvo
- 3 cucharadas de zumo de limón
- 2 cucharadas de vinagre balsámico
- 3 cucharadas de aceite de oliva
- Pimienta
- Sal

Direcciones:
1. En un bol pequeño, bata el aceite, el ajo en polvo, 2 cucharadas de zumo de limón y la sal.

2. En un recipiente, mezcle las coles de Bruselas con 3 cucharadas de la mezcla de aceite.
3. Añada las coles de Bruselas en la cesta de la freidora y cocínelas a 370 F durante 20 minutos. Revuelva a mitad de camino.
4. Ahora cubra con el tocino y la cebolla y cocine por 10 minutos más.
5. Transfiera la mezcla de coles de Bruselas al bol grande. Añada la albahaca, el aguacate, el resto de la mezcla de aceite y el zumo de limón y remueve bien.
6. Servir y disfrutar.

Valor nutricional (cantidad por ración):
Calorías 248; Grasas 16,8 g; Carbohidratos 15,5 g; Azúcar 4,5 g; Proteínas 11,7 g; Colesterol 21 mg

Quiche de brócoli

Tiempo de preparación: 10 minutos; Tiempo de cocción: 10 minutos; Servir: 1
Ingredientes:
- 1 huevo
- 1 cucharada de queso cheddar rallado
- 4 ramilletes de brócoli
- 3 cucharadas de crema de leche
- Pimienta
- Sal

Direcciones:
1. Rocíe un plato de quiche de 5 pulgadas con spray para cocinar.
2. En un bol, bate el huevo con el queso, la nata, la pimienta y la sal. Añade el brócoli y remueve bien.
3. Verter la mezcla de huevos en la fuente de la quiche.
4. Coloque el plato en la cesta de la freidora de aire y cocine a 325 F durante 10 minutos.
5. Servir y disfrutar.

Valor nutricional (cantidad por ración):
Calorías 173; Grasas 13 g; Carbohidratos 6,5 g; Azúcar 1,9 g; Proteínas 9,9 g; Colesterol 191 mg

Bocaditos de huevo con queso y bacon

Tiempo de preparación: 10 minutos; Tiempo de cocción: 13 minutos; Servir: 4
Ingredientes:
- 4 huevos
- 1/4 de taza de queso cheddar rallado
- 4 rebanadas de tocino, cocidas y desmenuzadas
- 1/2 pimiento pequeño, cortado en dados
- 1/2 cebolla picada
- 4 cucharaditas de leche de coco
- Pimienta
- Sal

Direcciones:
1. Rocíe cuatro ramequines con aceite en aerosol.
2. Rompe 1 huevo en cada cazuela y añade 1 cucharadita de leche de coco en cada una.
3. Cubra cada una con tocino, pimiento, cebolla y queso. Condimentar con pimienta y sal.
4. Coloque los ramequines en la cesta de la freidora de aire y cocine a 300 F durante 10-13 minutos.
5. Servir y disfrutar.

Valor nutricional (cantidad por ración):
Calorías 216; Grasas 15,9 g; Carbohidratos 3,4 g; Azúcar 1,9 g; Proteínas 14,8 g; Colesterol 192 mg

Frittata de queso, salchichas y pimientos

Tiempo de preparación: 10 minutos; Tiempo de cocción: 20 minutos; Servir: 2

Ingredientes:
- 4 huevos ligeramente batidos
- 1 cebolla verde picada
- 2 cucharadas de pimiento morrón picado
- 1/2 taza de queso Monterey jack
- 1/4 de libra de salchicha de desayuno, cocida y desmenuzada
- Pimienta
- Sal

Direcciones:
1. Precaliente la freidora de aire cosori a 360 F.
2. Rocíe la sartén de la freidora con aceite en aerosol y apártela.
3. En un bol, bata los huevos con el resto de los ingredientes. Vierta la mezcla de huevos en el molde preparado.
4. Coloque la sartén en la cesta de la freidora de aire y cocine durante 18-20 minutos.
5. Servir y disfrutar.

Valor nutricional (cantidad por ración):
Calorías 411; Grasas 29,6 g; Carbohidratos 10,7 g; Azúcar 7,2 g; Proteínas 26,8 g; Colesterol 390 mg

Frittata de setas

Tiempo de preparación: 10 minutos; Tiempo de cocción: 6 minutos; Servir: 2

Ingredientes:
- 3 huevos
- 2 cucharadas de queso parmesano rallado
- 2 cucharadas de nata
- 2 champiñones cremini, cortados en rodajas
- 1/4 de cebolla pequeña picada
- 1/4 de pimiento, cortado en dados
- Pimienta
- Sal

Direcciones:
1. Rocíe la sartén de la freidora con aceite en aerosol y apártela.
2. Precaliente la freidora de aire cosori a 400 F.
3. En un bol, bata los huevos con la nata, los champiñones, la cebolla, el pimiento, la pimienta y la sal.
4. Vierta la mezcla de huevos en el molde preparado.
5. Coloque la sartén en la cesta de la freidora y cocine durante 5 minutos. Cubra con queso y cocine durante 1 minuto más.
6. Servir y disfrutar.

Valor nutricional (cantidad por ración):
Calorías 159; Grasas 10,3 g; Carbohidratos 3,9 g; Azúcar 2,1 g; Proteínas 13,5 g; Colesterol 258 mg

Frittata de brócoli y pimientos

Tiempo de preparación: 10 minutos; Tiempo de cocción: 17 minutos; Servir: 2

Ingredientes:
- 3 huevos
- 2 cucharadas de queso cheddar rallado
- 2 cucharadas de nata
- 1/2 taza de pimiento picado
- 1/2 taza de ramilletes de brócoli picados
- 1/4 de cucharadita de ajo en polvo
- 1/4 de cucharadita de cebolla en polvo
- Pimienta
- Sal

Direcciones:

1. Rocíe la sartén de la freidora con spray para cocinar. Añade los pimientos y el brócoli en la sartén.
2. Coloque la sartén en la cesta de la freidora de aire y cocine a 350 F durante 7 minutos.
3. En un bol, bata los huevos con el queso, la nata, el ajo en polvo, la cebolla en polvo, la pimienta y la sal.
4. Vierta la mezcla de huevos sobre el brócoli y el pimiento y cocine durante 10 minutos más.
5. Servir y disfrutar.

Valor nutricional (cantidad por ración):
Calorías 150; Grasas 9,7 g; Carbohidratos 5,3 g; Azúcar 2,9 g; Proteínas 11,2 g; Colesterol 255 mg

Frittata de espinacas y tomate

Tiempo de preparación: 10 minutos; Tiempo de cocción: 7 minutos; Servir: 2
Ingredientes:
- 2 huevos
- 1/4 de taza de espinacas frescas picadas
- 1/4 de taza de tomates picados
- 2 cucharadas de nata
- 1 cucharada de queso cheddar rallado
- Pimienta
- Sal

Direcciones:
1. Rocíe la sartén de la freidora con aceite en aerosol y apártela.
2. En un bol, bata los huevos con el resto de los ingredientes.
3. Vierta la mezcla de huevos en la sartén preparada. Coloque la sartén en la cesta de la freidora de aire y cocine a 330 F durante 7 minutos.
4. Servir y disfrutar.

Valor nutricional (cantidad por ración):
Calorías 90; Grasas 6,3 g; Carbohidratos 1,8 g; Azúcar 1,2 g; Proteínas 16,8 g; Colesterol 170 mg

Bocado de huevo con albahaca y queso feta

Tiempo de preparación: 10 minutos; Tiempo de cocción: 5 minutos; Servir: 7
Ingredientes:
- 4 huevos
- 1 cucharada de albahaca fresca picada
- 1/4 de taza de tomates secos, cortados en dados
- 1/4 de taza de queso feta desmenuzado
- 1/2 taza de requesón desmenuzado

Direcciones:
1. Rocíe el molde de los huevos con aceite en aerosol y resérvelo.
2. En un bol, batir los huevos hasta que estén espumosos. Añadir el resto de los ingredientes a los huevos y remover para mezclar.
3. Vierta la mezcla de huevos en el molde de huevos preparado.
4. Coloque el molde del huevo en la cesta de la freidora de aire y cocine a 330 F durante 5 minutos.
5. Servir y disfrutar.

Valor nutricional (cantidad por ración):
Calorías 66; Grasas 4 g; Carbohidratos 1,3 g; Azúcar 0,6 g; Proteínas 6,2 g; Colesterol 100 mg

Bocado de huevo con salchicha y queso suizo

Tiempo de preparación: 10 minutos; Tiempo de cocción: 5 minutos; Servir: 7
Ingredientes:

- 4 huevos
- 1 cucharada de cebolla verde picada
- 1/4 de taza de champiñones picados
- 1/4 de taza de salchicha cocida y desmenuzada
- 1/2 taza de requesón desmenuzado
- 1/2 taza de queso suizo rallado
- Pimienta
- Sal

Direcciones:
1. Rocíe el molde de los huevos con aceite en aerosol y resérvelo.
2. En un bol, batir los huevos hasta que estén espumosos. Añadir el resto de los ingredientes a los huevos y remover para mezclar.
3. Vierta la mezcla de huevos en el molde de huevos preparado.
4. Coloque el molde del huevo en la cesta de la freidora de aire y cocine a 330 F durante 5 minutos.
5. Servir y disfrutar.

Valor nutricional (cantidad por ración):
Calorías 82; Grasas 5,1 g; Carbohidratos 1,3 g; Azúcar 0,4 g; Proteínas 7,7 g; Colesterol 102 mg

Bocado de huevo con queso gruyere

Tiempo de preparación: 10 minutos; Tiempo de cocción: 5 minutos; Servir: 7

Ingredientes:
- 4 huevos
- 1/4 de taza de tocino cocido y desmenuzado
- 1/2 taza de requesón desmenuzado
- 1/2 taza de queso gruyere, rallado

Direcciones:
1. Rocíe el molde de los huevos con aceite en aerosol y resérvelo.
2. En un bol, batir los huevos hasta que estén espumosos. Añadir el resto de los ingredientes a los huevos y remover para mezclar.
3. Vierta la mezcla de huevos en el molde de huevos preparado.
4. Coloque el molde del huevo en la cesta de la freidora de aire y cocine a 330 F durante 5 minutos.
5. Servir y disfrutar.

Valor nutricional (cantidad por ración):
Calorías 86; Grasas 5,6 g; Carbohidratos 0,8 g; Azúcar 0,3 g; Proteínas 7,9 g; Colesterol 104 mg

Bocado de huevo con queso cheddar y brócoli

Tiempo de preparación: 10 minutos; Tiempo de cocción: 5 minutos; Servir: 7

Ingredientes:
- 4 huevos
- 1/4 de taza de brócoli, cocido y picado
- 1/2 taza de requesón desmenuzado
- 1/2 taza de queso cheddar rallado
- Pimienta
- Sal

Direcciones:
1. Rocíe el molde de los huevos con aceite en aerosol y resérvelo.
2. En un bol, batir los huevos hasta que estén espumosos. Añadir el resto de los ingredientes a los huevos y remover para mezclar.
3. Vierta la mezcla de huevos en el molde de huevos preparado.
4. Coloque el molde del huevo en la cesta de la freidora de aire y cocine a 330 F durante 5 minutos.
5. Servir y disfrutar.

Valor nutricional (cantidad por ración):

Calorías 84; Grasas 5,5 g; Carbohidratos 1,1 g; Azúcar 0,3 g; Proteínas 7,5 g; Colesterol 103 mg

Mordida de huevo con chiles verdes

Tiempo de preparación: 10 minutos; Tiempo de cocción: 5 minutos; Servir: 7
Ingredientes:
- 4 huevos
- 1/4 de taza de chiles verdes picados
- 1/2 taza de requesón desmenuzado
- 1/2 taza de queso pepper jack, rallado
- Pimienta
- Sal

Direcciones:
1. Rocíe el molde de los huevos con aceite en aerosol y resérvelo.
2. En un bol, batir los huevos hasta que estén espumosos. Añadir el resto de los ingredientes a los huevos y remover para mezclar.
3. Vierta la mezcla de huevos en el molde de huevos preparado.
4. Coloque el molde del huevo en la cesta de la freidora de aire y cocine a 330 F durante 5 minutos.
5. Servir y disfrutar.

Valor nutricional (cantidad por ración):
Calorías 57; Grasas 3,1 g; Carbohidratos 1,4 g; Azúcar 0,5 g; Proteínas 5,5 g; Colesterol 96 mg

Mordisco de huevo a la pimienta asada

Tiempo de preparación: 10 minutos; Tiempo de cocción: 5 minutos; Servir: 7
Ingredientes:
- 4 huevos
- 1/4 de taza de espinacas picadas
- 1/2 pimiento rojo asado, picado
- 1 cucharada de cebolla verde picada
- 1/2 taza de requesón desmenuzado
- 1/2 taza de queso Monterey jack, rallado
- Pimienta
- Sal

Direcciones:
1. Rocíe el molde de los huevos con aceite en aerosol y resérvelo.
2. En un bol, batir los huevos hasta que estén espumosos. Añadir el resto de los ingredientes a los huevos y remover para mezclar.
3. Vierta la mezcla de huevos en el molde de huevos preparado.
4. Coloque el molde del huevo en la cesta de la freidora de aire y cocine a 330 F durante 5 minutos.
5. Servir y disfrutar.

Valor nutricional (cantidad por ración):
Calorías 82; Grasas 5,3 g; Carbohidratos 1,3 g; Azúcar 0,5 g; Proteínas 7,5 g; Colesterol 102 mg

Tortilla de queso Cheddar

Tiempo de preparación: 10 minutos; Tiempo de cocción: 7 minutos; Servir: 1
Ingredientes:
- 3 huevos
- 1/2 cucharada de salsa de soja
- 2 cucharadas de queso cheddar rallado
- 1 cebolla picada
- 1/4 de cucharadita de ajo en polvo
- 1/4 de cucharadita de cebolla en polvo
- Pimienta
- Sal

Direcciones:
1. Rocíe la sartén de la freidora con aceite en aerosol y apártela.

2. En un bol, bata los huevos con el resto de los ingredientes. Vierta la mezcla de huevos en el molde preparado.
3. Coloque la sartén en la cesta de la freidora de aire y cocine a 350 F durante 6-7 minutos.
4. Servir y disfrutar.

Valor nutricional (cantidad por ración):
Calorías 127; Grasas 4,9 g; Carbohidratos 12,4 g; Azúcar 5,5 g; Proteínas 9 g; Colesterol 15 mg

Alitas de pollo picantes

Tiempo de preparación: 10 minutos; Tiempo de cocción: 25 minutos; Servir: 4
Ingredientes:
- 2 libras de alitas de pollo
- 1/2 cucharadita de salsa Worcestershire
- 1/2 cucharadita de Tabasco
- 6 cucharadas de mantequilla derretida
- 12 oz de salsa picante

Direcciones:
1. Rocíe la cesta de la freidora de aire con spray de cocina.
2. Añada las alitas de pollo en la cesta de la freidora de aire y cocine a 380 F durante 25 minutos. Agite la cesta cada 5 minutos.
3. Mientras tanto, en un bol, mezcle la salsa picante, la salsa Worcestershire y la mantequilla derretida. Póngalo a un lado. Agregue las alitas de pollo y mezcle bien.
4. Servir y disfrutar.

Valor nutricional (cantidad por ración):
Calorías 594; Grasas 34,4 g; Carbohidratos 1,6 g; Azúcar 1,2 g; Proteínas 66,2 g; Colesterol 248 mg

Pollo Fajita

Tiempo de preparación: 10 minutos; Tiempo de cocción: 17 minutos; Servir: 4
Ingredientes:
- 4 pechugas de pollo, hacer cortes horizontales en cada pieza
- 1/2 pimiento rojo en rodajas
- 2 cucharadas de condimento para fajitas
- 1/2 pimiento verde en rodajas
- 2 cucharadas de aceite de oliva
- 1/2 taza de queso cheddar rallado
- 1 cebolla, cortada en rodajas
- Pimienta
- Sal

Direcciones:
1. Forre la cesta de la freidora con papel de aluminio.
2. Precaliente la freidora de aire cosori a 380 F.
3. Frote el aceite y los condimentos por toda la pechuga de pollo.
4. Coloque el pollo en la cesta de la freidora y cubra con los pimientos y la cebolla.
5. Cocinar durante 15 minutos. Cubra con el queso y cocine durante 1-2 minutos más.
6. Servir y disfrutar.

Valor nutricional (cantidad por ración):
Calorías 431; Grasas 22,6 g; Carbohidratos 8,2 g; Azúcar 2,7 g; Proteínas 46,4 g; Colesterol 145 mg

Pechugas de pollo al limón

Tiempo de preparación: 10 minutos; Tiempo de cocción: 20 minutos; Servir: 4
Ingredientes:
- 4 pechugas de pollo, sin piel y sin hueso
- 1 limón en conserva
- 1 cucharada de aceite de oliva

Direcciones:
1. Añadir todos los ingredientes al bol y mezclar bien. Dejar reposar durante 10 minutos.
2. Rocíe la cesta de la freidora de aire con spray de cocina.
3. Coloque el pollo en la cesta de la freidora de aire y cocine a 400 F durante 20 minutos.
4. Servir y disfrutar.

Valor nutricional (cantidad por ración):
Calorías 312; Grasas 14,4 g; Carbohidratos 1,4 g; Azúcar 0,4 g; Proteínas 42,4 g; Colesterol 130 mg

Hamburguesas de salmón al eneldo

Tiempo de preparación: 10 minutos; Tiempo de cocción: 10 minutos; Servir: 2
Ingredientes:
- 1 huevo
- 14 oz de salmón
- 1 cucharadita de hierba de eneldo
- 1/2 taza de harina de almendra
- 1/4 de taza de cebolla picada
- Pimienta
- Sal

Direcciones:
1. Forrar la cesta de la freidora con papel pergamino.
2. Añada todos los ingredientes en el bol de la batidora y mézclelos hasta que estén bien combinados.
3. Haga hamburguesas con la mezcla y colóquelas en la cesta de la freidora.
4. Cocine a 370 F durante 10 minutos. Gire las hamburguesas a mitad de camino.
5. Servir y disfrutar.

Valor nutricional (cantidad por ración):
Calorías 341; Grasas 18 g; Carbohidratos 3,3 g; Azúcar 1 g; Proteínas 43 g; Colesterol 169 mg

Buñuelos de pollo

Tiempo de preparación: 10 minutos; Tiempo de cocción: 10 minutos; Servir: 4
Ingredientes:
- 1 libra de pollo molido
- 1/2 cucharadita de cebolla en polvo
- 1/2 cucharadita de ajo en polvo
- 1/2 taza de queso parmesano rallado
- 1/2 cucharada de eneldo picado
- 1/2 taza de harina de almendra
- 2 cucharadas de cebollas verdes picadas
- Pimienta
- Sal

Direcciones:
1. Forrar la cesta de la freidora con papel pergamino.
2. Añadir todos los ingredientes en el bol grande y mezclar hasta que estén bien combinados.
3. Haga hamburguesas con la mezcla y colóquelas en la cesta de la freidora.
4. Cocine a 350 F durante 10 minutos. Voltee las hamburguesas a la mitad.
5. Servir y disfrutar.

Valor nutricional (cantidad por ración):
Calorías 280; Grasas 12,9 g; Carbohidratos 2,2 g; Azúcar 0,4 g; Proteínas 37,8 g; Colesterol 110 mg

Deliciosas hamburguesas de pollo

Tiempo de preparación: 10 minutos; Tiempo de cocción: 25 minutos; Servir: 5
Ingredientes:
- 1 libra de pollo molido
- 1 huevo ligeramente batido
- 1 taza de queso Monterey jack rallado
- 1 taza de zanahoria rallada

- 1 taza de coliflor rallada
- 1/8 cucharadita de copos de pimienta roja
- 2 dientes de ajo picados
- 1/2 taza de cebolla picada
- 3/4 de taza de harina de almendra
- Pimienta
- Sal

Direcciones:
1. Forrar la cesta de la freidora con papel pergamino.
2. Añada todos los ingredientes en el bol de la batidora y mézclelos hasta que estén bien combinados.
3. Haga hamburguesas con la mezcla y colóquelas en la cesta de la freidora.
4. Cocine a 400 F durante 25 minutos. Voltee las hamburguesas a la mitad.
5. Servir y disfrutar.

Valor nutricional (cantidad por ración):
Calorías 314; Grasas 16,6 g; Carbohidratos 5,9 g; Azúcar 2,4 g; Proteínas 34,6 g; Colesterol 134 mg

Buñuelos de pollo con queso

Tiempo de preparación: 10 minutos; Tiempo de cocción: 25 minutos; Servir: 4

Ingredientes:
- 1 libra de pollo molido
- 3/4 de taza de harina de almendra
- 1 huevo ligeramente batido
- 1 diente de ajo picado
- 1 1/2 taza de queso mozzarella rallado
- 1/2 taza de chalotas picadas
- 2 tazas de brócoli picado
- Pimienta
- Sal

Direcciones:
1. Forrar la cesta de la freidora con papel pergamino.
2. Añada todos los ingredientes en el bol de la batidora y mézclelos hasta que estén bien combinados.
3. Haga hamburguesas con la mezcla y colóquelas en la cesta de la freidora.
4. Cocine a 390 F durante 15 minutos. Voltee las hamburguesas y cocine por 10 minutos más.
5. Servir y disfrutar.

Valor nutricional (cantidad por ración):
Calorías 322; Grasas 14,2 g; Carbohidratos 8,2 g; Azúcar 1,1 g; Proteínas 40,1 g; Colesterol 147 mg

Patatas de atún

Tiempo de preparación: 10 minutos; Tiempo de cocción: 10 minutos; Servir: 10

Ingredientes:
- Lata de 15 onzas de atún, escurrido y desmenuzado
- 1 tallo de apio picado
- 3 cucharadas de queso parmesano rallado
- 1/2 taza de harina de almendra
- 1 cucharada de zumo de limón
- 2 huevos ligeramente batidos
- 1/2 cucharadita de hierbas secas
- 1/2 cucharadita de ajo en polvo
- 2 cucharadas de cebolla picada
- Pimienta
- Sal

Direcciones:
1. Forrar la cesta de la freidora con papel pergamino.
2. Añadir todos los ingredientes en el bol grande y mezclar hasta que estén bien combinados.
3. Haga hamburguesas con la mezcla y colóquelas en la cesta de la freidora por tandas.

4. Cocine a 360 F durante 10 minutos. Voltee las hamburguesas a la mitad.
5. Servir y disfrutar.

Valor nutricional (cantidad por ración):
Calorías 86; Grasas 2,9 g; Carbohidratos 0,9 g; Azúcar 0,3 g; Proteínas 13,7 g; Colesterol 49 mg

Bocaditos de huevo con jamón

Tiempo de preparación: 10 minutos; Tiempo de cocción: 12 minutos; Servir: 8

Ingredientes:
- 6 huevos
- 1/2 taza de queso cheddar rallado
- 1 taza de jamón en dados
- 2 cucharadas de nata
- 1/4 de cucharadita de ajo en polvo
- 1/4 de cucharadita de cebolla en polvo
- Pimienta
- Sal

Direcciones:
1. En un bol, bata los huevos con el resto de los ingredientes.
2. Vierta la mezcla de huevos en los moldes de silicona para magdalenas.
3. Coloque los moldes en la cesta de la freidora de aire y cocine a 300 F durante 12-14 minutos o hasta que los huevos estén cocidos.
4. Servir y disfrutar.

Valor nutricional (cantidad por ración):
Calorías 106; Grasas 7,2 g; Carbohidratos 1,2 g; Azúcar 0,4 g; Proteínas 8,8 g; Colesterol 140 mg

Capítulo 2: Recetas de aves de corral

Deliciosa Fajita de Pollo

Tiempo de preparación: 10 minutos; Tiempo de cocción: 18 minutos; Servir: 4

Ingredientes:
- 1 libra de pechuga de pollo, sin hueso, sin piel y en rodajas
- 1/8 cucharadita de cayena
- 1 cucharadita de comino
- 2 cucharaditas de chile en polvo
- 2 cucharaditas de aceite de oliva
- 1 cebolla, cortada en rodajas
- 2 pimientos morrones, cortados en rodajas
- Pimienta
- Sal

Direcciones:
1. Añade el pollo, la cebolla y los pimientos en rodajas en el bol de la batidora. Añada la cayena, el comino, el chile en polvo, el aceite, la pimienta y la sal y mezcle bien.
2. Añada la mezcla de pollo en la cesta de la freidora de aire y deslice la cesta en la freidora de aire.
3. Cocinar a 360 F durante 15-20 minutos. Remover a mitad de camino.
4. Servir y disfrutar.

Valor nutricional (cantidad por ración):
Calorías 186; Grasas 5,7 g; Carbohidratos 8,1 g; Azúcar 4,3 g; Proteínas 25,2 g; Colesterol 73 mg

Alitas de pollo a la parmesana

Tiempo de preparación: 10 minutos; Tiempo de cocción: 25 minutos; Servir: 4

Ingredientes:
- 1 1/2 libras de alitas de pollo
- 3/4 de cucharada de ajo en polvo
- 1/4 de taza de queso parmesano rallado
- 2 cucharadas de polvo de arrurruz
- Pimienta
- Sal

Direcciones:
1. Precaliente la freidora de aire cosori a 380 F.
2. En un bol grande, mezcle el ajo en polvo, el queso parmesano, el arrurruz en polvo, la pimienta y la sal. Añade las alas de pollo y revuélvelas hasta que estén bien cubiertas.
3. Añada las alitas de pollo en la cesta de la freidora. Rocía la parte superior de las alitas de pollo con spray para cocinar.
4. Seleccione el pollo y pulse el botón de inicio. Agite la cesta de la freidora a mitad de camino.
5. Servir y disfrutar.

Valor nutricional (cantidad por ración):
Calorías 386; Grasas 15,3 g; Carbohidratos 5,6 g; Azúcar 0,4 g; Proteínas 53,5 g; Colesterol 160 mg

Alitas de Pollo Western

Tiempo de preparación: 10 minutos; Tiempo de cocción: 15 minutos; Servir: 4

Ingredientes:
- 2 libras de alitas de pollo
- 1 cucharadita de hierbas de Provenza
- 1 cucharadita de pimentón
- 1/2 taza de queso parmesano rallado
- Pimienta
- Sal

Direcciones:

1. Añade el queso, el pimentón, las hierbas de Provenza, la pimienta y la sal en el bol grande. Añade las alas de pollo en el bol y remueve bien para cubrirlas.
2. Precaliente la freidora de aire cosori a 350 F.
3. Añada las alitas de pollo en la cesta de la freidora. Rocía la parte superior de las alitas de pollo con spray para cocinar.
4. Cocine las alitas de pollo durante 15 minutos. Déle la vuelta a las alas de pollo a mitad de camino.
5. Servir y disfrutar.

Valor nutricional (cantidad por ración):
Calorías 473; Grasas 19,6 g; Carbohidratos 0,8 g; Azúcar 0,1 g; Proteínas 69,7 g; Colesterol 211 mg

Pollo entero perfecto

Tiempo de preparación: 10 minutos; Tiempo de cocción: 50 minutos; Servir: 4
Ingredientes:
- 3 libras de pollo entero, quitar los menudillos y secar con una toalla de papel
- 1 cucharadita de condimento italiano
- 1/2 cucharadita de romero seco
- 1/2 cucharadita de tomillo seco
- 1/2 cucharadita de ajo en polvo
- 1/2 cucharadita de cebolla en polvo
- 1/4 de cucharadita de pimentón
- 1 cucharada de aceite de oliva
- Pimienta
- Sal

Direcciones:
1. En un bol pequeño, mezcle el aceite, el condimento italiano, el romero, el tomillo, el ajo en polvo, la cebolla en polvo, el pimentón, la pimienta y la sal.
2. Frote la mezcla de aceite y especias por todo el pollo.
3. Coloque el pollo con la pechuga hacia abajo en la cesta de la freidora.
4. Asar el pollo a 360 F durante 30 minutos.
5. Después de 30 minutos, dar la vuelta al pollo y asarlo durante 20 minutos más.
6. Dejar enfriar el pollo durante 10 minutos.
7. Cortar y servir.

Valor nutricional (cantidad por ración):
Calorías 683; Grasas 29,1 g; Carbohidratos 0,9 g; Azúcar 0,3 g; Proteínas 98,6 g; Colesterol 304 mg

Jugosas pechugas de pollo

Tiempo de preparación: 10 minutos; Tiempo de cocción: 10 minutos; Servir: 4
Ingredientes:
- 4 pechugas de pollo deshuesadas
- 1/8 cucharadita de pimienta de cayena
- 1/2 cucharadita de pimentón
- 1/2 cucharadita de perejil seco
- 1/2 cucharadita de cebolla en polvo
- 1/2 cucharadita de ajo en polvo
- Pimienta
- Sal

Direcciones:
1. Añade 6 tazas de agua caliente y 1/4 de taza de sal kosher en el bol grande y remueve hasta que la sal se disuelva.
2. Añada las pechugas de pollo en el agua y coloque un recipiente en el frigorífico durante 2 horas para dejarlas en salmuera.
3. Después de 2 horas, retire el agua y seque las pechugas de pollo con toallas de papel.
4. En un bol pequeño, mezcle el ajo en polvo, la cebolla en polvo, el perejil seco, el pimentón, la pimienta de cayena y la pimienta.

5. Rocíe las pechugas de pollo con aceite en aerosol y luego frótelas con la mezcla de especias.
6. Precaliente la freidora de aire cosori a 380 F.
7. Coloque las pechugas de pollo en la cesta de la freidora y cocínelas durante 10 minutos. Gire las pechugas de pollo a mitad de camino.
8. Servir y disfrutar.

Valor nutricional (cantidad por ración):
Calorías 281; Grasas 10,9 g; Carbohidratos 0,7 g; Azúcar 0,2 g; Proteínas 42,4 g; Colesterol 130 mg

Sabores de pollo al Dijon

Tiempo de preparación: 10 minutos; Tiempo de cocción: 14 minutos; Servir: 6
Ingredientes:
- 1 1/2 lbs. de pechugas de pollo deshuesadas
- 1/4 de cucharadita de cayena
- 1 cucharadita de condimento italiano
- 1 cucharada de aminoácidos de coco
- 1 cucharada de zumo de limón fresco
- 1 cucharada de mostaza de Dijon
- 1/2 taza de mayonesa
- 1/2 cucharadita de pimienta
- 1 cucharadita de sal marina

Direcciones:
1. En un bol pequeño, mezcle la mayonesa, la cayena, el condimento italiano, la amina de coco, el zumo de limón, la mostaza, la pimienta y la sal.
2. Añada el pollo en la bolsa con cierre. Vierta la mezcla de mayonesa sobre el pollo y mezcle bien.
3. Sellar la bolsa ziplock y colocar en el refrigerador durante la noche.
4. Precaliente la freidora de aire cosori a 400 F.
5. Coloque el pollo marinado en la cesta de la freidora y cocínelo durante 14 minutos. Dale la vuelta al pollo a mitad de camino.
6. Servir y disfrutar.

Valor nutricional (cantidad por ración):
Calorías 300; Grasas 15,3 g; Carbohidratos 5,6 g; Azúcar 1,4 g; Proteínas 33,2 g; Colesterol 107 mg

Terneras de pollo con costra crujiente

Tiempo de preparación: 10 minutos; Tiempo de cocción: 10 minutos; Servir: 6
Ingredientes:
- 2 huevos ligeramente batidos
- 6 filetes de pollo
- 1/2 cucharadita de cebolla en polvo
- 1/2 cucharadita de ajo en polvo
- 1 cucharadita de pimentón
- 1 taza de cortezas de cerdo, trituradas
- 1 cucharadita de sal

Direcciones:
1. En un recipiente poco profundo, mezcle las cortezas de cerdo trituradas, el pimentón, el ajo en polvo, la cebolla en polvo y la sal.
2. En otro recipiente poco profundo, añadir los huevos batidos.
3. Sumergir los filetes de pollo en los huevos y luego cubrirlos con la mezcla de corteza de cerdo triturada.
4. Coloque los filetes de pollo recubiertos en la cesta de la freidora de aire y cocine a 400 F durante 10 minutos. Gire los filetes de pollo a mitad de camino.
5. Servir y disfrutar.

Valor nutricional (cantidad por ración):

Calorías 66; Grasas 3,5 g; Carbohidratos 0,6 g; Azúcar 0,3 g; Proteínas 7,9 g; Colesterol 72 mg

Tiernas y jugosas gallinas de Cornualles

Tiempo de preparación: 10 minutos; Tiempo de cocción: 45 minutos; Servir: 4
Ingredientes:
- 2 gallinas de caza de Cornualles
- 1/2 cucharadita de tomillo seco
- 1/2 cucharadita de orégano seco
- 1/2 cucharadita de albahaca seca
- 1 cucharadita de pimentón
- 1 cucharadita de ajo en polvo
- 1 cucharadita de pimienta
- 2 cucharadas de aceite de oliva
- 1 cucharada de sal kosher

Direcciones:
1. En un bol pequeño, mezcle el aceite, el ajo en polvo, el pimentón, la albahaca, el orégano, el tomillo, la pimienta y la sal.
2. Frote la mezcla de especias con aceite por todas las gallinas.
3. Coloque las gallinas en la cesta de la freidora con la pechuga hacia abajo y cocínelas durante 35 minutos a 360 F.
4. Dar la vuelta a las gallinas y cocinar durante 10 minutos más.
5. Servir y disfrutar.

Valor nutricional (cantidad por ración):
Calorías 400; Grasas 30,5 g; Carbohidratos 1,4 g; Azúcar 0,2 g; Proteínas 28,9 g; Colesterol 168 mg

Sabores y muslos de pollo crujientes

Tiempo de preparación: 10 minutos; Tiempo de cocción: 22 minutos; Servir: 4
Ingredientes:
- 4 muslos de pollo, con hueso y piel, y eliminar el exceso de grasa
- 3/4 de cucharadita de cebolla en polvo
- 1/2 cucharadita de orégano
- 3/4 de cucharadita de ajo en polvo
- 1 cucharadita de pimentón
- 1 cucharada de aceite de oliva
- 1/2 cucharadita de sal kosher

Direcciones:
1. Precaliente la freidora de aire cosori a 380 F.
2. Añada los muslos de pollo en la bolsa grande con cierre. Añade las especias y el aceite sobre el pollo.
3. Sellar la bolsa con cierre y agitarla bien para cubrirla.
4. Coloque los muslos de pollo en la cesta de la freidora con la piel hacia abajo y cocine durante 12 minutos.
5. Dar la vuelta a los muslos de pollo y cocinar durante 10 minutos más.
6. Servir y disfrutar.

Valor nutricional (cantidad por ración):
Calorías 313; Grasas 14,3 g; Carbohidratos 1,2 g; Azúcar 0,4 g; Proteínas 42,5 g; Colesterol 130 mg

Cena perfecta de muslos de pollo

Tiempo de preparación: 10 minutos; Tiempo de cocción: 15 minutos; Servir: 4
Ingredientes:
- 4 muslos de pollo, con hueso y sin piel
- 1/4 de cucharadita de jengibre molido
- 2 cucharaditas de pimentón
- 2 cucharaditas de ajo en polvo
- 1/4 de cucharadita de pimienta
- 1 cucharadita de sal

Direcciones:

1. Precaliente la freidora de aire cosori a 400 F.
2. En un tazón pequeño, mezcle el jengibre, el pimentón, el ajo en polvo, la pimienta y la sal y frote todo el muslo de pollo.
3. Rocíe los muslos de pollo con spray para cocinar.
4. Coloque los muslos de pollo en la cesta de la freidora de aire y cocine durante 10 minutos.
5. Dar la vuelta a los muslos de pollo y cocinar durante 5 minutos más.
6. Servir y disfrutar.

Valor nutricional (cantidad por ración):
Calorías 286; Grasas 11 g; Carbohidratos 1,8 g; Azúcar 0,5 g; Proteínas 42,7 g; Colesterol 130 mg

Terneras de Pollo Perfectamente Condimentadas

Tiempo de preparación: 10 minutos; Tiempo de cocción: 13 minutos; Servir: 4
Ingredientes:
- 6 filetes de pollo
- 1 cucharadita de cebolla en polvo
- 1 cucharadita de orégano
- 1 cucharadita de ajo en polvo
- 1 cucharadita de pimentón
- 1 cucharadita de sal kosher

Direcciones:
1. Precaliente la freidora de aire cosori a 380 F.
2. En un tazón pequeño, mezcle la cebolla en polvo, el orégano, el ajo en polvo, el pimentón y la sal y frote todo el pollo.
3. Rociar los filetes de pollo con spray para cocinar.
4. Coloque los filetes de pollo en la cesta de la freidora y cocínelos durante 13 minutos.
5. Servir y disfrutar.

Valor nutricional (cantidad por ración):
Calorías 423; Grasas 16,4 g; Carbohidratos 1,5 g; Azúcar 0,5 g; Proteínas 63,7 g; Colesterol 195 mg

Pollo al limón fácil y rápido

Tiempo de preparación: 10 minutos; Tiempo de cocción: 30 minutos; Servir: 4
Ingredientes:
- 4 pechugas de pollo, deshuesadas y sin piel
- 1 1/2 cucharadita de ajo granulado
- 1 cucharada de condimento de pimienta de limón
- 1 cucharadita de sal

Direcciones:
1. Precaliente la freidora de aire cosori a 360 F.
2. Sazone las pechugas de pollo con el condimento de pimienta de limón, el ajo granulado y la sal.
3. Coloque el pollo en la cesta de la freidora y cocínelo durante 30 minutos. Dale la vuelta al pollo a mitad de camino.
4. Servir y disfrutar.

Valor nutricional (cantidad por ración):
Calorías 285; Grasas 10,9 g; Carbohidratos 1,8 g; Azúcar 0,3 g; Proteínas 42,6 g; Colesterol 130 mg

Deliciosos Nuggets de Pollo

Tiempo de preparación: 10 minutos; Tiempo de cocción: 12 minutos; Servir: 2
Ingredientes:

- 1 libra de pechugas de pollo, sin hueso y sin piel, y cortadas en trozos de 1 pulgada
- 1 cucharadita de chile en polvo
- 1 cucharadita de ajo en polvo
- 1 cucharadita de pimentón
- 1 taza de harina de almendra
- 1 huevo ligeramente batido
- 2 cucharaditas de sal marina

Direcciones:
1. Añadir el huevo ligeramente batido en un recipiente poco profundo.
2. En un recipiente poco profundo, mezcle la harina de almendras, el pimentón, el ajo en polvo, el chile en polvo y la sal.
3. Precaliente la freidora de aire cosori a 400 F.
4. Pasar los trozos de pollo por el huevo y luego por la mezcla de harina de almendras.
5. Coloque los trozos de pollo recubiertos en la cesta de la freidora de aire y rocíe con spray de cocina.
6. Cocinar los nuggets durante 10-12 minutos o hasta que estén hechos. Déles la vuelta a mitad de camino.
7. Servir y disfrutar.

Valor nutricional (cantidad por ración):
Calorías 554; Grasas 26,4 g; Carbohidratos 5,5 g; Azúcar 1,2 g; Proteínas 71,9 g; Colesterol 284 mg

Alitas de Chipotle fáciles y rápidas

Tiempo de preparación: 10 minutos; Tiempo de cocción: 10 minutos; Servir: 6
Ingredientes:
- 2 libras de alitas de pollo
- 1/2 taza de ketchup sin azúcar
- 2 chiles chipotles en salsa de adobo
- 1/2 cucharadita de tomillo seco
- 1/2 cucharadita de orégano
- 1/2 cucharadita de ajo en polvo
- 1/2 cucharadita de chile en polvo
- 1/2 cucharadita de mostaza seca
- 1 cucharadita de pimentón
- 1 cucharadita de sal

Direcciones:
1. En un bol grande, mezcle el pimentón, la mostaza, el chile en polvo, el ajo en polvo, el orégano, el tomillo y la sal.
2. Añade las alitas de pollo y remueve bien para cubrirlas.
3. Precaliente la freidora de aire cosori a 400 F.
4. Rocíe ligeramente las alas de pollo con spray de cocina y colóquelas en la cesta de la freidora.
5. Cocinar las alas de pollo durante 10 minutos.
6. En un tazón, mezcle el ketchup y los chiles chipotle. Añade las alitas de pollo y revuélvelas para cubrirlas.
7. Servir y disfrutar.

Valor nutricional (cantidad por ración):
Calorías 315; Grasas 11,8 g; Carbohidratos 6,1 g; Azúcar 4,7 g; Proteínas 44,6 g; Colesterol 136 mg

Pollo a la espalda con jalapeños picantes

Tiempo de preparación: 10 minutos; Tiempo de cocción: 15 minutos; Servir: 2
Ingredientes:
- 2 pechugas de pollo, deshuesadas y sin piel
- 1/2 taza de queso cheddar rallado
- 4 cucharadas de jalapeños encurtidos, picados
- 2 oz de queso crema, ablandado

- 4 rebanadas de tocino, cocidas y desmenuzadas

Direcciones:
1. Haga cinco o seis cortes en la parte superior de las pechugas de pollo.
2. En un tazón, mezcle 1/2 queso cheddar, jalapeños encurtidos, queso crema y tocino.
3. Rellene las hendiduras con la mezcla de queso cheddar.
4. Coloque el pollo en la cesta de la freidora de aire y cocine a 350 F durante 14 minutos.
5. Espolvoree el resto del queso sobre el pollo y fríalo durante 1 minuto más.
6. Servir y disfrutar.

Valor nutricional (cantidad por ración):
Calorías 736; Grasas 49 g; Carbohidratos 3,7 g; Azúcar 0,2 g; Proteínas 65,5 g; Colesterol 233 mg

Pollo griego saludable

Tiempo de preparación: 10 minutos; Tiempo de cocción: 12 minutos; Servir: 2

Ingredientes:
- 10 oz de pechuga de pollo, sin hueso, sin piel y cortada en trozos de 1 pulgada
- 2 cucharadas de queso feta desmenuzado
- 1 1/2 cucharadas de aceite de oliva
- 1/4 de cucharadita de tomillo seco
- 1/2 cucharadita de ajo en polvo
- 1/2 cucharadita de perejil seco
- 1 cucharadita de orégano seco
- 1/2 calabacín picado
- 1/2 pimiento picado
- 1/2 cebolla picada
- Pimienta
- Sal

Direcciones:
1. En un bol, mezcle el pollo, el aceite, el tomillo, el ajo en polvo, el perejil, el orégano, el calabacín, el pimiento, la cebolla, la pimienta y la sal.
2. Agregue la mezcla de pollo en la cesta de la freidora de aire y cocine a 380 F durante 12 minutos. Agite la cesta a mitad de camino.
3. Añadir el queso feta desmenuzado y mezclar bien.
4. Servir y disfrutar.

Valor nutricional (cantidad por ración):
Calorías 310; Grasas 16,3 g; Carbohidratos 8 g; Azúcar 4,1 g; Proteínas 32,8 g; Colesterol 99 mg

Sabroso pollo a la espalda de Hassel

Tiempo de preparación: 10 minutos; Tiempo de cocción: 18 minutos; Servir: 2

Ingredientes:
- 2 pechugas de pollo, deshuesadas y sin piel
- 1/2 taza de chucrut, exprimido y eliminado el exceso de líquido
- 5 lonchas finas de queso suizo, cortadas en trozos
- 4 lonchas finas de carne en conserva, cortadas en trozos
- Pimienta
- Sal

Direcciones:
1. Haga cinco cortes en la parte superior de las pechugas de pollo. Sazone el pollo con pimienta y sal.
2. Rellenar cada hendidura con carne de vacuno, chucrut y queso.
3. Rocíe el pollo con spray de cocina y colóquelo en la cesta de la freidora.
4. Cocine el pollo a 350 F durante 18 minutos.

5. Servir y disfrutar.

Valor nutricional (cantidad por ración):
Calorías 724; Grasas 39,9 g; Carbohidratos 3,6 g; Azúcar 2,6 g; Proteínas 83,6 g; Colesterol 260 mg

Deliciosas albóndigas de pollo

Tiempo de preparación: 10 minutos; Tiempo de cocción: 12 minutos; Servir: 4

Ingredientes:
- 1/2 libra de pollo molido
- 1 huevo ligeramente batido
- 2 dientes de ajo picados
- 1/2 taza de queso suizo rallado
- 1/3 de taza de cebolla picada
- 1/2 libra de jamón, cortado en dados
- Pimienta
- Sal

Direcciones:
1. Añada todos los ingredientes en el bol de la batidora y mézclelos hasta que estén bien combinados. Colocar en la nevera durante 30 minutos.
2. Precaliente la freidora de aire cosori a 390 F.
3. Saque la mezcla de albóndigas del refrigerador y haga 12 albóndigas.
4. Rocíe las albóndigas con spray de cocina y colóquelas en la cesta de la freidora.
5. Cocinar las albóndigas durante 12-15 minutos.
6. Servir y disfrutar.

Valor nutricional (cantidad por ración):
Calorías 273; Grasas 13,9 g; Carbohidratos 4,4 g; Azúcar 0,7 g; Proteínas 31 g; Colesterol 136 mg

Fajitas de pollo mexicanas

Tiempo de preparación: 10 minutos; Tiempo de cocción: 15 minutos; Servir: 2

Ingredientes:
- 10 oz de pechuga de pollo, sin hueso, sin piel y en rodajas
- 1/4 de cucharadita de orégano seco
- 1/2 cucharadita de cebolla en polvo
- 1/2 cucharadita de ajo en polvo
- 1/2 cucharadita de pimentón
- 1 cucharadita de comino
- 2 cucharaditas de chile en polvo
- 1 1/2 cucharadas de aceite de oliva
- 1/2 pimiento rojo en rodajas
- 1/2 pimiento verde en rodajas
- 1/2 cebolla, cortada en rodajas
- 1/2 cucharadita de sal

Direcciones:
1. Añade el pollo, los pimientos y la cebolla en un bol para mezclar.
2. Rociar con aceite y sazonar con chile en polvo, comino, pimentón, ajo en polvo, cebolla en polvo, orégano y sal. Mezclar bien para cubrir.
3. Añada la mezcla de pollo en la cesta de la freidora de aire y cocine a 350 F durante 15 minutos. Agite la cesta a mitad de camino.
4. Servir y disfrutar.

Valor nutricional (cantidad por ración):
Calorías 291; Grasas 14,9 g; Carbohidratos 8,1 g; Azúcar 3,3 g; Proteínas 31,4 g; Colesterol 91 mg

Fajita Hassel de Pollo

Tiempo de preparación: 10 minutos; Tiempo de cocción: 15 minutos; Servir: 4

Ingredientes:
- 4 pechugas de pollo, deshuesadas y sin piel
- 1/4 de taza de queso cheddar rallado

- 1/4 de taza de queso Colby jack, rallado
- 1 cebolla, cortada en rodajas
- 1/2 pimiento rojo en rodajas
- 1/2 pimiento amarillo, cortado en rodajas
- 1/2 pimiento verde en rodajas
- 2 cucharadas de condimento para fajitas
- 2 cucharadas de aceite de oliva

Direcciones:
1. Precaliente la freidora de aire cosori a 380 F.
2. Haga cinco o seis cortes en la parte superior de las pechugas de pollo. Frote con el condimento para fajitas y el aceite.
3. Rellena cada raja con cebolla y pimientos en rodajas.
4. Coloque el pollo en la cesta de la freidora y cocínelo durante 15 minutos.
5. Saque el pollo de la freidora de aire y colóquelo en una bandeja para hornear.
6. Espolvoree el queso cheddar rallado y el queso Colby jack sobre el pollo y ase el pollo hasta que el queso se derrita.
7. Servir y disfrutar.

Valor nutricional (cantidad por ración):
Calorías 425; Grasas 22,5 g; Carbohidratos 7,2 g; Azúcar 2 g; Proteínas 46 g; Colesterol 144 mg

Pechuga de pavo occidental

Tiempo de preparación: 10 minutos; Tiempo de cocción: 60 minutos; Servir: 8
Ingredientes:
- 4 libras de pechuga de pavo, sin hueso
- 1 cucharada de aceite de oliva
- 1/2 cucharadita de canela molida
- 1 1/2 cucharadita de pimentón
- 1 1/2 cucharadita de ajo en polvo
- 1/2 cucharadita de pimienta
- 2 cucharaditas de sal

Direcciones:
1. Precaliente la freidora de aire cosori a 350 F.
2. En un bol pequeño, mezcle la canela, el pimentón, el ajo en polvo, la pimienta y la sal.
3. Frote la mezcla de aceite y especias por toda la pechuga de pavo.
4. Coloque la pechuga de pavo con la piel hacia abajo en la cesta de la freidora y cocine durante 25 minutos.
5. Déle la vuelta a la pechuga de pavo, cúbrala con papel de aluminio y cocínela durante 35-45 minutos más o hasta que la temperatura interna del pavo alcance los 160 F.
6. Saque la pechuga de pavo de la freidora de aire y déjela enfriar durante 10 minutos.
7. Cortar y servir.

Valor nutricional (cantidad por ración):
Calorías 254; Grasas 5,6 g; Carbohidratos 10,4 g; Azúcar 8,1 g; Proteínas 38,9 g; Colesterol 98 mg

Albóndigas de pavo fáciles de hacer

Tiempo de preparación: 10 minutos; Tiempo de cocción: 10 minutos; Servir: 4
Ingredientes:
- 1 huevo ligeramente batido
- 1 cucharada de cilantro fresco, picado
- 4 cucharadas de perejil fresco picado
- 1 pimiento picado
- 1 1/2 libras de pavo molido
- Pimienta
- Sal

Direcciones:
1. Precaliente la freidora de aire cosori a 400 F.

2. Añada todos los ingredientes en el bol de la batidora y mézclelos hasta que estén bien combinados.
3. Haga pequeñas albóndigas con la mezcla y colóquelas en la cesta de la freidora.
4. Cocine las albóndigas durante 10 minutos o hasta que estén ligeramente doradas. Agite la cesta a mitad de camino.
5. Servir y disfrutar.

Valor nutricional (cantidad por ración):
Calorías 359; Grasas 19,9 g; Carbohidratos 2,6 g; Azúcar 1,6 g; Proteínas 48,3 g; Colesterol 239 mg

Muslos de pollo al estilo cajún

Tiempo de preparación: 10 minutos; Tiempo de cocción: 15 minutos; Servir: 4
Ingredientes:
- 4 muslos de pollo deshuesados
- 1/2 cucharadita de condimento cajún
- 1 cucharadita de hierbas mixtas secas
- 1 cucharadita de pimentón
- 3 cucharadas de queso parmesano rallado
- 1/3 de taza de harina de almendra

Direcciones:
1. Precaliente la freidora de aire cosori a 400 F.
2. En un bol mediano, mezcle la harina de almendras, el queso parmesano, el pimentón, las hierbas secas mixtas y el condimento cajún.
3. Rocíe los muslos de pollo con spray para cocinar y páselos por la mezcla de harina de almendras.
4. Coloque los muslos de pollo recubiertos en la cesta de la freidora de aire y cocine durante 12-15 minutos.
5. Servir y disfrutar.

Valor nutricional (cantidad por ración):
Calorías 326; Grasas 14,3 g; Carbohidratos 1,3 g; Azúcar 0,1 g; Proteínas 46,2 g; Colesterol 137 mg

Sabrosos filetes de pollo

Tiempo de preparación: 10 minutos; Tiempo de cocción: 12 minutos; Servir: 4
Ingredientes:
- 1 libra de filetes de pollo
- 1/4 de cucharadita de orégano
- 1/4 de cucharadita de mostaza molida
- 1/4 de cucharadita de cebolla en polvo
- 1/2 cucharadita de ajo en polvo
- 1/2 cucharadita de pimentón
- 1 taza de harina de almendra
- 2 huevos ligeramente batidos
- 1/2 cucharadita de pimienta
- 1/2 cucharadita de sal de apio
- 1/2 cucharadita de sal

Direcciones:
1. Precaliente la freidora de aire cosori a 400 F.
2. Añadir los huevos en el recipiente poco profundo y dejarlos a un lado.
3. En un recipiente poco profundo, mezcle la harina de almendras, el orégano, la mostaza, la cebolla en polvo, el ajo en polvo, el pimentón, la pimienta, la sal de apio y la sal.
4. Sumerja los filetes de pollo en el lavado de huevo y luego páselos por la mezcla de harina de almendras.
5. Coloque los filetes de pollo recubiertos en la cesta de la freidora. Rocía la parte superior de los filetes de pollo con spray para cocinar.
6. Cocine los filetes de pollo durante 12 minutos. Déle la vuelta a mitad de camino.
7. Servir y disfrutar.

Valor nutricional (cantidad por ración):
Calorías 291; Grasas 14,2 g; Carbohidratos 2,5 g; Azúcar 0,6 g; Proteínas 37,3 g; Colesterol 183 mg

Jugosos muslos de pollo a la pimienta de limón

Tiempo de preparación: 10 minutos; Tiempo de cocción: 12 minutos; Servir: 4

Ingredientes:
- 6 muslos de pollo, deshuesados y sin piel
- 1 cucharada de ralladura de limón
- 1/2 cucharadita de orégano seco
- 1 cucharadita de ajo en polvo
- 1 cucharadita de pimentón
- 2 1/2 cucharadas de zumo de limón fresco
- 1 1/2 cucharadita de pimienta
- Sal

Direcciones:
1. Añade los muslos de pollo en el bol grande para mezclar.
2. Añadir el orégano, el ajo en polvo, el pimentón, el zumo de limón, la pimienta y la sal sobre el pollo y cubrirlo bien. Coloque en el refrigerador durante 30 minutos.
3. Coloque los muslos de pollo marinados en la cesta de la freidora de aire y cocine durante 12 minutos. Dale la vuelta a mitad de camino.
4. Adornar con ralladura de limón y servir.

Valor nutricional (cantidad por ración):
Calorías 426; Grasas 16,5 g; Carbohidratos 2 g; Azúcar 0,5 g; Proteínas 63,8 g; Colesterol 195 mg

Pollo al pesto cremoso

Tiempo de preparación: 10 minutos; Tiempo de cocción: 15 minutos; Servir: 4

Ingredientes:
- 1 libra de muslos de pollo, deshuesados, sin piel y cortados en mitades
- 1/2 cucharadita de copos de pimienta roja
- 1/4 de taza de queso parmesano rallado
- 1/4 de taza de mitad y mitad
- 1/2 taza de pesto
- 1/2 taza de tomates cherry cortados por la mitad
- 1/2 taza de pimientos, cortados en rodajas
- 1/2 taza de cebolla en rodajas

Direcciones:
1. Rocía una sartén de 6*3 con spray para cocinar y resérvala.
2. En un bol, mezclar el pesto, los copos de pimiento rojo, la mitad y el queso parmesano.
3. Añadir el pollo a la mezcla de pesto y cubrirlo bien.
4. Vierta la mezcla de pesto de pollo en la sartén preparada y cubra con tomates, pimientos y cebollas.
5. Coloque la sartén en la cesta de la freidora de aire y cocine a 360 F durante 15 minutos.
6. Servir y disfrutar.

Valor nutricional (cantidad por ración):
Calorías 406; Grasas 24,6 g; Carbohidratos 6,4 g; Azúcar 4 g; Proteínas 38,8 g; Colesterol 118 mg

Sabrosos bocados de pollo Tikka

Tiempo de preparación: 10 minutos; Tiempo de cocción: 12 minutos; Servir: 4
Ingredientes:

- 1 libra de pechuga de pollo, deshuesada, sin piel y cortada en trozos del tamaño de un bocado
- 1 zumo de limón
- 1/4 de cucharadita de pimienta de cayena
- 1/2 cucharadita de pimentón
- 1/2 cucharadita de cilantro en polvo
- 1/2 cucharadita de comino molido
- 1 cucharadita de garam masala
- 1/4 de taza de cilantro fresco picado
- 1 cucharada de pasta de jengibre y ajo
- 1/2 taza de yogur griego
- 1 cucharadita de sal kosher

Direcciones:
1. En un bol, mezclar el pollo, la cayena, el pimentón, el cilantro en polvo, el comino molido, el garam masala, el cilantro, la pasta de ajo y jengibre, el yogur y la sal. Colóquelo en el frigorífico durante toda la noche.
2. Coloque los trozos de pollo marinados en la cesta de la freidora de aire y rocíe la parte superior del pollo con spray de cocina.
3. Cocine a 400 F durante 12 minutos. Voltee el pollo a la mitad.
4. Rocíe el jugo de limón sobre los bocados de pollo y sirva.

Valor nutricional (cantidad por ración):
Calorías 158; Grasas 3,7 g; Carbohidratos 1,8 g; Azúcar 1,6 g; Proteínas 27,4 g; Colesterol 74 mg

Pollo y brócoli saludables

Tiempo de preparación: 10 minutos; Tiempo de cocción: 20 minutos; Servir: 4
Ingredientes:
- 1 libra de pechuga de pollo, deshuesada, sin piel y cortada en trozos del tamaño de un bocado
- 1/2 cebolla, cortada en rodajas
- 2 tazas de ramilletes de brócoli
- 2 cucharaditas de vinagre de arroz
- 1 cucharadita de aceite de sésamo
- 1 cucharada de salsa de soja
- 1 cucharadita de ajo picado
- 2 cucharadas de aceite de oliva
- Pimienta
- Sal

Direcciones:
1. En un bol, mezcle el aceite de oliva, el ajo, la salsa de soja, el aceite de sésamo, el arroz, el vinagre, la pimienta y la sal.
2. Añade el pollo, la cebolla y el brócoli en el bol y mézclalo bien y déjalo marinar durante 1 hora.
3. Coloque el pollo marinado y las verduras en la cesta de la freidora de aire y cocine a 380 F durante 20 minutos. Agite la cesta de la freidora 2-3 veces.
4. Servir y disfrutar.

Valor nutricional (cantidad por ración):
Calorías 217; Grasas 11,1 g; Carbohidratos 3,3 g; Azúcar 1 g; Proteínas 25,1 g; Colesterol 73 mg

Pechuga de pavo a la pimienta de limón

Tiempo de preparación: 10 minutos; Tiempo de cocción: 60 minutos; Servir: 6
Ingredientes:
- 3 libras de pechuga de pavo, deshuesada
- 1 cucharadita de condimento de pimienta de limón
- 1 cucharada de salsa Worcestershire
- 2 cucharadas de aceite de oliva
- 1/2 cucharadita de sal

Direcciones:

1. Añade el aceite de oliva, la salsa Worcestershire, el condimento de pimienta de limón y la sal en la bolsa con cierre. Añada la pechuga de pavo a la marinada, cúbrala bien y déjala marinar durante 1 ó 2 horas.
2. Saque la pechuga de pavo de la marinada y colóquela en la cesta de la freidora.
3. Cocine a 350 F durante 25 minutos. Voltee la pechuga de pavo y cocine por 35 minutos más o hasta que la temperatura interna de la pechuga de pavo alcance 165 F.
4. Cortar y servir.

Valor nutricional (cantidad por ración):
Calorías 279; Grasas 8,4 g; Carbohidratos 10,3 g; Azúcar 8,5 g; Proteínas 38,8 g; Colesterol 98 mg

Alitas de pollo al ajo

Tiempo de preparación: 10 minutos; Tiempo de cocción: 20 minutos; Servir: 6
Ingredientes:
- 2 libras de alitas de pollo
- 2 cucharaditas de ajo picado
- 2 cucharaditas de perejil fresco picado
- 1 taza de queso parmesano rallado
- Pimienta
- Sal

Direcciones:
1. Precaliente la freidora de aire cosori a 400 F.
2. En un bol, mezcle el queso, el ajo, el perejil, la pimienta y la sal. Añada las alas de pollo y revuélvalas hasta que estén bien cubiertas.
3. Coloque las alitas de pollo en la cesta de la freidora de aire y cocínelas durante 20 minutos. Gire las alas a mitad de camino.
4. Servir y disfrutar.

Valor nutricional (cantidad por ración):
Calorías 342; Grasas 14,8 g; Carbohidratos 1 g; Azúcar 0 g; Proteínas 49,2 g; Colesterol 146 mg

Crispy Bagel Chicken Tenders

Tiempo de preparación: 10 minutos; Tiempo de cocción: 12 minutos; Servir: 4
Ingredientes:
- 1 huevo ligeramente batido
- 1 libra de filetes de pollo
- 1 cucharadita de pimentón
- 2 cucharadas de semillas de lino molidas
- 1/4 de taza de condimento para panecillos
- 1/2 taza de harina de almendra
- 1 cucharada de ghee derretido
- 2 cucharadas de leche de almendras

Direcciones:
1. Precaliente la freidora de aire cosori a 390 F.
2. En un recipiente poco profundo, bata el huevo, el ghee y la leche y reserve.
3. En un recipiente poco profundo, mezcle la harina de almendras, el condimento para panecillos, la linaza molida y el pimentón.
4. Rocíe la cesta de la freidora de aire con spray de cocina.
5. Sumerja los filetes de pollo en la mezcla de huevo y luego páselos por la mezcla de harina de almendras.
6. Coloque los filetes de pollo recubiertos en la cesta de la freidora y cocínelos durante 12 minutos. Da la vuelta a los filetes de pollo a mitad de camino.
7. Servir y disfrutar.

Valor nutricional (cantidad por ración):
Calorías 331; Grasas 17,4 g; Carbohidratos 5,6 g; Azúcar 0,8 g; Proteínas 36,4 g; Colesterol 150 mg

Palillos de pollo italianos

Tiempo de preparación: 10 minutos; Tiempo de cocción: 30 minutos; Servir: 4
Ingredientes:
- 2 libras de muslos de pollo
- 2 cucharadas de aceite de oliva
- 1 1/2 cucharadas de ajo en polvo
- 1/4 de cucharadita de pimentón
- 2 cucharaditas de condimento italiano
- Pimienta
- Sal

Direcciones:
1. Colocar los muslos de pollo en el bol grande. Vierta el aceite, el ajo en polvo, el pimentón, el condimento italiano, la pimienta y la sal sobre el pollo y cúbralo bien.
2. Coloque el pollo en el refrigerador durante 2 horas.
3. Precaliente la freidora de aire cosori a 400 F.
4. Coloque los muslos de pollo marinados en la cesta de la freidora y cocínelos durante 30 minutos. Da la vuelta a los muslos de pollo a mitad de camino.
5. Servir y disfrutar.

Valor nutricional (cantidad por ración):
Calorías 461; Grasas 20,7 g; Carbohidratos 2,6 g; Azúcar 1 g; Proteínas 62,9 g; Colesterol 201 m

Albóndigas de pollo asiáticas

Tiempo de preparación: 10 minutos; Tiempo de cocción: 10 minutos; Servir: 4
Ingredientes:
- 1 libra de pollo molido
- 4 cucharadas de coco rallado sin azúcar
- 1 cucharadita de aceite de sésamo
- 1 cucharadita de salsa sriracha
- 1 cucharada de salsa de soja
- 1 cucharada de salsa Hoisin
- 2 cucharadas de cebolla verde picada
- 1/4 de taza de cilantro fresco picado
- Pimienta
- Sal

Direcciones:
1. Añada el pollo molido y el resto de los ingredientes en el recipiente y mezcle hasta que estén bien combinados.
2. Haga pequeñas bolas con la mezcla y colóquelas en la cesta de la freidora de aire y cocínelas a 350 F durante 10 minutos. Gire las albóndigas a mitad de camino.
3. Servir y disfrutar.

Valor nutricional (cantidad por ración):
Calorías 291; Grasas 14,5 g; Carbohidratos 3,9 g; Azúcar 1,8 g; Proteínas 33,8 g; Colesterol 102 mg

Muslos de pollo marinados con hierbas

Tiempo de preparación: 10 minutos; Tiempo de cocción: 14 minutos; Servir: 8
Ingredientes:
- 8 muslos de pollo con hueso y piel
- 1/2 cucharadita de salvia seca
- 1/2 cucharadita de cebolla en polvo
- 1/2 cucharadita de orégano seco
- 1 cucharadita de albahaca seca
- 1 cucharadita de condimento para espigas
- 1 1/2 cucharadita de ajo en polvo
- 2 cucharadas de zumo de limón fresco
- 1/4 de taza de aceite de oliva
- 1/4 de cucharadita de pimienta

Direcciones:
1. En un cuenco pequeño, mezcle el aceite, el zumo de limón, el ajo en polvo, el condimento de espigas, la albahaca, el orégano, la cebolla en polvo, la salvia y la pimienta.

2. Añade los muslos de pollo en la bolsa con cierre y vierte la mezcla de aceite sobre el pollo. Cubra bien y deje marinar el pollo en la nevera durante 6 horas.
3. Precaliente la freidora de aire cosori a 360 F.
4. Saque el pollo de la marinada y colóquelo en la cesta de la freidora.
5. Cocine el pollo durante 8 minutos. Voltee el pollo y cocine por 6 minutos más o hasta que la temperatura interna del pollo alcance 165 F.
6. Servir y disfrutar.

Valor nutricional (cantidad por ración):
Calorías 335; Grasas 17,2 g; Carbohidratos 0,7 g; Azúcar 0,3 g; Proteínas 42,4 g; Colesterol 130 mg

Jugoso pollo caribeño

Tiempo de preparación: 10 minutos; Tiempo de cocción: 10 minutos; Servir: 8
Ingredientes:
- 3 libras de muslos de pollo, sin hueso y sin piel
- 3 cucharadas de aceite de coco derretido
- 1 1/2 cucharadita de nuez moscada molida
- 1 1/2 cucharadita de jengibre molido
- 1 cucharada de pimienta de cayena
- 1 cucharada de canela molida
- 1 cucharada de cilantro molido
- Pimienta
- Sal

Direcciones:
1. En un bol mediano, mezcle la nuez moscada, el jengibre, la cayena, la canela, el cilantro, la pimienta y la sal.
2. Cubrir los muslos de pollo con la mezcla de especias y pincelar con aceite de coco derretido.
3. Coloque los muslos de pollo en la cesta de la freidora de aire y cocine a 390 F durante 10 minutos.
4. Servir y disfrutar.

Valor nutricional (cantidad por ración):
Calorías 375; Grasas 18 g; Carbohidratos 1,5 g; Azúcar 0,2 g; Proteínas 49,4 g; Colesterol 151 mg

Buñuelos de pollo y brócoli

Tiempo de preparación: 10 minutos; Tiempo de cocción: 10 minutos; Servir: 8
Ingredientes:
- 1 libra de muslos de pollo, sin hueso y sin piel, cortados en trozos pequeños
- 2 tazas de ramilletes de brócoli, cocidos al vapor y picados
- 1 taza de queso cheddar rallado
- 1/2 taza de harina de almendra
- 1/2 cucharadita de ajo en polvo
- 2 huevos ligeramente batidos
- Pimienta
- Sal

Direcciones:
1. Rocíe la cesta de la freidora de aire con spray de cocina.
2. Añade el pollo y el resto de los ingredientes en el bol y mézclalos hasta que estén bien combinados.
3. Haga pequeños buñuelos con la mezcla de pollo y colóquelos en la cesta de la freidora de aire.
4. Cocine los buñuelos de pollo a 400 F durante 8 minutos. Voltee los buñuelos de pollo y cocine por 2 minutos más.
5. Servir y disfrutar.

Valor nutricional (cantidad por ración):

Calorías 199; Grasas 10,9 g; Carbohidratos 2,3 g; Azúcar 0,6 g; Proteínas 22,4 g; Colesterol 106 mg

Alitas de pollo picantes

Tiempo de preparación: 10 minutos; Tiempo de cocción: 30 minutos; Servir: 4

Ingredientes:
- 2 libras de alitas de pollo
- 2 cucharaditas de ajo en polvo
- 4 cucharaditas de chile en polvo
- 3 cucharadas de aceite de oliva
- Pimienta
- Sal

Direcciones:
1. Añada las alitas de pollo y el resto de los ingredientes en la bolsa con cierre y agite bien para cubrirlas.
2. Coloque las alitas de pollo en la cesta de la freidora de aire y cocínelas a 380 F durante 30 minutos. Revuelva las alitas de pollo cada 5 minutos.
3. Servir y disfrutar.

Valor nutricional (cantidad por ración):
Calorías 534; Grasas 27,8 g; Carbohidratos 2,5 g; Azúcar 0,5 g; Proteínas 66,2 g; Colesterol 202 mg

Pollo y verduras nutritivas

Tiempo de preparación: 10 minutos; Tiempo de cocción: 10 minutos; Servir: 4

Ingredientes:
- 1 libra de pechuga de pollo, deshuesada y cortada en trozos del tamaño de un bocado
- 1 cucharada de condimento italiano
- 1/2 cucharadita de ajo en polvo
- 1/2 cucharadita de chile en polvo
- 2 cucharadas de aceite de oliva
- 2 dientes de ajo picados
- 1/2 cebolla picada
- 1 taza de pimiento picado
- 1 calabacín picado
- 1 taza de ramilletes de brócoli
- Pimienta
- Sal

Direcciones:
1. Precaliente la freidora de aire cosori a 400 F.
2. Añada el pollo y el resto de los ingredientes en el bol grande y mézclelos bien.
3. Añada la mezcla de pollo y verduras en la cesta de la freidora y cocine durante 10 minutos o hasta que el pollo esté cocido. Agita la cesta de la freidora a mitad de camino.
4. Servir y disfrutar.

Valor nutricional (cantidad por ración):
Calorías 235; Grasas 11,2 g; Carbohidratos 8 g; Azúcar 3,8 g; Proteínas 25,9 g; Colesterol 75 mg

Albóndigas de pollo y espinacas

Tiempo de preparación: 10 minutos; Tiempo de cocción: 10 minutos; Servir: 4

Ingredientes:
- 1 libra de pollo molido
- 3/4 de taza de harina de almendra
- 1/4 de taza de queso feta desmenuzado
- 2 cucharadas de queso parmesano rallado
- 1/4 de taza de tomates secos, escurridos
- 2 cucharaditas de ajo
- 3 tazas de espinacas tiernas
- Pimienta
- Sal

Direcciones:

1. Añadir las espinacas, los tomates secos y 1 cucharadita de ajo en el procesador de alimentos y procesar hasta que se forme una pasta.
2. Añadir la mezcla de espinacas en el bol grande para mezclar. Añadir el resto de los ingredientes en el bol y mezclar hasta que estén bien combinados.
3. Rocíe la cesta de la freidora de aire con spray de cocina.
4. Haga pequeñas albóndigas con la mezcla y colóquelas en la cesta de la freidora.
5. Cocine las albóndigas a 400 F durante 10 minutos.
6. Servir y disfrutar.

Valor nutricional (cantidad por ración):
Calorías 303; Grasas 14,7 g; Carbohidratos 3,5 g; Azúcar 1 g; Proteínas 38,4 g; Colesterol 114 mg

Piernas de pavo tiernas

Tiempo de preparación: 10 minutos; Tiempo de cocción: 27 minutos; Servir: 4
Ingredientes:
- 4 patas de pavo
- 1/4 de cucharadita de tomillo
- 1/4 de cucharadita de orégano
- 1/4 de cucharadita de romero
- 1 cucharada de mantequilla
- Pimienta
- Sal

Direcciones:
1. Sazone los muslos de pavo con pimienta y sal.
2. En un bol pequeño, mezcle la mantequilla, el tomillo, el orégano y el romero.
3. Frote la mezcla de mantequilla por todos los muslos de pavo.
4. Precaliente la freidora de aire cosori a 350 F.
5. Coloque los muslos de pavo en la cesta de la freidora de aire y cocine durante 27 minutos.
6. Servir y disfrutar.

Valor nutricional (cantidad por ración):
Calorías 182; Grasas 9,9 g; Carbohidratos 1,9 g; Azúcar 0,1 g; Proteínas 20,2 g; Colesterol 68 mg

Albóndigas griegas

Tiempo de preparación: 10 minutos; Tiempo de cocción: 10 minutos; Servir: 4
Ingredientes:
- 1 libra de pollo molido
- 1 huevo ligeramente batido
- 1 cucharadita de cebolla en polvo
- 1 cucharadita de ralladura de limón
- 1 cucharada de orégano seco
- 1 1/2 cucharadita de pasta de ajo
- Pimienta
- Sal

Direcciones:
1. Añada todos los ingredientes en el bol de la batidora y mézclelos hasta que estén bien combinados.
2. Precaliente la freidora de aire cosori a 390 F.
3. Haga pequeñas albóndigas con la mezcla y colóquelas en la cesta de la freidora de aire y cocínelas durante 8-10 minutos.
4. Servir y disfrutar.

Valor nutricional (cantidad por ración):
Calorías 239; Grasas 9,6 g; Carbohidratos 1,8 g; Azúcar 0,4 g; Proteínas 34,5 g; Colesterol 142 mg

Pechugas de pollo perfectas

Tiempo de preparación: 10 minutos; Tiempo de cocción: 15 minutos; Servir: 4

Ingredientes:
- 1 libra de pechugas de pollo, sin piel y sin hueso
- 1 cucharadita de condimento para aves
- 2 cucharaditas de aceite de oliva
- 1 cucharadita de sal

Direcciones:
1. Frote las pechugas de pollo con aceite y sazone con el condimento para aves y la sal.
2. Coloque las pechugas de pollo en la cesta de la freidora de aire y cocine a 360 F durante 10 minutos. Dale la vuelta al pollo y cocínalo durante 5 minutos más.
3. Servir y disfrutar.

Valor nutricional (cantidad por ración):
Calorías 237; Grasas 10,8 g; Carbohidratos 0,3 g; Azúcar 0 g; Proteínas 32,9 g; Colesterol 101 mg

Hamburguesas de espinacas de pavo

Tiempo de preparación: 10 minutos; Tiempo de cocción: 20 minutos; Servir: 4

Ingredientes:
- 1 libra de pavo molido
- 1 1/2 tazas de espinacas frescas picadas
- 1 cucharadita de condimento italiano
- 1 cucharada de aceite de oliva
- 1 cucharada de ajo picado
- 4 oz de queso feta, desmenuzado
- Pimienta
- Sal

Direcciones:
1. Añada el pavo molido y el resto de los ingredientes en el recipiente y mézclelos hasta que estén bien combinados.
2. Haga cuatro formas iguales de hamburguesas con la mezcla de pavo y colóquelas en la cesta de la freidora.
3. Cocine las hamburguesas de pavo durante 20 minutos.
4. Servir y disfrutar.

Valor nutricional (cantidad por ración):
Calorías 336; Grasas 22,4 g; Carbohidratos 2,4 g; Azúcar 1,3 g; Proteínas 35,5 g; Colesterol 142 mg

Sabrosas fajitas de pavo

Tiempo de preparación: 10 minutos; Tiempo de cocción: 20 minutos; Servir: 4

Ingredientes:
- 1 libra de pechuga de pavo, deshuesada, sin piel y cortada en rodajas de 1/2 pulgada
- 1/4 de taza de cilantro fresco picado
- 1 chile jalapeño picado
- 1 cebolla, cortada en rodajas
- 2 pimientos, cortados en tiras
- 1 1/2 cucharadas de aceite de oliva
- 2 zumo de lima
- 1/2 cucharadita de cebolla en polvo
- 1 cucharadita de ajo en polvo
- 1/2 cucharada de orégano
- 1/2 cucharadita de pimentón
- 1 cucharada de chile en polvo

Direcciones:
1. En un bol pequeño, mezcle la cebolla en polvo, el ajo en polvo, el orégano, el pimentón, el comino, el chile en polvo y la pimienta.
2. Exprime un zumo de lima sobre la pechuga de pavo y luego espolvorea la mezcla de especias sobre la pechuga de pavo.
3. Untar la pechuga de pavo con 1 cucharada de aceite de oliva y reservar.
4. Añada la cebolla y los pimientos en el bol mediano y mézclelos con el aceite restante.

5. Precaliente la freidora de aire cosori a 375 F.
6. Añada la cebolla y los pimientos en la cesta de la freidora y cocine durante 8 minutos. Agite la cesta y cocine durante 5 minutos más.
7. Añade los jalapeños y cocina durante 5 minutos. Agite la cesta y añada el pavo en rodajas sobre las verduras y cocine durante 8 minutos.
8. Adorne las fajitas con cilantro y sirva.

Valor nutricional (cantidad por ración):
Calorías 211; Grasas 7,8 g; Carbohidratos 16,2 g; Azúcar 9,1 g; Proteínas 20,9 g; Colesterol 49 mg

Alitas de pollo al ajo con rancho

Tiempo de preparación: 10 minutos; Tiempo de cocción: 25 minutos; Servir: 4
Ingredientes:
- 2 libras de alitas de pollo
- 5 dientes de ajo picados
- 1/4 de taza de mantequilla derretida
- 3 cucharadas de condimento ranchero

Direcciones:
1. Añade las alas de pollo en la bolsa con cierre.
2. Mezcla la mantequilla, el ajo y el condimento ranchero y vierte sobre las alitas de pollo. Sella la bolsa, agítala bien y métela en el frigorífico durante toda la noche.
3. Coloque las alas de pollo marinadas en la cesta de la freidora de aire y cocine a 360 F durante 20 minutos. Agite la cesta de la freidora dos veces.
4. Suba la temperatura a 390 F y cocine las alitas de pollo durante 5 minutos más.
5. Servir y disfrutar.

Valor nutricional (cantidad por ración):
Calorías 552; Grasas 28,3 g; Carbohidratos 1,3 g; Azúcar 0,1 g; Proteínas 66 g; Colesterol 232 mg

Muslos de pollo al rancho

Tiempo de preparación: 10 minutos; Tiempo de cocción: 23 minutos; Servir: 4
Ingredientes:
- 8 muslos de pollo con hueso y piel
- 2 1/2 cucharadas de mezcla de aderezo ranchero

Direcciones:
1. Añade los muslos de pollo al bol y rocíalos con la mezcla de aderezo ranchero. Mezcle bien para cubrirlos.
2. Rocíe los muslos de pollo con spray de cocina y colóquelos en la cesta de la freidora.
3. Cocine a 380 F durante 23 minutos. Voltee el pollo a la mitad.
4. Servir y disfrutar.

Valor nutricional (cantidad por ración):
Calorías 558; Grasas 21,7 g; Carbohidratos 0,5 g; Azúcar 0,3 g; Proteínas 84,6 g; Colesterol 260 mg

Alitas de pollo Taco Ranch

Tiempo de preparación: 10 minutos; Tiempo de cocción: 30 minutos; Servir: 4
Ingredientes:
- 2 libras de alitas de pollo
- 1 cucharadita de condimento ranchero
- 1 1/2 cucharadita de condimento para tacos
- 1 cucharadita de aceite de oliva

Direcciones:
1. Precaliente la freidora de aire cosori a 400 F.

2. En un bol, añada las alitas de pollo, el condimento ranchero, el condimento para tacos y el aceite, y mezcle bien para cubrirlas.
3. Coloque las alitas de pollo en la cesta de la freidora de aire y cocínelas durante 15 minutos.
4. Gire las alas de pollo hacia otro lado y cocine durante 15 minutos más.
5. Servir y disfrutar.

Valor nutricional (cantidad por ración):
Calorías 444; Grasas 18 g; Carbohidratos 0 g; Azúcar 0 g; Proteínas 65,6 g; Colesterol 202 mg

Alitas de Pollo con Cilantro y Lima

Tiempo de preparación: 10 minutos; Tiempo de cocción: 30 minutos; Servir: 4
Ingredientes:
- 1 1/2 libras de alitas de pollo
- 1/2 cucharadita de ajo en polvo
- 1/4 de cucharadita de comino
- 1/2 cucharadita de orégano
- 1/4 de taza de cilantro
- 1 cucharada de aceite de oliva
- 1 cucharada de zumo de lima fresco
- 1/2 cucharadita de pimienta
- 1 cucharadita de sal

Direcciones:
1. Precaliente la freidora de aire cosori a 400 F.
2. Añada todos los ingredientes, excepto las alas de pollo, en el bol de la batidora y mézclelos bien. Añade las alas de pollo en el bol y cúbrelas bien.
3. Coloque las alitas de pollo en la cesta de la freidora de aire y cocínelas durante 30 minutos. Gire las alitas de pollo a mitad de camino.
4. Servir y disfrutar.

Valor nutricional (cantidad por ración):
Calorías 358; Grasas 16,2 g; Carbohidratos 1,4 g; Azúcar 0,3 g; Proteínas 49,4 g; Colesterol 151 mg

Hamburguesas de pavo con setas

Tiempo de preparación: 10 minutos; Tiempo de cocción: 10 minutos; Servir: 4
Ingredientes:
- 1 libra de pavo molido
- 1/4 de taza de harina de almendra
- 1 cucharadita de mostaza en grano
- 1 cucharada de salsa Worcestershire
- 1 cucharada de perejil fresco picado
- 2 dientes de ajo picados
- 1 cebolla pequeña picada
- 4 oz de champiñones, limpios, secos y recortados
- Pimienta
- Sal

Direcciones:
1. Añadir las setas en el procesador de alimentos y procesar hasta que se forme una mezcla en trozos.
2. En un tazón, mezcle el pavo molido, la mezcla de champiñones en trozos y el resto de los ingredientes hasta que estén bien combinados.
3. Hacer hamburguesas con la mezcla y ponerlas en la nevera durante 30 minutos.
4. Rocíe la cesta de la freidora. Coloque las hamburguesas en la cesta de la freidora y cocine a 330 F durante 10 minutos.
5. Servir y disfrutar.

Valor nutricional (cantidad por ración):
Calorías 252; Grasas 13,5 g; Carbohidratos 4,4 g; Azúcar 2,1 g; Proteínas 32,6 g; Colesterol 116 mg

Alitas de Pollo Cajún Crujientes

Tiempo de preparación: 10 minutos; Tiempo de cocción: 40 minutos; Servir: 4

Ingredientes:
- 2 1/2 libras de alitas de pollo
- 1 cucharadita de chile en polvo
- 1/2 cucharada de orégano
- 1/2 cucharada de tomillo molido
- 1/2 cucharada de cebolla en polvo
- 1 cucharada de pimentón
- 1 cucharada de ajo en polvo
- 1/4 de cucharadita de pimienta
- 1/2 cucharada de sal

Para la salsa cajún:
- 1 cucharadita de perejil en copos
- 2 cucharadas de queso parmesano
- 1 cucharadita de condimento cajún
- 2 cucharaditas de ajo picado
- 1/2 taza de mantequilla derretida

Direcciones:
1. En un tazón pequeño, mezcle todos los ingredientes de la salsa y reserve.
2. Precaliente la freidora de aire cosori a 400 F.
3. En un recipiente para mezclar, agregue las alitas de pollo, el chile en polvo, el orégano, el tomillo, la cebolla en polvo, el pimentón, el ajo en polvo, la pimienta y la sal y revuelva para cubrirlas.
4. Coloque las alitas de pollo en la cesta de la freidora de aire y cocínelas durante 30 minutos. Gire las alitas de pollo a mitad de camino.
5. Unte las alas de pollo con la salsa cajún y cocine durante 10 minutos más.
6. Servir y disfrutar.

Valor nutricional (cantidad por ración):
Calorías 787; Grasas 46 g; Carbohidratos 5 g; Azúcar 1,1 g; Proteínas 85,5 g; Colesterol 318 mg

Alitas de pollo crujientes y jugosas

Tiempo de preparación: 10 minutos; Tiempo de cocción: 20 minutos; Servir: 4

Ingredientes:
- 2 libras de alitas de pollo
- 1/2 cucharadita de pimienta de cayena
- 1 cucharadita de pimienta blanca
- 1 cucharadita de pimentón ahumado
- 2 cucharaditas de ajo en polvo
- 2 cucharaditas de cebolla en polvo
- 1/2 cucharada de tomillo

Direcciones:
1. Precaliente la freidora de aire cosori a 400 F.
2. Rocíe la cesta de la freidora de aire con spray de cocina.
3. En un bol pequeño, mezcle la pimienta de cayena, la pimienta blanca, el pimentón, el ajo en polvo, la cebolla en polvo y el tomillo.
4. Frote las alas de pollo con la mezcla de especias y colóquelas en la cesta de la freidora.
5. Cocine las alas de pollo durante 10 minutos. Dar la vuelta a las alas de pollo y cocinar durante 10 minutos más.
6. Servir y disfrutar.

Valor nutricional (cantidad por ración):
Calorías 444; Grasas 17 g; Carbohidratos 3 g; Azúcar 0,9 g; Proteínas 66,2 g; Colesterol 202 mg

Alitas de pollo cajún sencillas

Tiempo de preparación: 10 minutos; Tiempo de cocción: 25 minutos; Servir: 4

Ingredientes:
- 2 libras de alitas de pollo
- 1/3 de taza de aderezo ranchero

- 1 cucharada + 1/2 cucharadita de condimento cajún

Direcciones:
1. Frote 1 cucharada de condimento cajún por todas las alas de pollo.
2. Coloque las alitas de pollo en la cesta de la freidora de aire y cocínelas a 400 F durante 25 minutos. Gire las alas de pollo a mitad de camino.
3. Mientras tanto, en un tazón pequeño, mezcle el aderezo ranchero y 1 cucharadita de condimento cajún.
4. Sirva las alitas de pollo con aderezo ranchero cajún.

Valor nutricional (cantidad por ración):
Calorías 437; Grasas 16,9 g; Carbohidratos 1,1 g; Azúcar 0,5 g; Proteínas 65,9 g; Colesterol 202 mg

Muslos de pollo en adobo

Tiempo de preparación: 10 minutos; Tiempo de cocción: 20 minutos; Servir: 4
Ingredientes:
- 4 muslos de pollo
- 1 cucharada de aceite de oliva
- 2 cucharadas de adobo

Direcciones:
1. Frote los muslos de pollo con aceite y condimento de adobo.
2. Coloque los muslos de pollo en la cesta de la freidora de aire y cocine a 350 F durante 20 minutos. Gire el pollo a mitad de camino.
3. Servir y disfrutar.

Valor nutricional (cantidad por ración):
Calorías 307; Grasas 14,3 g; Carbohidratos 0 g; Azúcar 0 g; Proteínas 42,2 g; Colesterol 130 mg

Pechuga de pavo a las hierbas

Tiempo de preparación: 10 minutos; Tiempo de cocción: 60 minutos; Servir: 8
Ingredientes:
- 2 1/2 libras de pechuga de pavo, con hueso y piel
- 1/2 cucharadita de salvia fresca picada
- 1/2 cucharadita de tomillo fresco picado
- 1 cucharada de mantequilla ablandada
- 1/4 de cucharadita de pimienta
- 1 cucharadita de sal

Direcciones:
1. En un bol pequeño, mezcle la mantequilla, la salvia, el tomillo, la pimienta y la sal.
2. Frote la mezcla de mantequilla por toda la pechuga de pavo.
3. Coloque la pechuga de pavo en la cesta de la freidora de aire y cocine a 325 F durante 30 minutos.
4. Gire la pechuga de pavo hacia otro lado y cocine durante 30 minutos más o hasta que la temperatura interna de la pechuga de pavo alcance los 165 F.
5. Cortar y servir.

Valor nutricional (cantidad por ración):
Calorías 161; Grasas 3,8 g; Carbohidratos 6,1 g; Azúcar 5 g; Proteínas 24,2 g; Colesterol 65 mg

Pechuga de pavo de Acción de Gracias

Tiempo de preparación: 10 minutos; Tiempo de cocción: 40 minutos; Servir: 6
Ingredientes:

- 2 libras de pechuga de pavo
- 1 cucharadita de romero fresco picado
- 1 cucharadita de tomillo fresco picado
- 3 dientes de ajo picados
- 4 cucharadas de mantequilla derretida
- Pimienta
- Sal

Direcciones:
1. Sazone la pechuga de pavo con pimienta y sal.
2. En un bol pequeño, mezcle la mantequilla, el romero, el tomillo y el ajo. Unte con la mezcla de mantequilla toda la pechuga de pavo.
3. Coloque la pechuga de pavo en la cesta de la freidora de aire y cocine a 375 F durante 40 minutos o hasta que la temperatura interna de la pechuga de pavo alcance los 160 F.
4. Cortar y servir.

Valor nutricional (cantidad por ración):
Calorías 229; Grasas 10,2 g; Carbohidratos 7,1 g; Azúcar 5,3 g; Proteínas 26 g; Colesterol 85 mg

Pechuga de pavo a las hierbas

Tiempo de preparación: 10 minutos; Tiempo de cocción: 35 minutos; Servir: 4

Ingredientes:
- 2 1/2 libras de pechuga de pavo, con hueso y piel
- 1/2 cucharadita de pimentón
- 1/2 cucharadita de ajo en polvo
- 1/2 cucharadita de salvia seca
- 1 cucharadita de romero molido
- 1 cucharadita de tomillo seco
- 1 cucharada de aceite de oliva
- 1/2 cucharadita de pimienta
- 1 cucharadita de sal kosher

Direcciones:
1. En un bol pequeño, mezcle el pimentón, el ajo en polvo, la salvia, el romero, el tomillo, la pimienta y la sal.
2. Unte la pechuga de pavo con aceite de oliva y frótela con la mezcla de hierbas secas.
3. Coloque la pechuga de pavo con la piel hacia abajo en la cesta de la freidora de aire y cocine a 360 F durante 20 minutos.
4. Déle la vuelta a la pechuga de pavo y cocínela durante 15 minutos más o hasta que la temperatura interna de la pechuga de pavo alcance los 165 F.
5. Cortar y servir.

Valor nutricional (cantidad por ración):
Calorías 329; Grasas 8,3 g; Carbohidratos 12,9 g; Azúcar 10,1 g; Proteínas 48,6 g; Colesterol 122 mg

Hamburguesas de calabacín con pavo

Tiempo de preparación: 10 minutos; Tiempo de cocción: 10 minutos; Servir: 5

Ingredientes:
- 1 libra de pavo molido
- 1 cucharada de cebolla rallada
- 1 diente de ajo rallado
- 1/4 de taza de harina de almendra
- 6 oz de calabacín, rallado y exprimido todo el líquido
- Pimienta
- Sal

Direcciones:
1. Añada el pavo molido y el resto de los ingredientes en el recipiente y mézclelos hasta que estén bien combinados.
2. Precaliente la freidora de aire cosori a 370 F.
3. Haga hamburguesas con la mezcla y colóquelas en la cesta de la freidora y cocínelas durante 10 minutos. Gire las hamburguesas a mitad de camino.
4. Servir y disfrutar.

Valor nutricional (cantidad por ración):
Calorías 192; Grasas 10,7 g; Carbohidratos 1,8 g; Azúcar 0,7 g; Proteínas 25,6 g; Colesterol 93 mg

Hamburguesas griegas de pavo

Tiempo de preparación: 10 minutos; Tiempo de cocción: 14 minutos; Servir: 2
Ingredientes:
- 8 oz de pechuga de pavo molida
- 1/2 cucharadita de pimienta roja triturada
- 2 cucharaditas de orégano fresco picado
- 1 1/2 cucharadas de aceite de oliva
- 2 dientes de ajo picados
- 1/4 de cucharadita de sal

Direcciones:
1. Añada el pavo molido y el resto de los ingredientes en el recipiente y mézclelos hasta que estén bien combinados.
2. Haga 2 hamburguesas con la mezcla y colóquelas en la cesta de la freidora de aire y cocínelas a 360 F durante 14 minutos. Gire las hamburguesas a mitad de camino.
3. Servir y disfrutar.

Valor nutricional (cantidad por ración):
Calorías 323; Grasas 19,2 g; Carbohidratos 4,2 g; Azúcar 1,6 g; Proteínas 33,2 g; Colesterol 84 mg

Sabrosa pechuga de pavo

Tiempo de preparación: 10 minutos; Tiempo de cocción: 40 minutos; Servir: 6
Ingredientes:
- 2 3/4 lbs de pechuga de pavo, con piel y hueso
- 2 cucharadas de mantequilla
- 1 cucharadita de ajo picado
- 1 cucharadita de cebollino fresco picado
- 1 cucharada de romero fresco picado
- Pimienta
- Sal

Direcciones:
1. Precaliente la freidora de aire cosori a 350 F.
2. En un bol pequeño, mezcle la mantequilla, el ajo, el cebollino, el romero, la pimienta y la sal.
3. Frote la mezcla de mantequilla por toda la pechuga de pavo.
4. Coloque la pechuga de pavo en la cesta de la freidora de aire y cocine durante 20 minutos.
5. Déle la vuelta a la pechuga de pavo y cocine durante 20 minutos más o hasta que la temperatura interna de la pechuga de pavo alcance los 165 F.
6. Cortar y servir.

Valor nutricional (cantidad por ración):
Calorías 253; Grasas 7,4 g; Carbohidratos 9,3 g; Azúcar 7,3 g; Proteínas 35,6 g; Colesterol 100 mg

Pechuga de pavo húmeda y jugosa

Tiempo de preparación: 10 minutos; Tiempo de cocción: 60 minutos; Servir: 10
Ingredientes:
- 4 libras de pechuga de pavo, sin costillas
- 1/2 cucharada de condimento para aves
- 1 cucharada de aceite de oliva
- 2 cucharaditas de sal kosher

Direcciones:
1. Unte la pechuga de pavo con aceite y frótela con el condimento para aves.
2. Precaliente la freidora de aire cosori a 350 F.
3. Coloque la pechuga de pavo en la cesta de la freidora de aire y cocine durante 20 minutos.
4. Déle la vuelta a la pechuga de pavo y cocínela durante 30-40 minutos más o hasta que la temperatura interna de la pechuga de pavo alcance los 165 F.
5. Cortar y servir.

Valor nutricional (cantidad por ración):
Calorías 201; Grasas 4,4 g; Carbohidratos 7,8 g; Azúcar 6,4 g; Proteínas 31 g; Colesterol 78 mg

Capítulo 3: Recetas con carne de vacuno

Consejos para un bistec rápido y fácil

Tiempo de preparación: 10 minutos; Tiempo de cocción: 6 minutos; Servir: 3
Ingredientes:
- 1 1/2 lbs de bistec, cortado en cubos de 3/4 de pulgada
- 1/8 cucharadita de cayena
- 1 cucharadita de condimento Montreal para filetes
- 1/2 cucharadita de ajo en polvo
- 1 cucharadita de aceite de oliva
- Pimienta
- Sal

Direcciones:
1. Rocíe la cesta de la freidora de aire con spray de cocina.
2. Precaliente la freidora de aire cosori a 400 F.
3. Mezcle los cubos de carne con aceite, cayena, condimento para carne, ajo en polvo, pimienta y sal.
4. Añada los cubos de carne en la cesta de la freidora y cocínelos durante 4-6 minutos.
5. Servir y disfrutar.

Valor nutricional (cantidad por ración):
Calorías 469; Grasas 12,9 g; Carbohidratos 0,4 g; Azúcar 0,1 g; Proteínas 82 g; Colesterol 204 mg

Filetes de solomillo sencillos

Tiempo de preparación: 10 minutos; Tiempo de cocción: 12 minutos; Servir: 2
Ingredientes:
- 2 filetes de solomillo
- 2 cucharadas de condimento para filetes

Direcciones:
1. Rocíe los filetes con spray de cocina y sazone con el condimento para filetes.
2. Coloque los filetes en la cesta de la freidora de aire y cocine a 400 F durante 12 minutos. Gire los filetes a mitad de camino.
3. Servir y disfrutar.

Valor nutricional (cantidad por ración):
Calorías 334; Grasas 11,2 g; Carbohidratos 0 g; Azúcar 0 g; Proteínas 54,6 g; Colesterol 161 mg

Sabroso bistec

Tiempo de preparación: 10 minutos; Tiempo de cocción: 18 minutos; Servir: 2
Ingredientes:
- 2 filetes, enjuagados y secados con una toalla de papel
- 1 cucharadita de aceite de oliva
- 1/2 cucharadita de ajo en polvo
- 1/4 de cucharadita de cebolla en polvo
- Pimienta
- Sal

Direcciones:
1. Frote los filetes con aceite y sazone con ajo en polvo, cebolla en polvo, pimienta y sal.
2. Coloque los filetes en la cesta de la freidora de aire y cocine a 400 F durante 18 minutos. Gire los filetes a mitad de camino.
3. Servir y disfrutar.

Valor nutricional (cantidad por ración):
Calorías 252; Grasas 8,1 g; Carbohidratos 0,8 g; Azúcar 0,3 g; Proteínas 41,7 g; Colesterol 104 mg

Asado de ternera italiano

Tiempo de preparación: 10 minutos; Tiempo de cocción: 45 minutos; Servir: 6
Ingredientes:
- 2 1/2 lbs. de carne asada
- 2 cucharadas de condimento italiano
- 1 cucharadita de aceite de oliva
- Pimienta
- Sal

Direcciones:
1. Frote el asado de ternera con aceite y sazone con el condimento italiano, la pimienta y la sal.
2. Coloque el asado de res en la canasta de la freidora de aire y cocine a 350 F durante 45 minutos.
3. Cortar y servir.

Valor nutricional (cantidad por ración):
Calorías 372; Grasas 13,9 g; Carbohidratos 0,5 g; Azúcar 0,4 g; Proteínas 57,4 g; Colesterol 172 mg

Asado de ternera al romero y tomillo

Tiempo de preparación: 10 minutos; Tiempo de cocción: 15 minutos; Servir: 4
Ingredientes:
- 2 libras de carne asada
- 1 cucharadita de romero seco
- 1 cucharadita de tomillo seco
- 1/4 de cucharadita de cebolla en polvo
- 1 cucharadita de aceite de oliva
- Pimienta
- Sal

Direcciones:
1. Frote el asado de ternera con aceite y sazone con romero, tomillo, cebolla en polvo, pimienta y sal.
2. Coloque el asado de res en la canasta de la freidora de aire y cocine a 390 F durante 15 minutos. Gire el asado después de 10 minutos.
3. Cortar y servir.

Valor nutricional (cantidad por ración):
Calorías 434; Grasas 15,4 g; Carbohidratos 0,5 g; Azúcar 0,1 g; Proteínas 68,9 g; Colesterol 203 mg

Albóndigas italianas

Tiempo de preparación: 10 minutos; Tiempo de cocción: 11 minutos; Servir: 4
Ingredientes:
- 1 huevo
- 1 libra de carne picada
- 1 cucharadita de condimento italiano
- 1 cucharada de cebolla picada
- 1/4 de taza de salsa marinara sin azúcar
- 1/3 de taza de queso parmesano rallado
- 1 cucharadita de ajo picado
- Pimienta
- Sal

Direcciones:
1. Rocíe la cesta de la freidora de aire con spray de cocina.
2. Añada todos los ingredientes en el bol de la batidora y mézclelos hasta que estén bien combinados.
3. Haga las albóndigas con la mezcla y colóquelas en la cesta de la freidora de aire y cocínelas a 350 F durante 12 minutos.

4. Servir y disfrutar.

Valor nutricional (cantidad por ración):
Calorías 274; Grasas 10,8 g; Carbohidratos 3,2 g; Azúcar 1,7 g; Proteínas 38,9 g; Colesterol 150 mg

Hamburguesas Patties

Tiempo de preparación: 10 minutos; Tiempo de cocción: 10 minutos; Servir: 2

Ingredientes:
- 1/2 libra de carne picada
- 1/4 de cucharadita de cebolla en polvo
- 1/4 de cucharadita de ajo en polvo
- 2 gotas de humo líquido
- 1/2 cucharadita de salsa picante
- 1/2 cucharadita de perejil seco
- 1/4 cucharadita de pimienta negra
- 1/2 cucharada de salsa Worcestershire
- 1/4 de cucharadita de sal

Direcciones:
1. Rocíe la cesta de la freidora de aire con spray de cocina.
2. Añada todos los ingredientes en el bol grande y mézclelos hasta que estén combinados.
3. Haga hamburguesas con la mezcla y colóquelas en la cesta de la freidora de aire y cocínelas a 350 F durante 10 minutos. Gire las hamburguesas a mitad de camino.
4. Servir y disfrutar.

Valor nutricional (cantidad por ración):
Calorías 218; Grasas 7,1 g; Carbohidratos 1,5 g; Azúcar 1 g; Proteínas 34,5 g; Colesterol 101 mg

Albóndigas

Tiempo de preparación: 10 minutos; Tiempo de cocción: 15 minutos; Servir: 6

Ingredientes:
- 2 huevos
- 30 onzas de carne molida
- 1/4 de taza de queso parmesano rallado
- 3 palitos de queso
- 1 cucharada de condimento italiano
- Pimienta
- Sal

Direcciones:
1. Precaliente la freidora de aire cosori a 375 F.
2. Rocíe la cesta de la freidora de aire con spray de cocina.
3. En un bol, mezcle la carne, el condimento, el queso parmesano y el huevo. Corta los palitos de queso en los trozos.
4. Tomar 2-3 cucharadas de la mezcla de carne y colocar un trozo de palito de queso dentro y dar forma de bola.
5. Coloque las albóndigas en la cesta de la freidora de aire y cocínelas durante 15 minutos.
6. Servir y disfrutar.

Valor nutricional (cantidad por ración):
Calorías 339; Grasas 14,7 g; Carbohidratos 0,6 g; Azúcar 0,4 g; Proteínas 48,3 g; Colesterol 195 mg

Sabrosas hamburguesas de ternera

Tiempo de preparación: 10 minutos; Tiempo de cocción: 10 minutos; Servir: 2

Ingredientes:
- 1/2 libra de carne picada
- 1 cucharadita de jengibre picado
- 1/2 cucharada de salsa de soja
- 1 cucharada de gochujang
- 1/4 de cucharadita de sal
- 1 cucharada de cebolla verde picada

- 1/2 cucharada de aceite de sésamo

Direcciones:
1. En un tazón grande, mezcle la carne molida y el resto de los ingredientes. Coloque la mezcla en el refrigerador durante 1 hora.
2. Haga hamburguesas con la mezcla de carne y colóquelas en la cesta de la freidora de aire y cocínelas a 360 F durante 10 minutos.
3. Servir y disfrutar.

Valor nutricional (cantidad por ración):
Calorías 257; Grasas 10,5 g; Carbohidratos 3,3 g; Azúcar 1,5 g; Proteínas 35 g; Colesterol 101 mg

Pastel de carne

Tiempo de preparación: 10 minutos; Tiempo de cocción: 15 minutos; Servir: 2
Ingredientes:
- 1 huevo
- 1/2 libra de carne picada
- 1/2 cucharadita de cúrcuma
- 1 cucharadita de garam masala
- 1/2 cucharada de ajo picado
- 1/2 cucharada de jengibre picado
- 1 cucharada de cilantro picado
- 1/8 cucharadita de cardamomo molido
- 1/4 de cucharadita de canela molida
- 1/2 cucharadita de cayena
- 1/2 taza de cebolla picada
- 1/2 cucharadita de sal

Direcciones:
1. En un tazón grande, mezcle todos los ingredientes hasta que estén bien combinados.
2. Coloque la mezcla de carne en una sartén segura para la freidora de aire y colóquela en la cesta de la freidora de aire.
3. Cocinar a 360 F durante 15 minutos.
4. Cortar y servir.

Valor nutricional (cantidad por ración):
Calorías 266; Grasas 9,5 g; Carbohidratos 5,5 g; Azúcar 1,5 g; Proteínas 37,9 g; Colesterol 183 mg

Brocheta tierna y jugosa

Tiempo de preparación: 10 minutos; Tiempo de cocción: 10 minutos; Servir: 2
Ingredientes:
- 1/2 libra de carne picada
- 1 cucharada de perejil picado
- 1/2 cucharada de aceite de oliva
- 1 cucharada de mezcla de especias para kabab
- 1/2 cucharada de ajo picado
- 1/2 cucharadita de sal

Direcciones:
1. Añadir todos los ingredientes en la batidora hasta que estén bien combinados.
2. Igualmente, dividir la mezcla de carne en dos porciones y hacer dos formas de salchicha.
3. Coloque las brochetas en la cesta de la freidora de aire y cocínelas a 370 F durante 10 minutos.
4. Servir y disfrutar.

Valor nutricional (cantidad por ración):
Calorías 259; Grasas 11,1 g; Carbohidratos 2,7 g; Azúcar 1,1 g; Proteínas 35,2 g; Colesterol 101 mg

Pastel de carne

Tiempo de preparación: 10 minutos; Tiempo de cocción: 25 minutos; Servir: 2

Ingredientes:
- 1/2 libra de carne picada
- 1 cucharada de chorizo picado
- 1 1/2 cucharadas de pan rallado
- 1 huevo ligeramente batido
- 1 champiñón, cortado en rodajas
- 1/2 cucharada de tomillo fresco
- 1/2 cebolla pequeña picada
- Pimienta
- Sal

Direcciones:
1. Precaliente la freidora de aire cosori a 400 F.
2. En un tazón grande, mezcle todos los ingredientes hasta que estén bien combinados.
3. Transfiera la mezcla de carne a la sartén de la freidora.
4. Coloque la sartén en la cesta de la freidora de aire y cocine durante 25 minutos.
5. Cortar y servir.

Valor nutricional (cantidad por ración):
Calorías 337; Grasas 15,1 g; Carbohidratos 6,5 g; Azúcar 1,4 g; Proteínas 41,8 g; Colesterol 196 mg

Albóndigas

Tiempo de preparación: 10 minutos; Tiempo de cocción: 20 minutos; Servir: 2

Ingredientes:
- 1/2 libra de carne picada
- 2 cucharadas de cebolla picada
- 1 1/2 cucharadas de champiñones picados
- 1 cucharada de perejil picado
- 1/4 de taza de harina de almendra
- 1/4 de cucharadita de pimienta
- 1/2 cucharadita de sal

Direcciones:
1. En un recipiente, mezcle todos los ingredientes hasta que estén bien combinados.
2. Haga las albóndigas con la mezcla y colóquelas en la cesta de la freidora de aire y cocínelas a 350 F durante 20 minutos.
3. Servir y disfrutar.

Valor nutricional (cantidad por ración):
Calorías 237; Grasas 8,9 g; Carbohidratos 2,1 g; Azúcar 0,6 g; Proteínas 35,5 g; Colesterol 101 mg

Bistec marinado

Tiempo de preparación: 10 minutos; Tiempo de cocción: 7 minutos; Servir: 2

Ingredientes:
- Filetes de 12 onzas
- 1 cucharada de condimento Montreal para filetes
- 1 cucharadita de humo líquido
- 1 cucharada de salsa de soja
- 1/2 cucharada de cacao en polvo
- Pimienta
- Sal

Direcciones:
1. Añade el filete y el resto de los ingredientes en la bolsa grande con cierre. Agítala bien y métela en el frigorífico toda la noche.
2. Rocíe la cesta de la freidora de aire con spray de cocina.
3. Coloque los filetes marinados en la cesta de la freidora de aire y cocínelos a 375 F durante 5 minutos.
4. Dar la vuelta al filete y cocinar durante 2 minutos más.
5. Servir y disfrutar.

Valor nutricional (cantidad por ración):
Calorías 356; Grasas 8,7 g; Carbohidratos 1,4 g; Azúcar 0,2 g; Proteínas 62,2 g; Colesterol 153 mg

Carne asiática

Tiempo de preparación: 10 minutos; Tiempo de cocción: 20 minutos; Servir: 4
Ingredientes:
- 1 lb de bistec de falda, cortado en rodajas
- 1 cucharadita de goma xantana
- Para la salsa:
- 1 cucharadita de jengibre molido
- 1 cucharada de salsa de chile
- 1 diente de ajo machacado
- 2 cucharadas de vinagre de vino blanco
- 1 cucharada de agua
- 1 cucharada de polvo de arrurruz
- 1/2 cucharadita de semillas de sésamo
- 1 cucharadita de stevia líquida
- 1/2 taza de salsa de soja

Direcciones:
1. Mezclar la carne cortada con la goma xantana.
2. Rocíe la cesta de la freidora de aire con spray de cocina.
3. Añada la carne en la cesta de la freidora y cocínela a 390 F durante 20 minutos. Déle la vuelta a la carne a mitad de camino.
4. Mientras tanto, añadir el resto de los ingredientes en la cacerola y calentar a fuego lento hasta que empiece a hervir.
5. Añadir la carne cocida a la salsa y cubrirla bien.
6. Servir y disfrutar.

Valor nutricional (cantidad por ración):
Calorías 253; Grasas 9,7 g; Carbohidratos 6,2 g; Azúcar 0,7 g; Proteínas 33,8 g; Colesterol 62 mg

Sabroso asado de ternera

Tiempo de preparación: 10 minutos; Tiempo de cocción: 45 minutos; Servir: 8
Ingredientes:
- 2 1/2 lbs. de carne asada
- 1/2 cucharadita de cebolla en polvo
- 1 cucharadita de romero
- 1 cucharadita de eneldo
- 2 cucharadas de aceite de oliva
- 1/2 cucharadita de pimienta negra
- 1/2 cucharadita de ajo en polvo

Direcciones:
1. Precaliente la freidora de aire cosori a 360 F.
2. Mezcle la pimienta negra, el ajo en polvo, la cebolla en polvo, el romero, el eneldo y el aceite de oliva. Frote todo el asado de carne.
3. Coloque el asado de ternera en la cesta de la freidora de aire y cocínelo durante 45 minutos.
4. Servir y disfrutar.

Valor nutricional (cantidad por ración):
Calorías 296; Grasas 12,4 g; Carbohidratos 0,5 g; Azúcar 0,1 g; Proteínas 43,1 g; Colesterol 127 mg

Filete de mantequilla con queso

Tiempo de preparación: 10 minutos; Tiempo de cocción: 8 minutos; Servir: 2
Ingredientes:
- 2 filetes de costilla
- 2 cucharadas de mantequilla de queso azul
- 1 cucharadita de pimienta negra
- 2 cucharaditas de ajo en polvo
- 2 cucharaditas de sal kosher

Direcciones:
1. Precaliente la freidora de aire cosori a 400 F.

2. Rocíe la cesta de la freidora de aire con spray de cocina.
3. Mezclar el ajo en polvo, la pimienta y la sal y frotar todo el filete.
4. Coloque el filete en la cesta de la freidora y cocínelo durante 8 minutos. Déle la vuelta al filete a mitad de camino.
5. Cubrir con queso de mantequilla azul y servir.

Valor nutricional (cantidad por ración):
Calorías 222; Grasas 15 g; Carbohidratos 4,1 g; Azúcar 0,7 g; Proteínas 18 g; Colesterol 6 mg

Sabrosa ternera con jengibre y ajo

Tiempo de preparación: 10 minutos; Tiempo de cocción: 20 minutos; Servir: 4
Ingredientes:
- 1 libra de puntas de vacuno, cortadas en rodajas
- 1 cucharada de jengibre en rodajas
- 2 cucharadas de ajo picado
- 2 cucharadas de aceite de sésamo
- 1 cucharada de salsa de pescado
- 2 cucharadas de aminos de coco
- 1 cucharadita de goma xantana
- 1/4 de taza de cebollino picado
- 2 chiles rojos, cortados en rodajas
- 2 cucharadas de agua

Direcciones:
1. Rocíe la cesta de la freidora de aire con spray de cocina.
2. Mezclar la carne con la goma xantana.
3. Añada la carne en la cesta de la freidora de aire y cocine a 390F durante 20 minutos. Déle la vuelta a mitad de camino.
4. Mientras tanto, en una cacerola añada el resto de los ingredientes, excepto la cebolla verde, y caliéntelo a fuego lento. Una vez que empiece a hervir, retirar del fuego.
5. Añadir la carne cocida a la cacerola y remover para cubrirla. Dejar reposar en la cacerola durante 5 minutos.
6. Pasar a una fuente de servir y cubrir con cebolla verde y servir.

Valor nutricional (cantidad por ración):
Calorías 349; Grasas 21,9 g; Carbohidratos 5,7 g; Azúcar 0,5 g; Proteínas 31,4 g; Colesterol 93 mg

Jugosas hamburguesas

Tiempo de preparación: 10 minutos; Tiempo de cocción: 45 minutos; Servir: 4
Ingredientes:
- 10.5 oz de carne molida
- 1 cucharadita de mostaza
- 1 cucharadita de puré de tomate
- 1 cucharadita de puré de ajo
- 1 oz de queso cheddar
- 1 cucharadita de hierbas mixtas
- 1 cucharadita de albahaca
- Pimienta
- Sal

Direcciones:
1. Añadir todos los ingredientes en el bol grande y mezclar hasta que estén bien combinados.
2. Haga cuatro hamburguesas iguales con la mezcla y colóquelas en la cesta de la freidora.
3. Cocine a 390 F durante 25 minutos. Voltee las hamburguesas y cocine a 350 F por 20 minutos más.
4. Servir y disfrutar.

Valor nutricional (cantidad por ración):
Calorías 173; Grasas 7,2 g; Carbohidratos 0,8 g; Azúcar 0,2 g; Proteínas 24,7 g; Colesterol 74 mg

Pastel de carne

Tiempo de preparación: 10 minutos; Tiempo de cocción: 25 minutos; Servir: 4
Ingredientes:
- 1 libra de carne picada
- 2 onzas de salchicha picada
- 3 cucharadas de harina de almendra
- 1 huevo ligeramente batido
- 2 champiñones, cortados en rodajas
- 1 cucharada de tomillo picado
- 1 cebolla picada
- Pimienta
- Sal

Direcciones:
1. Precaliente la freidora de aire cosori a 390 F.
2. Añadir todos los ingredientes en el bol grande y mezclar hasta que estén bien combinados.
3. Transfiera la mezcla del bol a la fuente segura para la freidora y colóquela en la cesta de la freidora.
4. Cocinar el pastel de carne durante 25 minutos.
5. Servir y disfrutar.

Valor nutricional (cantidad por ración):
Calorías 256; Grasas 18,8 g; Carbohidratos 10,7 g; Azúcar 2,3 g; Proteínas 14,4 g; Colesterol 74 mg

Albóndigas

Tiempo de preparación: 10 minutos; Tiempo de cocción: 8 minutos; Servir: 10
Ingredientes:
- 5 onzas de carne molida
- 2 oz de queso feta, desmenuzado
- 2 cucharadas de harina de almendra
- 1/2 cucharada de ralladura de limón
- 1 cucharada de orégano fresco picado
- Pimienta
- Sal

Direcciones:
1. Precaliente la freidora de aire cosori a 392 F.
2. Añada todos los ingredientes en el bol de la batidora y mézclelos hasta que estén bien combinados.
3. Haga las albóndigas con la mezcla y colóquelas en la cesta de la freidora de aire y cocínelas durante 8 minutos.
4. Servir y disfrutar.

Valor nutricional (cantidad por ración):
Calorías 75; Grasas 4,9 g; Carbohidratos 1,8 g; Azúcar 0,5 g; Proteínas 6,4 g; Colesterol 18 mg

Bistec con especias

Tiempo de preparación: 10 minutos; Tiempo de cocción: 9 minutos; Servir: 3
Ingredientes:
- 1 libra de bistec de costilla
- 1/4 de cucharadita de cebolla en polvo
- 1/4 de cucharadita de ajo en polvo
- 1/4 de cucharadita de chile en polvo
- 1/2 cucharadita de pimienta negra
- 1/8 cucharadita de cacao en polvo
- 1/8 cucharadita de cilantro en polvo
- 1/4 de cucharadita de polvo de chipotle
- 1/4 de cucharadita de pimentón
- 1/2 cucharadita de café en polvo
- 1 1/2 cucharadita de sal marina

Direcciones:
1. En un tazón pequeño, mezcle todos los ingredientes excepto el filete.

2. Frote la mezcla de especias por todo el filete.
3. Rocíe la cesta de la freidora de aire con spray de cocina.
4. Precaliente la freidora de aire cosori a 390 F.
5. Coloque el filete en la cesta de la freidora y cocínelo durante 9 minutos.
6. Servir y disfrutar.

Valor nutricional (cantidad por ración):
Calorías 533; Grasas 36,8 g; Carbohidratos 0,8 g; Azúcar 0,2 g; Proteínas 0,2 g; Colesterol 0 mg

Ternera y brócoli saludables

Tiempo de preparación: 10 minutos; Tiempo de cocción: 12 minutos; Servir: 5
Ingredientes:
- 3/4 de libra de bistec redondo, cortado en tiras
- 1 cucharadita de salsa de soja
- 1/3 de taza de jerez
- 2 cucharaditas de aceite de sésamo
- 1/3 de taza de salsa de ostras
- 1 cucharada de aceite de oliva
- 1 libra de ramilletes de brócoli
- 1 diente de ajo picado
- 1/2 cucharada de jengibre en rodajas
- 1 cucharadita de polvo de arrurruz
- 1 cucharadita de stevia líquida

Direcciones:
1. En un bol pequeño, combine la salsa de ostras, la stevia, la salsa de soja, el jerez, el arrurruz y el aceite de sésamo.
2. Añade el brócoli y la carne en un bol grande para mezclar.
3. Vierta la mezcla de salsa de ostras sobre la carne y el brócoli y mezcle bien. Coloque en el refrigerador durante 1 hora.
4. Añada la carne marinada y el brócoli en la cesta de la freidora. Cubre con aceite de oliva, jengibre y ajo.
5. Cocinar a 360 F durante 12 minutos.
6. Servir y disfrutar.

Valor nutricional (cantidad por ración):
Calorías 230; Grasas 11,5 g; Carbohidratos 7,7 g; Azúcar 1,6 g; Proteínas 23,3 g; Colesterol 58 mg

Pastel de carne

Tiempo de preparación: 10 minutos; Tiempo de cocción: 15 minutos; Servir: 4
Ingredientes:
- 2 huevos
- 1 libra de carne picada
- 1/2 cucharada de ajo picado
- 1/2 cucharada de jengibre picado
- 1/4 de taza de cilantro fresco picado
- 1 taza de cebolla picada
- 1/4 de cucharadita de canela
- 1 cucharadita de cayena
- 1/2 cucharadita de cúrcuma
- 1 cucharadita de garam masala
- 1 cucharadita de sal

Direcciones:
1. Añada todos los ingredientes en el bol de la batidora y mézclelos hasta que estén bien combinados.
2. Transfiera la mezcla de carne a la sartén de la freidora.
3. Coloque la sartén en la cesta de la freidora de aire y cocine a 360 F durante 15 minutos.
4. Cortar y servir.

Valor nutricional (cantidad por ración):
Calorías 261; Grasas 9,5 g; Carbohidratos 4,3 g; Azúcar 1,5 g; Proteínas 37,7 g; Colesterol 183 mg

Tasty Kebab

Tiempo de preparación: 10 minutos; Tiempo de cocción: 10 minutos; Servir: 4
Ingredientes:
- 1 libra de carne picada
- 1/4 de cucharadita de comino molido
- 1/4 de cucharadita de ajo en polvo
- 1/4 de cucharadita de cebolla en polvo
- 1/2 cucharadita de chile en polvo
- 1 cucharada de ajo picado
- 1/4 de taza de perejil fresco picado
- 1 cucharada de aceite vegetal
- 1 cucharadita de sal

Direcciones:
1. Rocíe la cesta de la freidora de aire con spray de cocina.
2. Añada todos los ingredientes en el bol de la batidora y mézclelos hasta que estén bien combinados. Colocar en la nevera durante 30 minutos.
3. Dividir la mezcla en cuatro porciones iguales y hacer una brocheta en forma de salchicha.
4. Coloque la brocheta en la cesta de la freidora de aire y cocine a 370 F durante 10 minutos.
5. Servir y disfrutar.

Valor nutricional (cantidad por ración):
Calorías 248; Grasas 10,6 g; Carbohidratos 1,4 g; Azúcar 0,2 g; Proteínas 34,8 g; Colesterol 101 mg

Albóndigas

Tiempo de preparación: 10 minutos; Tiempo de cocción: 20 minutos; Servir: 4
Ingredientes:
- 1/2 libra de carne picada
- 1/2 cucharadita de ajo en polvo
- 1/2 cucharadita de cebolla en polvo
- 1/2 libra de salchicha italiana
- 1/2 taza de queso cheddar rallado
- 1/2 cucharadita de pimienta negra

Direcciones:
1. Rocíe la cesta de la freidora de aire con spray de cocina.
2. Añadir todos los ingredientes en el bol grande y mezclar hasta que estén bien combinados.
3. Haga las albóndigas con la mezcla y colóquelas en la cesta de la freidora de aire y cocínelas a 370 F durante 15 minutos. Gire las albóndigas y cocine durante 5 minutos más.
4. Servir y disfrutar.

Valor nutricional (cantidad por ración):
Calorías 357; Grasas 24,3 g; Carbohidratos 0,8 g; Azúcar 0,3 g; Proteínas 31,9 g; Colesterol 113 mg

Carne de res y brócoli fácil

Tiempo de preparación: 10 minutos; Tiempo de cocción: 10 minutos; Servir: 4
Ingredientes:
- 1 libra de cubos de carne molida
- 1 cucharadita de ajo en polvo
- 1 cucharada de salsa Worcestershire
- 1/2 libra de ramilletes de brócoli, cocidos al vapor
- 1 cucharadita de aceite de oliva
- 1/2 cebolla picada
- 1 cucharadita de cebolla en polvo

Direcciones:
1. Rocíe la cesta de la freidora de aire con spray de cocina.
2. Añade todos los ingredientes, excepto el brócoli, en el bol grande y remueve hasta que estén bien combinados.

3. Añada la mezcla de carne en la cesta de la freidora de aire y cocine a 360 F durante 10 minutos.
4. Sírvelo con brócoli y disfrútalo.

Valor nutricional (cantidad por ración):
Calorías 227; Grasas 6 g; Carbohidratos 6,8 g; Azúcar 2,7 g; Proteínas 35,2 g; Colesterol 62 mg

Albóndigas

Tiempo de preparación: 10 minutos; Tiempo de cocción: 20 minutos; Servir: 4
Ingredientes:
- 1 libra de carne picada
- 1/4 de taza de cebolla picada
- 3 cucharadas de champiñones picados
- 2 cucharadas de perejil fresco picado
- 1/2 taza de harina de almendra
- 1/2 cucharadita de pimienta
- 1 cucharadita de sal

Direcciones:
1. Rocíe la cesta de la freidora de aire con spray de cocina.
2. En un bol, mezcle la carne picada, el perejil, la cebolla y los champiñones. Añada el resto de los ingredientes y mezcle hasta que estén bien combinados.
3. Haga albóndigas con la mezcla y colóquelas en la cesta de la freidora de aire y cocínelas a 350 F durante 20 minutos.
4. Servir y disfrutar.

Valor nutricional (cantidad por ración):
Calorías 236; Grasas 8,9 g; Carbohidratos 1,8 g; Azúcar 0,5 g; Proteínas 35,4 g; Colesterol 101 mg

Filete tierno

Tiempo de preparación: 10 minutos; Tiempo de cocción: 12 minutos; Servir: 2
Ingredientes:
- 2 bistecs
- 1 barra de mantequilla ablandada
- 1 cucharadita de salsa Worcestershire
- 2 cucharaditas de ajo picado
- 2 cucharadas de perejil fresco picado
- Pimienta
- Sal

Direcciones:
1. En un tazón, mezcle la mantequilla, la salsa Worcestershire, el ajo, el perejil y la sal y colóquelo en el refrigerador.
2. Precaliente la freidora de aire cosori a 400 F.
3. Sazone el filete con pimienta y sal.
4. Rocíe la cesta de la freidora de aire con spray de cocina.
5. Coloque el bistec sazonado en la cesta de la freidora de aire y cocine durante 12 minutos. Déle la vuelta a mitad de camino.
6. Saque el bistec de la freidora de aire y cubra con la mezcla de mantequilla.
7. Servir y disfrutar.

Valor nutricional (cantidad por ración):
Calorías 893; Grasas 71,6 g; Carbohidratos 1,7 g; Azúcar 0,6 g; Proteínas 2 g; Colesterol 53 mg

Albóndigas

Tiempo de preparación: 10 minutos; Tiempo de cocción: 20 minutos; Servir: 6
Ingredientes:
- 1 libra de carne picada
- 1 huevo ligeramente batido

- 1/2 cebolla pequeña, picada
- 2 dientes de ajo picados
- 1/4 de taza de queso parmesano rallado
- 1/2 taza de harina de almendra
- 1 cucharada de albahaca fresca picada
- 1 cucharada de perejil fresco picado
- 1 cucharada de romero fresco picado
- Pimienta
- Sal

Direcciones:
1. Añada todos los ingredientes en el bol de la batidora y mézclelos hasta que estén bien combinados.
2. Haga las albóndigas con la mezcla de carne y colóquelas en la cesta de la freidora de aire y cocínelas a 375 F durante 20 minutos. Gire las albóndigas a mitad de camino.
3. Servir y disfrutar.

Valor nutricional (cantidad por ración):
Calorías 184; Grasas 7,6 g; Carbohidratos 2 g; Azúcar 0,4 g; Proteínas 25,9 g; Colesterol 98 mg

Hamburguesas de queso

Tiempo de preparación: 10 minutos; Tiempo de cocción: 15 minutos; Servir: 6

Ingredientes:
- 2 libras de carne picada
- 1 taza de queso mozzarella rallado
- 1 cucharadita de cebolla en polvo
- 1 cucharadita de ajo en polvo
- Pimienta
- Sal

Direcciones:
1. Forrar la cesta de la freidora con papel pergamino.
2. Añadir todos los ingredientes en el bol grande y mezclar hasta que estén bien combinados.
3. Haga hamburguesas con la mezcla de carne y colóquelas en la cesta de la freidora de aire y cocínelas a 400 F durante 15 minutos.
4. Servir y disfrutar.

Valor nutricional (cantidad por ración):
Calorías 297; Grasas 10,3 g; Carbohidratos 0,8 g; Azúcar 0,3 g; Proteínas 47,3 g; Colesterol 138 mg

Ternera con ajo y brócoli

Tiempo de preparación: 10 minutos; Tiempo de cocción: 25 minutos; Servir: 2

Ingredientes:
- 1/2 libra de carne de vacuno para guisar, cortada en trozos
- 2 dientes de ajo picados
- 1 cucharada de aceite de oliva
- 1/2 taza de ramilletes de brócoli
- 1 cebolla, cortada en rodajas
- 1 cucharada de vinagre
- Pimienta
- Sal

Direcciones:
1. Añada la carne y el resto de los ingredientes en el bol grande y mézclelos bien.
2. Añada la mezcla de carne en la cesta de la freidora de aire y cocine a 390 F durante 25 minutos. Pulse el botón de inicio.
3. Servir y disfrutar.

Valor nutricional (cantidad por ración):
Calorías 307; Grasas 14,2 g; Carbohidratos 7,7 g; Azúcar 2,8 g; Proteínas 35,9 g; Colesterol 101 mg

Ternera con comino y lima

Tiempo de preparación: 10 minutos; Tiempo de cocción: 25 minutos; Servir: 4
Ingredientes:
- 1 libra de carne para guisar, cortada en tiras
- 1 diente de ajo picado
- 1/2 zumo de lima
- 1 cucharada de aceite de oliva
- 1/2 cucharada de cebollino picado
- 1/2 cucharada de comino molido
- 1 cucharada de ajo en polvo
- Pimienta
- Sal

Direcciones:
1. Añadir la carne en el bol de la batidora. Añadir el resto de ingredientes sobre la carne y mezclar bien.
2. Transfiera la carne a la cesta de la freidora de aire y cocine a 380 F durante 25 minutos. Déle la vuelta a la carne a mitad de camino.
3. Servir y disfrutar.

Valor nutricional (cantidad por ración):
Calorías 253; Grasas 10,8 g; Carbohidratos 2,6 g; Azúcar 0,6 g; Proteínas 35 g; Colesterol 101 mg

Hamburguesas

Tiempo de preparación: 10 minutos; Tiempo de cocción: 45 minutos; Servir: 4
Ingredientes:
- 10 onzas de carne molida
- 1 oz de queso cheddar
- 1 cucharadita de hierbas mixtas
- 1 cucharadita de puré de ajo
- 1 cucharadita de albahaca seca
- 1 cucharadita de mostaza
- 1 cucharadita de pasta de tomate
- Pimienta
- Sal

Direcciones:
1. Rocíe la cesta de la freidora de aire con spray de cocina.
2. Añade todos los ingredientes en el bol grande y mézclalos hasta que estén combinados.
3. Haga hamburguesas con la mezcla de carne y colóquelas en la cesta de la freidora de aire y cocínelas a 390 F durante 25 minutos.
4. Gire las hamburguesas hacia otro lado y cocínelas a 350 F durante 20 minutos más.
5. Servir y disfrutar.

Valor nutricional (cantidad por ración):
Calorías 168; Grasas 7,3 g; Carbohidratos 0,8 g; Azúcar 0,3 g; Proteínas 23,6 g; Colesterol 71 mg

Pastel de carne

Tiempo de preparación: 10 minutos; Tiempo de cocción: 25 minutos; Servir: 4
Ingredientes:
- 1 libra de carne picada
- 2 champiñones, cortados en rodajas
- 1/4 de cucharadita de ajo en polvo
- 2 onzas de salchicha picada
- 3 cucharadas de harina de almendra
- 1 huevo ligeramente batido
- 1 cebolla picada
- 1/2 cucharadita de chile en polvo
- 1 cucharadita de condimento italiano
- Pimienta
- Sal

Direcciones:
1. Precaliente la freidora de aire cosori a 390 F.
2. Añadir todos los ingredientes en el bol grande y mezclar hasta que estén bien combinados.

3. Transfiera la mezcla de carne a la sartén segura para la freidora de aire y colóquela en la cesta de la freidora de aire.
4. Cocinar el pastel de carne durante 25 minutos.
5. Servir y disfrutar.

Valor nutricional (cantidad por ración):
Calorías 413; Grasas 23,2 g; Carbohidratos 7,9 g; Azúcar 2,3 g; Proteínas 43,7 g; Colesterol 155 mg

Bife de costilla

Tiempo de preparación: 10 minutos; Tiempo de cocción: 9 minutos; Servir: 3

Ingredientes:
- 1 libra de bistec de costilla
- 1/2 cucharadita de ajo en polvo
- 1 cucharadita de chile en polvo
- 1/4 cucharadita de pimienta negra
- 1 cucharadita de café en polvo
- 1/8 cucharadita de cacao en polvo
- 1/2 cucharadita de polvo de chipotle
- 1/4 de cucharadita de pimentón
- 1/4 de cucharadita de cebolla en polvo
- 1/8 cucharadita de cilantro en polvo
- 1 1/2 cucharadita de sal marina

Direcciones:
1. En un tazón pequeño, mezcle todos los ingredientes excepto el filete.
2. Frote la mezcla de especias por todo el filete y.
3. Rocíe la cesta de la freidora de aire con spray de cocina.
4. Precaliente la freidora de aire cosori a 390 F.
5. Coloque el filete marinado en la freidora de aire y cocínelo durante 9 minutos.
6. Servir y disfrutar.

Valor nutricional (cantidad por ración):
Calorías 329; Grasas 16,3 g; Carbohidratos 1,4 g; Azúcar 0,3 g; Proteínas 41,5 g; Colesterol 134 mg

Hamburguesas de buey

Tiempo de preparación: 10 minutos; Tiempo de cocción: 10 minutos; Servir: 2

Ingredientes:
- 1/2 libra de carne picada
- 1/2 cucharada de salsa Worcestershire
- 1/2 cucharadita de perejil seco
- 1/4 de cucharadita de pimienta
- 1/4 de cucharadita de cebolla en polvo
- 1/4 de cucharadita de ajo en polvo
- 2 gotas de humo líquido
- 1/2 cucharadita de salsa picante
- 1/4 de cucharadita de cayena
- 1/2 cucharadita de chile en polvo
- 1/4 de cucharadita de sal

Direcciones:
1. Rocíe la cesta de la freidora de aire con spray de cocina.
2. Añada todos los ingredientes en el bol de la batidora y mézclelos hasta que estén bien combinados.
3. Haga hamburguesas con la mezcla y colóquelas en la cesta de la freidora de aire y cocínelas a 350 F durante 10 minutos.
4. Servir y disfrutar.

Valor nutricional (cantidad por ración):
Calorías 220; Grasas 7,2 g; Carbohidratos 1,9 g; Azúcar 1 g; Proteínas 34,7 g; Colesterol 101 mg

Sabroso Satay de ternera

Tiempo de preparación: 10 minutos; Tiempo de cocción: 8 minutos; Servir: 2
Ingredientes:
- 1 libra de bistec de falda, cortado en tiras largas
- 1 cucharada de jengibre picado
- 1 cucharada de salsa de soja
- 1/2 taza de cilantro picado
- 1 cucharadita de cilantro molido
- 1 cucharada de salsa de pescado
- 2 cucharadas de aceite de oliva
- 1 cucharadita de salsa picante
- 1 cucharada de Swerve
- 1 cucharada de ajo picado

Direcciones:
1. Añadir todos los ingredientes en la bolsa con cierre y agitar bien. Colocar en el frigorífico durante 1 hora.
2. Añada la carne marinada en la cesta de la freidora y cocine a 400 F durante 8 minutos. Déle la vuelta a mitad de camino.
3. Servir y disfrutar.

Valor nutricional (cantidad por ración):
Calorías 568; Grasas 28,3 g; Carbohidratos 5,4 g; Azúcar 0,7 g; Proteínas 70,4 g; Colesterol 203 mg

Kebab fácil

Tiempo de preparación: 10 minutos; Tiempo de cocción: 10 minutos; Servir: 2
Ingredientes:
- 1/2 libra de carne picada
- 1/2 cucharada de aceite de oliva
- 1 1/2 cucharadas de mezcla de especias para kabab
- 1/2 cucharadita de sal

Direcciones:
1. Añade todos los ingredientes al bol y mézclalos bien.
2. Dividir la mezcla en dos porciones iguales y hacer dos brochetas.
3. Coloque las brochetas en la cesta de la freidora de aire y cocine a 370 F durante 10 minutos.
4. Servir y disfrutar.s

Valor nutricional (cantidad por ración):
Calorías 277; Grasas 11,8 g; Carbohidratos 4,7 g; Azúcar 2,6 g; Proteínas 35,9 g; Colesterol 101 mg

Hamburguesas de queso con carne de vacuno

Tiempo de preparación: 10 minutos; Tiempo de cocción: 20 minutos; Servir: 4
Ingredientes:
- 1 1/2 libras de cordero molido
- 1 cucharadita de orégano
- 1/3 de taza de queso feta desmenuzado
- 1/4 de cucharadita de pimienta
- 1/2 cucharadita de sal

Direcciones:
1. Precaliente la freidora de aire cosori a 375 F.
2. Rocíe la cesta de la freidora de aire con spray de cocina.
3. Añade todos los ingredientes al bol y mézclalos hasta que estén bien combinados.
4. Haga cuatro hamburguesas iguales con la mezcla de carne y colóquelas en la cesta de la freidora.
5. Cocine las hamburguesas durante 20 minutos. Gire las hamburguesas a mitad de camino.
6. Servir y disfrutar.

Valor nutricional (cantidad por ración):
Calorías 351; Grasas 15,2 g; Carbohidratos 0,8 g; Azúcar 0,5 g; Proteínas 49,6 g; Colesterol 164 mg

Pimientos rellenos

Tiempo de preparación: 10 minutos; Tiempo de cocción: 20 minutos; Servir: 2
Ingredientes:
- 8 onzas de carne molida
- 2 pimientos morrones, quitar los tallos y las semillas
- 1 1/2 cucharadita de salsa Worcestershire
- 1/2 taza de salsa de tomate
- 4 oz de queso cheddar, rallado
- 1 cucharadita de aceite de oliva
- 1 diente de ajo picado
- 1/2 cebolla picada
- 1/2 cucharadita de pimienta
- 1/2 cucharadita de sal

Direcciones:
1. Precaliente la freidora de aire cosori a 390 F.
2. Rocíe la cesta de la freidora de aire con spray de cocina.
3. Sofreír el ajo y la cebolla en el aceite de oliva en una sartén pequeña hasta que se ablanden.
4. Agregue la carne, 1/4 de taza de salsa de tomate, la salsa Worcestershire, la mitad del queso, la pimienta y la sal y revuelva para combinar.
5. Rellene cada pimiento con la mezcla de carne y cubra con el resto del queso y la salsa de tomate.
6. Coloque los pimientos rellenos en la cesta de la freidora de aire y cocínelos durante 15-20 minutos.
7. Servir y disfrutar.

Valor nutricional (cantidad por ración):
Calorías 111; Grasas 6,1 g; Carbohidratos 8,8 g; Azúcar 4,1 g; Proteínas 6,1 g; Colesterol 7 mg

Brochetas de ternera jugosas

Tiempo de preparación: 10 minutos; Tiempo de cocción: 10 minutos; Servir: 4
Ingredientes:
- 1 libra de carne de vacuno, cortada en trozos
- 2 cucharadas de salsa de soja
- 1/3 de taza de crema agria
- 1/2 cebolla, cortada en trozos de 1 pulgada
- 1 pimiento morrón, cortado en trozos de 1 pulgada

Direcciones:
1. En un bol, mezclar la salsa de soja y la crema agria.
2. Añada la carne en el bol y cúbrala bien y póngala en el frigorífico durante toda la noche.
3. Ensartar la carne marinada, los pimientos y las cebollas en las brochetas.
4. Coloque las brochetas en la cesta de la freidora de aire y cocínelas a 400 F durante 10 minutos. Gire a mitad de camino.
5. Servir y disfrutar.

Valor nutricional (cantidad por ración):
Calorías 271; Grasas 11,2 g; Carbohidratos 5 g; Azúcar 2,3 g; Proteínas 36 g; Colesterol 110 mg

Filetes de solomillo

Tiempo de preparación: 10 minutos; Tiempo de cocción: 20 minutos; Servir: 2
Ingredientes:

- Filetes de solomillo de 12 onzas
- 1/2 cucharada de salsa Worcestershire
- 1 1/2 cucharadas de salsa de soja
- 2 cucharadas de eritritol
- 1 cucharada de ajo picado
- 1 cucharada de jengibre rallado
- Pimienta
- Sal

Direcciones:
1. Rocíe la cesta de la freidora de aire con spray de cocina.
2. Añade los filetes en una bolsa grande con cierre junto con el resto de los ingredientes. Agitar bien y meterlo en la nevera durante 1-2 horas.
3. Coloque los filetes marinados en la cesta de la freidora de aire y cocine a 400 F durante 10 minutos.
4. Dar la vuelta a los filetes y cocinar durante 10-15 minutos más.
5. Servir y disfrutar.

Valor nutricional (cantidad por ración):
Calorías 342; Grasas 10,8 g; Carbohidratos 5 g; Azúcar 1,1 g; Proteínas 52,9 g; Colesterol 152 mg

Sabrosas fajitas de carne

Tiempo de preparación: 10 minutos; Tiempo de cocción: 15 minutos; Servir: 6

Ingredientes:
- 1 libra de bistec, en rodajas
- 1/2 taza de cebolla en rodajas
- 3 pimientos morrones, cortados en rodajas
- 1 cucharada de aceite de oliva
- 1 cucharada de condimento para fajitas, sin gluten

Direcciones:
1. Forre la cesta de la freidora con papel de aluminio.
2. Añadir todos los ingredientes al bol grande y mezclar hasta que estén bien cubiertos.
3. Transfiera la mezcla de fajitas a la cesta de la freidora de aire y cocine a 390 F durante 5 minutos.
4. Remover y cocinar durante 5-10 minutos más.
5. Servir y disfrutar.

Valor nutricional (cantidad por ración):
Calorías 199; Grasas 6,3 g; Carbohidratos 6,4 g; Azúcar 3,4 g; Proteínas 28 g; Colesterol 68 mg

Bistec con setas

Tiempo de preparación: 10 minutos; Tiempo de cocción: 18 minutos; Servir: 3

Ingredientes:
- 1 libra de filetes, cortados en cubos de 1/2 pulgada
- 2 cucharadas de mantequilla derretida
- 8 oz de champiñones, en rodajas
- 1/2 cucharadita de ajo en polvo
- 1 cucharadita de salsa Worcestershire
- Pimienta
- Sal

Direcciones:
1. Rocíe la cesta de la freidora de aire con spray de cocina.
2. Añada todos los ingredientes en el bol grande y mézclelos bien.
3. Precaliente la freidora de aire cosori a 400 F.
4. Añada la mezcla de bistec y champiñones en la cesta de la freidora y cocine durante 15-18 minutos. Agite la cesta dos veces.
5. Servir y disfrutar.

Valor nutricional (cantidad por ración):
Calorías 388; Grasas 15,5 g; Carbohidratos 3,2 g; Azúcar 1,8 g; Proteínas 57,1 g; Colesterol 156 mg

Hamburguesas de sabores

Tiempo de preparación: 10 minutos; Tiempo de cocción: 10 minutos; Servir: 8
Ingredientes:
- 1 libra de carne picada
- 1/4 de taza de ketchup
- 1/4 de taza de harina de coco
- 1/2 taza de harina de almendra
- 1 diente de ajo picado
- 1/4 de taza de cebolla picada
- 2 huevos ligeramente batidos
- 1/2 cucharadita de estragón seco
- 1 cucharadita de condimento italiano
- 1 cucharada de salsa Worcestershire
- 1/4 de cucharadita de pimienta
- 1/2 cucharadita de sal marina

Direcciones:
1. Rocíe la cesta de la freidora de aire con spray de cocina
2. Añada todos los ingredientes en el bol de la batidora y mézclelos hasta que estén bien combinados.
3. Hacer 8 hamburguesas iguales con la mezcla y colocarlas en un plato. Colocar en la nevera durante 10 minutos.
4. Precaliente la freidora de aire cosori a 360 F.
5. Coloque las hamburguesas preparadas en la cesta de la freidora y cocínelas durante 10 minutos.
6. Servir y disfrutar.

Valor nutricional (cantidad por ración):
Calorías 146; Grasas 5,8 g; Carbohidratos 3,6 g; Azúcar 2,5 g; Proteínas 19,2 g; Colesterol 92 mg

Fajitas de ternera

Tiempo de preparación: 10 minutos; Tiempo de cocción: 8 minutos; Servir: 4
Ingredientes:
- 1 libra de bistec de falda de vaca, cortado en rodajas
- 1 cucharadita de ajo en polvo
- 1 cucharadita de pimentón
- 1 1/2 cucharadita de comino
- 1/2 cucharada de chile en polvo
- 3 cucharadas de aceite de oliva
- 1/2 cebolla, cortada en rodajas
- 2 pimientos morrones, cortados en rodajas
- Pimienta
- Sal

Direcciones:
1. Precaliente la freidora de aire cosori a 390 F.
2. Añada la carne en rodajas y el resto de los ingredientes en el recipiente y remuévalos para cubrirlos.
3. Transfiera la mezcla de carne a la cesta de la freidora y cocine durante 5 minutos.
4. Agitar bien la cesta y cocinar durante 2-3 minutos más.
5. Servir y disfrutar.

Valor nutricional (cantidad por ración):
Calorías 335; Grasas 18,2 g; Carbohidratos 7,5 g; Azúcar 3,9 g; Proteínas 35,6 g; Colesterol 101 mg

Pimientos rellenos

Tiempo de preparación: 10 minutos; Tiempo de cocción: 8 minutos; Servir: 12

Ingredientes:
- 6 chiles jalapeños, cortados por la mitad, retirar las semillas y la membrana
- 1/4 de taza de queso cheddar rallado
- 1 1/2 cucharadas de condimento para tacos
- 1/2 libra de carne picada de vacuno

Direcciones:
1. Dorar la carne en una sartén grande. Escurrir el exceso de grasa.
2. Retire la sartén del fuego. Añadir el condimento para tacos a la carne picada y mezclar bien.
3. Rellene la carne en cada mitad de jalapeño.
4. Coloque los chiles jalapeños rellenos en la canasta de la freidora de aire y cocine a 320 F durante 6 minutos.
5. Espolvorear el queso sobre los pimientos y cocinar durante 2 minutos más.
6. Servir y disfrutar.

Valor nutricional (cantidad por ración):
Calorías 26; Grasas 1,7 g; Carbohidratos 0,9 g; Azúcar 0,3 g; Proteínas 1,9 g; Colesterol 6 mg

Brocheta de pimiento

Tiempo de preparación: 10 minutos; Tiempo de cocción: 10 minutos; Servir: 4

Ingredientes:
- 1 libra de solomillo, cortado en trozos de 1 pulgada
- 1 cebolla, cortada en trozos de 1 pulgada
- 1 pimiento morrón, cortado en trozos de 1 pulgada
- Para la marinada:
- 1 cucharadita de jengibre rallado
- 2 cucharadas de vinagre de vino tinto
- 2 cucharadas de aceite de oliva
- 1/4 de taza de salsa de soja
- 1 cucharadita de ajo picado
- 1 cucharadita de pimienta

Direcciones:
1. Añada todos los ingredientes de la marinada en la bolsa con cierre y mézclelos bien. Añade los trozos de filete en la bolsa.
2. Sellar la bolsa y meterla en el frigorífico durante toda la noche.
3. Ensartar en las brochetas los trozos de filete marinados, la cebolla y el pimiento.
4. Coloca las brochetas en la cesta de la freidora de aire y cocina a 350 F durante 10 minutos. Dale la vuelta a mitad de camino.
5. Servir y disfrutar.

Valor nutricional (cantidad por ración):
Calorías 305; Grasas 14,2 g; Carbohidratos 7 g; Azúcar 3 g; Proteínas 36,1 g; Colesterol 101 mg

Jugoso y tierno filete a la parmesana

Tiempo de preparación: 10 minutos; Tiempo de cocción: 12 minutos; Servir: 4

Ingredientes:
- 2 libras de bistec de falda
- 2 cucharadas de queso parmesano rallado
- 2 cucharadas de aceite de oliva
- Pimienta
- Sal

Direcciones:
1. Precaliente la freidora de aire cosori a 400 F.
2. Unte el filete con aceite de oliva y sazone con pimienta y sal.
3. Espolvorear el queso parmesano rallado sobre el filete.

4. Coloque el filete en la cesta de la freidora y cocínelo durante 12 minutos. Déle la vuelta al filete a mitad de camino.
5. Servir y disfrutar.

Valor nutricional (cantidad por ración):
Calorías 523; Grasas 27,4 g; Carbohidratos 0,3 g; Azúcar 0 g; Proteínas 65,4 g; Colesterol 130 mg

Capítulo 4: Recetas con carne de cerdo

Chuletas de cerdo picantes

Tiempo de preparación: 10 minutos; Tiempo de cocción: 10 minutos; Servir: 4

Ingredientes:
- 4 chuletas de cerdo
- 1 1/2 cucharadita de aceite de oliva
- 1/2 cucharadita de salvia seca
- 1/4 de cucharadita de chile en polvo
- 1/2 cucharadita de pimienta de cayena
- 1/2 cucharadita de pimienta negra
- 1/2 cucharadita de comino molido
- 1 cucharadita de pimentón
- 1/2 cucharadita de sal de ajo

Direcciones:
1. Precaliente la freidora de aire cosori a 400 F.
2. En un bol pequeño, mezcle el pimentón, la sal de ajo, la salvia, la pimienta, el chile en polvo, la pimienta de cayena y el comino.
3. Frote las chuletas de cerdo con la mezcla de especias y colóquelas en la cesta de la freidora de aire. Rocíe las chuletas de cerdo por la parte superior con spray para cocinar.
4. Cocinar durante 10 minutos. Dar la vuelta a mitad de camino.
5. Servir y disfrutar.

Valor nutricional (cantidad por ración):
Calorías 277; Grasas 21,9 g; Carbohidratos 1,1 g; Azúcar 0,2 g; Proteínas 18,3 g; Colesterol 69 mg

Albóndigas

Tiempo de preparación: 10 minutos; Tiempo de cocción: 15 minutos; Servir: 2

Ingredientes:
- 5 oz de carne de cerdo picada
- 1/2 cucharadita de mostaza
- 1/2 cucharadita de pasta de ajo
- 1/2 cucharada de queso cheddar rallado
- 1/2 cucharada de albahaca fresca
- 1/2 cebolla picada
- Pimienta
- Sal

Direcciones:
1. Añadir todos los ingredientes en el bol grande y mezclar hasta que estén bien combinados.
2. Haga pequeñas albóndigas con la mezcla y colóquelas en la cesta de la freidora de aire y cocínelas a 390 F durante 15 minutos.
3. Servir y disfrutar.

Valor nutricional (cantidad por ración):
Calorías 243; Grasas 20,2 g; Carbohidratos 5,3 g; Azúcar 1,3 g; Proteínas 10,4 g; Colesterol 51 mg

Albóndigas

Tiempo de preparación: 10 minutos; Tiempo de cocción: 15 minutos; Servir: 4

Ingredientes:
- 3,5 oz de carne de salchicha de cerdo
- 3 cucharadas de harina de almendra
- 1 cucharadita de salvia
- 1/2 cucharadita de pasta de ajo
- 1/2 cebolla picada
- Pimienta
- Sal

Direcciones:
1. Precaliente la freidora de aire cosori a 360 F.
2. Rocíe la cesta de la freidora de aire con spray de cocina.

3. Añada todos los ingredientes en el bol de la batidora y mézclelos hasta que estén bien combinados.
4. Haga las albóndigas con la mezcla y colóquelas en la cesta de la freidora de aire y cocínelas durante 15 minutos.
5. Servir y disfrutar.

Valor nutricional (cantidad por ración):
Calorías 203; Grasas 17,5 g; Carbohidratos 6 g; Azúcar 1,3 g; Proteínas 7,3 g; Colesterol 17 mg

Chuletas de cerdo a la barbacoa

Tiempo de preparación: 10 minutos; Tiempo de cocción: 14 minutos; Servir: 2
Ingredientes:
- 2 chuletas de cerdo
- 1/2 cucharadita de aceite de sésamo
- 1/4 de taza de salsa BBQ sin azúcar
- 2 dientes de ajo picados
- Pimienta
- Sal

Direcciones:
1. Rocíe la cesta de la freidora de aire con spray de cocina.
2. Precaliente la freidora de aire cosori a 350 F.
3. Añade todos los ingredientes en el bol de la batidora, mézclalos bien y métalos en la nevera durante 1 hora.
4. Coloque las chuletas de cerdo marinadas en la cesta de la freidora de aire y cocínelas durante 14 minutos. Dale la vuelta a mitad de camino.
5. Servir y disfrutar.

Valor nutricional (cantidad por ración):
Calorías 317; Grasas 21,1 g; Carbohidratos 12,4 g; Azúcar 8,2 g; Proteínas 18,2 g; Colesterol 69 mg

Chuletas de cerdo al pesto

Tiempo de preparación: 10 minutos; Tiempo de cocción: 18 minutos; Servir: 5
Ingredientes:
- 5 chuletas de cerdo
- 1 cucharada de pesto de albahaca
- 2 cucharadas de harina de almendra
- Pimienta
- Sal

Direcciones:
1. Rocíe las chuletas de cerdo con spray de cocina.
2. Frote el pesto de albahaca sobre las chuletas de cerdo y cúbralas con harina de almendras.
3. Coloque las chuletas de cerdo en la cesta de la freidora de aire y cocine a 350 F durante 18 minutos.
4. Servir y disfrutar.

Valor nutricional (cantidad por ración):
Calorías 320; Grasas 25,5 g; Carbohidratos 2,4 g; Azúcar 0,4 g; Proteínas 20,4 g; Colesterol 69 mg

Chuletas de cerdo con mantequilla de coco

Tiempo de preparación: 10 minutos; Tiempo de cocción: 15 minutos; Servir: 2
Ingredientes:
- 4 chuletas de cerdo
- 1 cucharada de aceite de coco
- 1 cucharada de mantequilla de coco
- 2 cucharaditas de perejil
- 2 cucharaditas de ajo rallado
- Pimienta
- Sal

Direcciones:
1. Precaliente la freidora de aire cosori a 350 F.
2. En un bol grande, mezcle el ajo, la mantequilla, el aceite de coco, el perejil, la pimienta y la sal.
3. Frote la mezcla de ajo sobre las chuletas de cerdo. Envuelva las chuletas de cerdo marinadas en el papel de aluminio y colóquelas en el frigorífico durante 1 hora.
4. Retire las chuletas de cerdo del papel de aluminio y colóquelas en la cesta de la freidora de aire y cocínelas durante 15 minutos. Gire las chuletas de cerdo después de 7 minutos.
5. Servir y disfrutar.

Valor nutricional (cantidad por ración):
Calorías 686; Grasas 57,1 g; Carbohidratos 5 g; Azúcar 1 g; Proteínas 37,2 g; Colesterol 138 mg

Chuletas de cerdo crujientes

Tiempo de preparación: 10 minutos; Tiempo de cocción: 20 minutos; Servir: 4

Ingredientes:
- 4 chuletas de cerdo deshuesadas
- 2 huevos ligeramente batidos
- 1 taza de harina de almendra
- 1/4 de taza de queso parmesano rallado
- 1 cucharada de cebolla en polvo
- 1 cucharada de ajo en polvo
- 1/2 cucharada de pimienta negra
- 1/2 cucharadita de sal marina

Direcciones:
1. Rocíe la cesta de la freidora de aire con spray de cocina.
2. Precaliente la freidora de aire cosori a 350 F.
3. En un recipiente poco profundo, mezcle la harina de almendras, el queso parmesano, la cebolla en polvo, el ajo en polvo, la pimienta y la sal.
4. Batir los huevos en un plato llano.
5. Sumergir las chuletas de cerdo en el huevo y luego pasarlas por la mezcla de harina de almendras.
6. Coloque las chuletas de cerdo recubiertas en la cesta de la freidora de aire y cocine durante 20 minutos. Gire las chuletas de cerdo a mitad de camino.
7. Servir y disfrutar.

Valor nutricional (cantidad por ración):
Calorías 363; Grasas 27 g; Carbohidratos 5,3 g; Azúcar 1,6 g; Proteínas 24,9 g; Colesterol 155 mg

Chuletas de cerdo con queso y ajo

Tiempo de preparación: 10 minutos; Tiempo de cocción: 20 minutos; Servir: 8

Ingredientes:
- 8 chuletas de cerdo deshuesadas
- 3/4 de taza de queso parmesano
- 2 cucharadas de mantequilla derretida
- 2 cucharadas de aceite de coco
- 1 cucharadita de tomillo
- 1 cucharada de perejil
- 5 dientes de ajo picados
- 1/4 de cucharadita de pimienta
- 1/2 cucharadita de sal marina

Direcciones:
1. Rocíe la cesta de la freidora de aire con spray de cocina.
2. Precaliente la freidora de aire cosori a 400 F.
3. En un bol, mezcle la mantequilla, las especias, el queso parmesano y el aceite de coco.

4. Unte con la mezcla de mantequilla la parte superior de las chuletas de cerdo y colóquelas en la cesta de la freidora de aire y cocínelas durante 20 minutos. Gire las chuletas de cerdo a mitad de camino.
5. Servir y disfrutar.

Valor nutricional (cantidad por ración):
Calorías 344; Grasas 28,2 g; Carbohidratos 1,1 g; Azúcar 0 g; Proteínas 21,2 g; Colesterol 83 mg

Chuletas de cerdo al ajo y limón

Tiempo de preparación: 10 minutos; Tiempo de cocción: 20 minutos; Servir: 5

Ingredientes:
- 2 libras de chuletas de cerdo
- 2 cucharadas de zumo de limón fresco
- 2 cucharadas de ajo picado
- 1 cucharada de perejil fresco
- 1 1/2 cucharadas de aceite de oliva
- Pimienta
- Sal

Direcciones:
1. En un bol pequeño, mezcle el ajo, el perejil, el aceite de oliva y el zumo de limón. Sazone las chuletas de cerdo con pimienta y sal.
2. Vierta la mezcla de ajo sobre las chuletas de cerdo, cúbralas bien y déjelas marinar durante 30 minutos.
3. Agregue las chuletas de cerdo marinadas en la cesta de la freidora de aire y cocine a 400 F durante 20 minutos. Gire las chuletas de cerdo a mitad de camino.
4. Servir y disfrutar.

Valor nutricional (cantidad por ración):
Calorías 623; Grasas 49,4 g; Carbohidratos 1,3 g; Azúcar 0,2 g; Proteínas 41,1 g; Colesterol 156 mg

Chuletas de cerdo a las hierbas

Tiempo de preparación: 10 minutos; Tiempo de cocción: 9 minutos; Servir: 2

Ingredientes:
- 2 chuletas de cerdo deshuesadas
- 1 cucharadita de pimentón
- 3 cucharadas de queso parmesano rallado
- 1/3 de taza de harina de almendra
- 1/2 cucharadita de condimento cajún
- 1 cucharadita de hierba de Provenza

Direcciones:
1. Precaliente la freidora de aire cosori a 350 F.
2. Mezcle la harina de almendras, el condimento cajún, las hierbas de Provenza, el pimentón y el queso parmesano. Rocíe las chuletas de cerdo con spray para cocinar.
3. Cubra las chuletas de cerdo con la mezcla de harina de almendras y colóquelas en la cesta de la freidora de aire y cocínelas durante 9 minutos.
4. Servir y disfrutar.

Valor nutricional (cantidad por ración):
Calorías 360; Grasas 27,3 g; Carbohidratos 2,4 g; Azúcar 0,3 g; Proteínas 26,7 g; Colesterol 85 mg

Chuletas de cerdo sazonadas al estilo criollo

Tiempo de preparación: 10 minutos; Tiempo de cocción: 12 minutos; Servir: 6

Ingredientes:
- 1 1/2 lbs de chuletas de cerdo, sin hueso
- 1 cucharadita de ajo en polvo

- 1/4 de taza de queso parmesano rallado
- 1/3 de taza de harina de almendra
- 1 cucharadita de pimentón
- 1 cucharadita de condimento criollo

Direcciones:
1. Rocíe la cesta de la freidora de aire con spray de cocina.
2. Precaliente la freidora de aire cosori a 360 F.
3. Añade todos los ingredientes excepto las chuletas de cerdo en la bolsa con cierre.
4. Añada las chuletas de cerdo en la bolsa. Sellar la bolsa y agitar bien.
5. Saque las chuletas de cerdo de la bolsa con cierre y colóquelas en la cesta de la freidora de aire y cocínelas durante 12 minutos.
6. Servir y disfrutar.

Valor nutricional (cantidad por ración):
Calorías 388; Grasas 29,9 g; Carbohidratos 1 g; Azúcar 0,2 g; Proteínas 27,3 g; Colesterol 101 mg

Tiernas chuletas de cerdo

Tiempo de preparación: 10 minutos; Tiempo de cocción: 13 minutos; Servir: 4

Ingredientes:
- 4 chuletas de cerdo deshuesadas
- 1/2 cucharadita de ajo granulado
- 1/2 cucharadita de semillas de apio
- 1/2 cucharadita de perejil
- 1/2 cucharadita de cebolla granulada
- 2 cucharaditas de aceite de oliva
- 1/2 cucharadita de sal

Direcciones:
1. Rocíe la cesta de la freidora de aire con spray de cocina.
2. En un bol pequeño, mezcle los condimentos y espolvoréelos sobre las chuletas de cerdo.
3. Coloque las chuletas de cerdo en la cesta de la freidora de aire y cocine a 350 F durante 5 minutos. Gire las chuletas de cerdo y cocine durante 8 minutos más.
4. Servir y disfrutar.

Valor nutricional (cantidad por ración):
Calorías 278; Grasas 22,3 g; Carbohidratos 0,4 g; Azúcar 0,1 g; Proteínas 18,1 g; Colesterol 69 mg

Chuletas de cerdo asiáticas

Tiempo de preparación: 10 minutos; Tiempo de cocción: 12 minutos; Servir: 2

Ingredientes:
- 2 chuletas de cerdo
- 1 cucharadita de pimienta negra
- 3 cucharadas de hierba limón picada
- 1 cucharada de chalote picado
- 1 cucharada de ajo picado
- 1 cucharadita de stevia líquida
- 1 cucharada de aceite de sésamo
- 1 cucharada de salsa de pescado
- 1 cucharadita de salsa de soja

Direcciones:
1. Poner las chuletas de cerdo en un bol para mezclar. Vierta el resto de los ingredientes sobre las chuletas de cerdo y mezcle bien. Coloque en el refrigerador durante 2 horas.
2. Precaliente la freidora de aire cosori a 400 F.
3. Coloque las chuletas de cerdo marinadas en la cesta de la freidora de aire y cocínelas durante 12 minutos. Gire las chuletas de cerdo después de 7 minutos.
4. Servir y disfrutar.

Valor nutricional (cantidad por ración):
Calorías 340; Grasas 26,8 g; Carbohidratos 5,3 g; Azúcar 0,4 g; Proteínas 19,3 g; Colesterol 69 mg

Chuletas de cerdo fáciles y deliciosas

Tiempo de preparación: 10 minutos; Tiempo de cocción: 15 minutos; Servir: 4
Ingredientes:
- 4 chuletas de cerdo
- 2 cucharaditas de perejil
- 2 cucharaditas de ajo rallado
- 1/4 de cucharadita de ajo en polvo
- 1/4 de cucharadita de cebolla en polvo
- 1 cucharada de aceite de oliva
- 1 cucharada de mantequilla
- Pimienta
- Sal

Direcciones:
1. Precaliente la freidora de aire cosori a 350 F.
2. En un bol grande, mezcle los condimentos, el ajo, la mantequilla y el aceite.
3. Añadir las chuletas de cerdo al bol y mezclar bien. Colocar en el refrigerador durante la noche.
4. Coloque las chuletas de cerdo marinadas en la cesta de la freidora de aire y cocínelas durante 15 minutos. Gire las chuletas de cerdo después de 7 minutos.
5. Servir y disfrutar.

Valor nutricional (cantidad por ración):
Calorías 315; Grasas 26,3 g; Carbohidratos 0,8 g; Azúcar 0,1 g; Proteínas 18,2 g; Colesterol 76 mg

Chuletas de cerdo sazonadas con Dash

Tiempo de preparación: 10 minutos; Tiempo de cocción: 20 minutos; Servir: 2
Ingredientes:
- 2 chuletas de cerdo deshuesadas
- 1 cucharada de condimento
- Pimienta
- Sal

Direcciones:
1. Rocíe la cesta de la freidora de aire con spray de cocina.
2. Frote el condimento por todas las chuletas de cerdo.
3. Coloque las chuletas de cerdo sazonadas en la cesta de la freidora de aire y cocine a 360 F durante 20 minutos. Déle la vuelta a mitad de camino.
4. Servir y disfrutar.

Valor nutricional (cantidad por ración):
Calorías 256; Grasas 19,9 g; Carbohidratos 0 g; Azúcar 0 g; Proteínas 18 g; Colesterol 69 mg

Culo de cerdo fácil

Tiempo de preparación: 10 minutos; Tiempo de cocción: 20 minutos; Servir: 4
Ingredientes:
- 1 1/2 lbs. de colilla de cerdo, cortada en trozos
- 1/4 de taza de pasta de jerk

Direcciones:
1. Rocíe la cesta de la freidora de aire con spray de cocina.
2. Añadir la carne y la pasta de jerk en el bol y cubrir bien. Colocar en la nevera durante la noche.
3. Precaliente la freidora de aire cosori a 390 F.
4. Coloque la carne marinada en la cesta de la freidora y cocínela durante 20 minutos. Déle la vuelta a mitad de camino.
5. Servir y disfrutar.

Valor nutricional (cantidad por ración):
Calorías 339; Grasas 12,1 g; Carbohidratos 0,8 g; Azúcar 0,6 g; Proteínas 53 g; Colesterol 156 mg

Filete de cerdo picante

Tiempo de preparación: 10 minutos; Tiempo de cocción: 15 minutos; Servir: 4
Ingredientes:
- 1 libra de filetes de cerdo deshuesados
- 1 cucharadita de hinojo molido
- 1 cucharadita de garam masala
- 1 cucharada de ajo picado
- 1 cucharada de jengibre en rodajas
- 1/2 cucharadita de cayena
- 1/2 cucharadita de cardamomo molido
- 1 cucharadita de canela
- 1/2 cebolla picada
- 1 cucharadita de sal

Direcciones:
1. Rocíe la cesta de la freidora de aire con spray de cocina.
2. Añadir todos los ingredientes, excepto la carne, en la batidora y batir hasta que se forme una pasta suave.
3. Añadir la carne en el bol. Vierta la mezcla sobre la carne y cúbrala bien.
4. Poner la carne en la nevera durante toda la noche.
5. Coloque la carne marinada en la cesta de la freidora de aire y cocine a 330 F durante 15 minutos. Déle la vuelta a mitad de camino.
6. Cortar y servir.

Valor nutricional (cantidad por ración):
Calorías 156; Grasas 5,1 g; Carbohidratos 4 g; Azúcar 0,7 g; Proteínas 22,8 g; Colesterol 51 mg

Chuletas de cerdo sencillas para freír en el aire

Tiempo de preparación: 10 minutos; Tiempo de cocción: 25 minutos; Servir: 2
Ingredientes:
- 2 chuletas de cerdo
- 1 cucharadita de pimentón
- Pimienta
- Sal

Direcciones:
1. Mezcle el pimentón, la pimienta y la sal y frótelas por todas las chuletas de cerdo.
2. Coloque las chuletas de cerdo en la cesta de la freidora de aire y cocine a 325 F durante 15 minutos.
3. Dar la vuelta a las chuletas de cerdo y cocinar durante 10 minutos más.
4. Servir y disfrutar.

Valor nutricional (cantidad por ración):
Calorías 259; Grasas 20 g; Carbohidratos 0,6 g; Azúcar 0,1 g; Proteínas 18,1 g; Colesterol 69 mg

Sabrosas chuletas de cerdo encebolladas

Tiempo de preparación: 10 minutos; Tiempo de cocción: 35 minutos; Servir: 2
Ingredientes:
- 2 chuletas de cerdo
- 2 1/2 cucharadas de ketchup sin azúcar
- 2 cebollas en rodajas
- Pimienta
- Sal

Direcciones:
1. Sazone las chuletas de cerdo con pimienta y sal.
2. Coloque las chuletas de cerdo en un plato apto para la freidora. Vierta la salsa de tomate sobre las chuletas de cerdo.
3. Cubrir con rodajas de cebolla. Cubra el plato con papel de aluminio.
4. Coloque el plato en la cesta de la freidora de aire y cocine a 375 F durante 35 minutos.
5. Servir y disfrutar.

Valor nutricional (cantidad por ración):
Calorías 318; Grasas 20,1 g; Carbohidratos 15 g; Azúcar 8,9 g; Proteínas 19,5 g; Colesterol 69 mg

Jugosas y sabrosas chuletas de cerdo

Tiempo de preparación: 10 minutos; Tiempo de cocción: 15 minutos; Servir: 4
Ingredientes:
- 4 chuletas de cerdo deshuesadas
- 1/2 cucharadita de chile en polvo
- 1/4 de cucharadita de cebolla en polvo
- 1/2 cucharadita de ajo en polvo
- 2 cucharadas de aceite de oliva
- Pimienta
- Sal

Direcciones:
1. Unte las chuletas de cerdo con aceite de oliva.
2. En un tazón pequeño, mezcle el chile en polvo, la cebolla en polvo, el ajo en polvo, la pimienta y la sal y frote todo sobre las chuletas de cerdo.
3. Coloque las chuletas de cerdo en la cesta de la freidora de aire y cocine a 400 F durante 15 minutos.
4. Servir y disfrutar.

Valor nutricional (cantidad por ración):
Calorías 319; Grasas 26,9 g; Carbohidratos 0,6 g; Azúcar 0,2 g; Proteínas 18,1 g; Colesterol 69 mg

Deliciosas chuletas de cerdo al rancho

Tiempo de preparación: 10 minutos; Tiempo de cocción: 35 minutos; Servir: 6
Ingredientes:
- 6 chuletas de cerdo deshuesadas
- 1 oz de condimento ranchero
- 2 cucharadas de aceite de oliva
- 1 cucharadita de perejil seco

Direcciones:
1. Mezclar el aceite, el perejil seco y el condimento ranchero y frotar sobre las chuletas de cerdo.
2. Coloque las chuletas de cerdo en la cesta de la freidora de aire y cocine a 400 F durante 35 minutos.
3. Servir y disfrutar.

Valor nutricional (cantidad por ración):
Calorías 311; Grasas 24,6 g; Carbohidratos 0 g; Azúcar 0 g; Proteínas 18 g; Colesterol 69 mg

Albóndigas

Tiempo de preparación: 10 minutos; Tiempo de cocción: 15 minutos; Servir: 4
Ingredientes:
- 1 libra de carne de cerdo molida
- 1/2 cucharadita de tomillo seco
- 1 cucharadita de pimentón
- 1 cucharadita de ajo en polvo
- 1 cucharadita de cebolla en polvo
- 1/2 cucharadita de comino molido
- 1/2 cucharadita de cilantro
- Pimienta
- Sal

Direcciones:
1. Añadir todos los ingredientes en el bol grande y mezclar hasta que estén bien combinados.
2. Haga las albóndigas con la mezcla y colóquelas en la cesta de la freidora de aire y cocínelas a 400 F durante 15 minutos.
3. Servir y disfrutar.

Valor nutricional (cantidad por ración):
Calorías 170; Grasas 4,1 g; Carbohidratos 1,5 g; Azúcar 0,4 g; Proteínas 30 g; Colesterol 83 mg

Empanadas de cerdo fáciles

Tiempo de preparación: 10 minutos; Tiempo de cocción: 35 minutos; Servir: 6
Ingredientes:
- 2 libras de carne de cerdo molida
- 1/2 taza de harina de almendra
- 1 huevo ligeramente batido
- 1 cebolla picada
- 1 zanahoria picada
- 1 cucharadita de ajo en polvo
- 1 cucharadita de pimentón
- Pimienta
- Sal

Direcciones:
1. Añadir todos los ingredientes en el bol grande y mezclar hasta que estén bien combinados.
2. Haga pequeñas hamburguesas con la mezcla de carne y colóquelas en la cesta de la freidora de aire y cocínelas a 375 F durante 20 minutos.
3. Dar la vuelta a las hamburguesas de cerdo y cocinarlas durante 15 minutos más.
4. Servir y disfrutar.

Valor nutricional (cantidad por ración):
Calorías 254; Grasas 7,3 g; Carbohidratos 3,8 g; Azúcar 1,6 g; Proteínas 41,4 g; Colesterol 138 mg

Chuletas de cerdo sazonadas con pimienta de limón

Tiempo de preparación: 10 minutos; Tiempo de cocción: 15 minutos; Servir: 4
Ingredientes:
- 4 chuletas de cerdo deshuesadas
- 1 cucharadita de condimento de pimienta de limón
- Sal

Direcciones:
1. Sazone las chuletas de cerdo con el condimento de pimienta de limón y la sal.
2. Coloque las chuletas de cerdo en la cesta de la freidora de aire y cocine a 400 F durante 15 minutos.
3. Servir y disfrutar.

Valor nutricional (cantidad por ración):
Calorías 257; Grasas 19,9 g; Carbohidratos 0,3 g; Azúcar 0 g; Proteínas 18 g; Colesterol 69 mg

Sabrosas chuletas de cerdo

Tiempo de preparación: 10 minutos; Tiempo de cocción: 16 minutos; Servir: 4
Ingredientes:
- 4 chuletas de cerdo deshuesadas
- 2 cucharaditas de aceite de oliva
- 1/2 cucharadita de semillas de apio
- 1/2 cucharadita de perejil
- 1/2 cucharadita de cebolla en polvo
- 1/2 cucharadita de ajo en polvo
- 1/2 cucharadita de sal

Direcciones:
1. Unte las chuletas de cerdo con aceite de oliva.
2. Mezclar las semillas de apio, el perejil, la cebolla en polvo, el ajo en polvo y la sal y espolvorear sobre las chuletas de cerdo.

3. Coloque las chuletas de cerdo en la cesta de la freidora de aire y cocine a 350 F durante 16 minutos. Gire las chuletas de cerdo a mitad de camino.
4. Servir y disfrutar.

Valor nutricional (cantidad por ración):
Calorías 279; Grasas 22,3 g; Carbohidratos 0,6 g; Azúcar 0,2 g; Proteínas 18,1 g; Colesterol 69 mg

Chuletas de cerdo con costra crujiente

Tiempo de preparación: 10 minutos; Tiempo de cocción: 15 minutos; Servir: 2

Ingredientes:
- 2 chuletas de cerdo con hueso
- 1/2 cucharadita de perejil
- 1 cucharada de aceite de oliva
- 1 taza de cortezas de cerdo, trituradas
- 1/2 cucharadita de ajo en polvo
- 1/2 cucharadita de cebolla en polvo
- 1/2 cucharadita de pimentón

Direcciones:
1. En un tazón grande, mezcle las cortezas de cerdo, el ajo en polvo, la cebolla en polvo, el perejil y el pimentón.
2. Untar las chuletas de cerdo con aceite y cubrirlas con la mezcla de corteza de cerdo
3. Coloque las chuletas de cerdo recubiertas en la cesta de la freidora de aire y cocine a 400 F durante 10 minutos.
4. Déle la vuelta a las chuletas de cerdo y fríalas durante 5 minutos más.
5. Servir y disfrutar.

Valor nutricional (cantidad por ración):
Calorías 413; Grasas 32,7 g; Carbohidratos 1,3 g; Azúcar 0,4 g; Proteínas 28,5 g; Colesterol 92 mg

Albóndigas

Tiempo de preparación: 10 minutos; Tiempo de cocción: 20 minutos; Servir: 6

Ingredientes:
- 8 onzas de carne de cerdo molida
- 1 huevo ligeramente batido
- 1/4 de taza de queso parmesano rallado
- 1/2 taza de harina de almendra
- 8 onzas de carne molida
- 1/4 de taza de perejil picado
- 1 cucharadita de ajo picado
- 1/2 cebolla picada
- Pimienta
- Sal

Direcciones:
1. Añadir todos los ingredientes en el bol grande y mezclar hasta que estén bien combinados.
2. Haga las albóndigas con la mezcla y colóquelas en la cesta de la freidora de aire y cocínelas a 400 F durante 20 minutos.
3. Servir y disfrutar.

Valor nutricional (cantidad por ración):
Calorías 167; Grasas 6,5 g; Carbohidratos 1,9 g; Azúcar 0,6 g; Proteínas 24,3 g; Colesterol 92 mg

Pastel de carne

Tiempo de preparación: 10 minutos; Tiempo de cocción: 20 minutos; Servir: 4

Ingredientes:
- 1 libra de carne de cerdo molida
- 1 cebolla picada
- 1 cucharada de tomillo picado
- 1/4 de cucharadita de ajo en polvo

- 1 huevo ligeramente batido
- 3 cucharadas de harina de almendra
- Pimienta
- Sal

Direcciones:
1. Rocíe la sartén con spray para cocinar y déjela a un lado.
2. Añada todos los ingredientes en el bol de la batidora y mézclelos hasta que estén bien combinados.
3. Vierta la mezcla de carne en el molde preparado.
4. Coloque la sartén en la cesta de la freidora de aire y cocine a 390 F durante 20 minutos.
5. Servir y disfrutar.

Valor nutricional (cantidad por ración):
Calorías 311; Grasas 15,7 g; Carbohidratos 7,7 g; Azúcar 2,1 g; Proteínas 36 g; Colesterol 124 mg

Chuletas de cerdo con mantequilla de hierbas

Tiempo de preparación: 10 minutos; Tiempo de cocción: 15 minutos; Servir: 2

Ingredientes:
- 2 chuletas de cerdo
- 1 cucharada de tomillo picado
- 4 cucharadas de mantequilla derretida
- 2 dientes de ajo picados
- Pimienta
- Sal

Direcciones:
1. Sazone las chuletas de cerdo con pimienta y sal.
2. En un bol pequeño, mezcle la mantequilla, el tomillo y el ajo.
3. Unte las chuletas de cerdo con la mezcla de mantequilla y colóquelas en la cesta de la freidora de aire y cocínelas a 375 F durante 15 minutos.
4. Servir y disfrutar.

Valor nutricional (cantidad por ración):
Calorías 468; Grasas 43 g; Carbohidratos 1,9 g; Azúcar 0,1 g; Proteínas 18,5 g; Colesterol 130 mg

Chuletas de cerdo fritas al aire libre

Tiempo de preparación: 10 minutos; Tiempo de cocción: 18 minutos; Servir: 2

Ingredientes:
- 2 chuletas de cerdo deshuesadas
- 1 cucharadita de ajo en polvo
- 1 cucharadita de cebolla en polvo
- 1/2 cucharada de pimentón
- 1 cucharada de aceite de oliva
- 1/2 cucharadita de orégano
- Pimienta
- Sal

Direcciones:
1. Cubrir las chuletas de cerdo con aceite. Mezclar el orégano, el ajo en polvo, la cebolla en polvo, el pimentón, la pimienta y la sal y espolvorear sobre las chuletas de cerdo.
2. Coloque las chuletas de cerdo en la cesta de la freidora de aire y cocine a 400 F durante 18 minutos.
3. Servir y disfrutar.

Valor nutricional (cantidad por ración):
Calorías 331; Grasas 27,2 g; Carbohidratos 3,2 g; Azúcar 1 g; Proteínas 18,7 g; Colesterol 69 mg

Chuletas de cerdo con queso cheddar

Tiempo de preparación: 10 minutos; Tiempo de cocción: 25 minutos; Servir: 4

Ingredientes:
- 1 1/2 libras de chuletas de cerdo
- 1/2 taza de crema agria

- 1/2 taza de queso cheddar rallado
- 1 cucharadita de sal de ajo

Direcciones:
1. Rocíe un plato apto para la freidora con aceite en aerosol y resérvelo.
2. Coloque las chuletas de cerdo en el plato y sazone con sal de ajo.
3. Vierta la crema agria sobre las chuletas de cerdo y espolvoree el queso por encima de las chuletas.
4. Coloque el plato en la cesta de la freidora de aire y cocine a 350 F durante 25 minutos.
5. Servir y disfrutar.

Valor nutricional (cantidad por ración):
Calorías 665; Grasas 53 g; Carbohidratos 1,9 g; Azúcar 0,3 g; Proteínas 42,8 g; Colesterol 174 mg

Albóndigas

Tiempo de preparación: 10 minutos; Tiempo de cocción: 20 minutos; Servir: 4

Ingredientes:
- 1 libra de carne de cerdo molida
- 1/4 de taza de queso parmesano rallado
- 1 huevo ligeramente batido
- 2 dientes de ajo picados
- 1/2 cucharada de perejil seco
- 3 cucharadas de ketchup sin azúcar
- 1/2 cebolla picada
- Pimienta
- Sal

Direcciones:
1. Añade todos los ingredientes al bol y mézclalos hasta que estén bien combinados.
2. Haga pequeñas bolas con la mezcla de carne y colóquelas en la cesta de la freidora de aire y cocínelas a 400 F durante 20 minutos.
3. Servir y disfrutar.

Valor nutricional (cantidad por ración):
Calorías 217; Grasas 6,5 g; Carbohidratos 5 g; Azúcar 3,2 g; Proteínas 33,5 g; Colesterol 128 mg

Chuletas de cerdo al ajo

Tiempo de preparación: 10 minutos; Tiempo de cocción: 20 minutos; Servir: 4

Ingredientes:
- 1 libra de chuletas de cerdo
- 5 dientes de ajo picados
- 2 cucharadas de salsa de soja
- 2 cucharadas de aceite de oliva
- Pimienta
- Sal

Direcciones:
1. Unte las chuletas de cerdo con aceite. Mezclar el ajo, la salsa de soja, la pimienta y la sal y frotar sobre las chuletas de cerdo.
2. Coloque las chuletas de cerdo en la cesta de la freidora de aire y cocine a 390 F durante 20 minutos.
3. Servir y disfrutar.

Valor nutricional (cantidad por ración):
Calorías 433; Grasas 35,2 g; Carbohidratos 1,9 g; Azúcar 0,2 g; Proteínas 26,2 g; Colesterol 98 mg

Chuletas de cerdo a la mostaza

Tiempo de preparación: 10 minutos; Tiempo de cocción: 12 minutos; Servir: 3

Ingredientes:
- 3 chuletas de cerdo
- 3 cucharadas de mostaza
- 1 cucharada de ajo picado
- Pimienta

- Sal

Direcciones:
1. En un tazón pequeño, mezcle la mostaza, el ajo, la pimienta y la sal
2. Coloque las chuletas de cerdo en la cesta de la freidora de aire y cocine a 350 F durante 12 minutos. Gire las chuletas de cerdo a mitad de camino.
3. Servir y disfrutar.

Valor nutricional (cantidad por ración):
Calorías 313; Grasas 23,1 g; Carbohidratos 4,9 g; Azúcar 0,8 g; Proteínas 21 g; Colesterol 69 mg

Albóndigas

Tiempo de preparación: 10 minutos; Tiempo de cocción: 15 minutos; Servir: 4

Ingredientes:
- 4 oz de salchicha de cerdo
- 3 cucharadas de harina de almendra
- 1 taza de cebolla picada
- 1 cucharadita de salvia
- 1/2 cucharadita de ajo picado
- Pimienta
- Sal

Direcciones:
1. Añade todos los ingredientes al bol y mézclalos hasta que estén bien combinados.
2. Haga pequeñas bolas con la mezcla de carne y colóquelas en la cesta de la freidora de aire y cocínelas a 350 F durante 15 minutos.
3. Servir y disfrutar.

Valor nutricional (cantidad por ración):
Calorías 229; Grasas 18,6 g; Carbohidratos 7,4 g; Azúcar 2 g; Proteínas 10,4 g; Colesterol 24 mg

Cerdo y Pimientos

Tiempo de preparación: 10 minutos; Tiempo de cocción: 20 minutos; Servir: 3

Ingredientes:
- 6 oz de lomo de cerdo, cortado en tiras
- 3 pimientos morrones, cortados en tiras
- 1 cebolla picada
- 1 cucharada de aceite de oliva
- Pimienta
- Sal

Direcciones:
1. Añade todos los ingredientes en el bol de la batidora y mézclalos bien.
2. Transfiera la mezcla de carne a la cesta de la freidora de aire y cocine a 390 F durante 20 minutos. Agite la cesta a mitad de camino.
3. Servir y disfrutar.

Valor nutricional (cantidad por ración):
Calorías 174; Grasas 7 g; Carbohidratos 12,4 g; Azúcar 7,6 g; Proteínas 16,4 g; Colesterol 41 mg

Chuletas de cerdo al romero sencillas

Tiempo de preparación: 10 minutos; Tiempo de cocción: 15 minutos; Servir: 2

Ingredientes:
- 2 chuletas de cerdo
- 1 cucharada de aceite de oliva
- 1 cucharada de romero picado
- Pimienta
- Sal

Direcciones:
1. Mezcle el aceite, el romero, la pimienta y la sal y frótelas por todas las chuletas de cerdo.

2. Coloque las chuletas de cerdo en la cesta de la freidora de aire y cocine a 400 F durante 15 minutos.
3. Servir y disfrutar.

Valor nutricional (cantidad por ración):
Calorías 322; Grasas 27,1 g; Carbohidratos 1,1 g; Azúcar 0 g; Proteínas 18,1 g; Colesterol 69 mg

Costillas de cerdo asiáticas

Tiempo de preparación: 10 minutos; Tiempo de cocción: 40 minutos; Servir: 4
Ingredientes:
- 1 libra de costillitas de cerdo
- 1 cucharada de aceite de oliva
- 1 cucharada de jengibre picado
- 2 dientes de ajo picados
- 1/2 cucharada de salsa de soja
- 1 cucharada de salsa hoisin

Direcciones:
1. En un bol, añadir todos los ingredientes y cubrirlos bien. Tapar y meter en la nevera durante 1 hora.
2. Coloque las costillas marinadas en la cesta de la freidora de aire y cocine a 320 F durante 40 minutos.
3. Servir y disfrutar.

Valor nutricional (cantidad por ración):
Calorías 368; Grasas 30,8 g; Carbohidratos 3,4 g; Azúcar 1,2 g; Proteínas 18,5 g; Colesterol 90 mg

Sabroso asado de cerdo

Tiempo de preparación: 10 minutos; Tiempo de cocción: 15 minutos; Servir: 4
Ingredientes:
- 1 libra de paleta de cerdo, cortada en rodajas
- 1/2 cucharadita de pimienta china
- 1 1/2 cucharadita de jengibre picado
- 1 1/2 cucharadita de ajo picado
- 1/2 cucharada de salsa hoisin
- 1 cucharada de vino de arroz
- 1 1/2 cucharadas de salsa de soja

Direcciones:
1. Añada todos los ingredientes, excepto la carne de cerdo, en el bol de la batidora y remuévalos bien.
2. Poner las lonchas de cerdo en un bol grande. Vierta la mitad de la salsa sobre las rebanadas de cerdo, cúbralas bien y déjelas marinar durante media hora.
3. Coloque las rodajas de cerdo marinadas en la cesta de la freidora de aire y cocine a 390 F durante 15 minutos.
4. Mientras tanto, calienta la mitad de la salsa en el microondas durante 30 segundos.
5. Pincelar la carne con la salsa y servir.

Valor nutricional (cantidad por ración):
Calorías 349; Grasas 24,4 g; Carbohidratos 3,9 g; Azúcar 1,7 g; Proteínas 27 g; Colesterol 102 mg

Paleta de cerdo picante

Tiempo de preparación: 10 minutos; Tiempo de cocción: 15 minutos; Servir: 4
Ingredientes:
- 1 libra de paleta de cerdo, deshuesada y cortada en rodajas
- 1 1/2 cucharadas de pasta de jengibre y ajo
- 1 cebolla, cortada en rodajas
- 3 cucharadas de cebollas verdes cortadas en rodajas
- 1/2 cucharada de semillas de sésamo

- 2 cucharadas de pasta de chile
- 1 cucharada de aceite de sésamo
- 1 cucharada de vino de arroz
- 1 cucharada de salsa de soja

Direcciones:
1. En un bol grande, mezcle la carne de cerdo, el aceite de sésamo, el vino de arroz, la salsa de soja, la pasta de ajo y jengibre, la pasta de chile y la cebolla. Tapar y dejar marinar durante 30 minutos.
2. Coloque las rodajas de carne marinadas en la cesta de la freidora de aire y cocine a 400 F durante 15 minutos. Déle la vuelta a mitad de camino.
3. Espolvorear con semillas de sésamo y cebolla verde.
4. Servir y disfrutar.

Valor nutricional (cantidad por ración):
Calorías 423; Grasas 29,9 g; Carbohidratos 9,3 g; Azúcar 4,3 g; Proteínas 28,1 g; Colesterol 105 mg

Albóndigas

Tiempo de preparación: 10 minutos; Tiempo de cocción: 15 minutos; Servir: 2
Ingredientes:
- 5 oz de carne de cerdo picada
- 1/2 cucharada de queso cheddar rallado
- 1/2 cucharada de albahaca fresca
- 1/2 cebolla picada
- 1/2 cucharadita de mostaza
- 1/2 cucharadita de pasta de ajo
- Pimienta
- Sal

Direcciones:
1. Añade todos los ingredientes al bol y mézclalos hasta que estén bien combinados.
2. Haga las albóndigas con la mezcla y colóquelas en la cesta de la freidora de aire y cocínelas a 390 F durante 15 minutos.
3. Servir y disfrutar.

Valor nutricional (cantidad por ración):
Calorías 243; Grasas 20,2 g; Carbohidratos 5,3 g; Azúcar 1,3 g; Proteínas 10,4 g; Colesterol 51 mg

Chuletas de cerdo con queso

Tiempo de preparación: 10 minutos; Tiempo de cocción: 12 minutos; Servir: 6
Ingredientes:
- 1 1/2 lbs de chuletas de cerdo, sin hueso
- 1 cucharadita de pimentón
- 1/4 de taza de queso parmesano rallado
- 1/3 de taza de harina de almendra
- 1 cucharadita de condimento cajún
- 1 cucharadita de ajo en polvo

Direcciones:
1. Precaliente la freidora de aire cosori a 360 F.
2. Añada todos los ingredientes excepto las chuletas de cerdo en una bolsa con cierre. Añada las chuletas de cerdo en la bolsa. Cierre la bolsa y agite bien para cubrir las chuletas de cerdo.
3. Saque las chuletas de cerdo de la bolsa con cierre y colóquelas en la cesta de la freidora de aire y cocínelas durante 10-12 minutos.
4. Servir y disfrutar.

Valor nutricional (cantidad por ración):
Calorías 388; Grasas 29,9 g; Carbohidratos 1 g; Azúcar 0,2 g; Proteínas 27,3 g; Colesterol 101 mg

Chuletas de cerdo al pimentón

Tiempo de preparación: 10 minutos; Tiempo de cocción: 9 minutos; Sirve:4
Ingredientes:
- 4 chuletas de cerdo deshuesadas
- 1/2 taza de queso parmesano rallado
- 2 cucharadas de aceite de oliva
- 1 cucharadita de cebolla en polvo
- 1 cucharadita de pimentón ahumado
- 1/2 cucharadita de pimienta
- 1 cucharadita de sal kosher

Direcciones:
1. Rocíe la cesta de la freidora de aire con spray de cocina.
2. Unte las chuletas de cerdo con aceite de oliva.
3. En un bol, mezcle el queso parmesano y las especias.
4. Cubra las chuletas de cerdo con la mezcla de queso y colóquelas en la cesta de la freidora de aire y cocínelas a 375 F durante 9 minutos. Voltee a la mitad.
5. Servir y disfrutar.

Valor nutricional (cantidad por ración):
Calorías 360; Grasas 29,7 g; Carbohidratos 1,4 g; Azúcar 0,3 g; Proteínas 22,2 g; Colesterol 78 mg

Chuletas de cerdo con pimentón ahumado

Tiempo de preparación: 5 minutos; Tiempo de cocción: 14 minutos; Servir: 3
Ingredientes:
- 3 chuletas de cerdo, enjuagadas y secadas con palmaditas
- 1/2 cucharadita de pimentón ahumado
- 2 cucharaditas de aceite de oliva
- 1/2 cucharadita de ajo en polvo
- Pimienta
- Sal

Direcciones:
1. Cubra las chuletas de cerdo con aceite de oliva y sazone con pimentón, ajo en polvo, pimienta y sal.
2. Coloque las chuletas de cerdo en la cesta de la freidora de aire y cocine a 380 F durante 14 minutos. Déle la vuelta a mitad de camino.
3. Servir y disfrutar.

Valor nutricional (cantidad por ración):
Calorías 285; Grasas 23 g; Carbohidratos 0,6 g; Azúcar 0,2 g; Proteínas 18,1 g; Colesterol 69 mg

Deliciosa carne de cerdo y champiñones

Tiempo de preparación: 10 minutos; Tiempo de cocción: 18 minutos; Servir: 4
Ingredientes:
- 1 libra de chuletas de cerdo, enjuagadas y secadas con palmaditas
- 2 cucharadas de mantequilla derretida
- 8 oz de champiñones, cortados por la mitad
- 1/2 cucharadita de ajo en polvo
- 1 cucharadita de salsa de soja
- Pimienta
- Sal

Direcciones:
1. Precaliente la freidora de aire cosori a 400 F.
2. Corte las chuletas de cerdo en cubos de 3/4 de pulgada y colóquelas en un tazón grande.
3. Añada el resto de los ingredientes al bol y mézclelos bien.
4. Transfiera la mezcla de cerdo y champiñones a la cesta de la freidora de aire y cocine durante 18 minutos. Agite la cesta a mitad de camino.
5. Servir y disfrutar.

Valor nutricional (cantidad por ración):
Calorías 428; Grasas 34,1 g; Carbohidratos 2,2 g; Azúcar 1,1 g; Proteínas 27,5 g; Colesterol 113 mg

Chuletas de cerdo con queso

Tiempo de preparación: 10 minutos; Tiempo de cocción: 8 minutos; Servir: 2
Ingredientes:
- 4 chuletas de cerdo
- 1/4 de taza de queso pepper jack, rallado
- 1/2 cucharadita de ajo en polvo
- 1/2 cucharadita de sal

Direcciones:
1. Precaliente la freidora de aire cosori a 350 F.
2. Frote las chuletas de cerdo con ajo en polvo y sal y colóquelas en la cesta de la freidora. Cocine las chuletas de cerdo durante 4 minutos.
3. Dar la vuelta a las chuletas de cerdo y cocinarlas durante 2 minutos.
4. Añada el queso sobre las chuletas de cerdo y cocine durante 2 minutos más.
5. Servir y disfrutar.

Valor nutricional (cantidad por ración):
Calorías 528; Grasas 40,9 g; Carbohidratos 0,5 g; Azúcar 0,2 g; Proteínas 37 g; Colesterol 141 mg

Deliciosas chuletas de cerdo rellenas

Tiempo de preparación: 10 minutos; Tiempo de cocción: 28 minutos; Servir: 4
Ingredientes:
- 4 chuletas de cerdo, deshuesadas y de corte grueso
- 1/2 taza de queso feta desmenuzado
- 1 cucharadita de ajo picado
- 2 cucharadas de perejil fresco picado
- 2 cucharadas de aceitunas picadas
- 2 cucharadas de tomates secos picados

Direcciones:
1. Precaliente la freidora de aire cosori a 350 F.
2. En un bol, combine el queso feta, el ajo, el perejil, las aceitunas y los tomates secos. Rellene con la mezcla de queso todas las chuletas de cerdo.
3. Sazone las chuletas de cerdo con pimienta y sal y colóquelas en la cesta de la freidora de aire y cocínelas durante 28 minutos.
4. Servir y disfrutar.

Valor nutricional (cantidad por ración):
Calorías 313; Grasas 24,4 g; Carbohidratos 1,6 g; Azúcar 1 g; Proteínas 20,8 g; Colesterol 85 mg

Bocados de cerdo sencillos y sabrosos

Tiempo de preparación: 10 minutos; Tiempo de cocción: 21 minutos; Servir: 6
Ingredientes:
- 1 libra de lomo de cerdo, cortado en cubos
- 1/4 de taza de harina de almendra
- 2 huevos ligeramente batidos
- 1/2 cucharadita de cilantro molido
- 1/2 cucharadita de pimentón
- 1/2 cucharadita de ralladura de limón
- 1/2 cucharadita de sal kosher

Direcciones:
1. Rocíe la cesta de la freidora de aire con spray de cocina.
2. Precaliente la freidora de aire cosori a 365 F.
3. En un recipiente poco profundo, bata los huevos.

4. En un plato llano, mezcle la harina de almendras, el cilantro, el pimentón, la ralladura de limón y la sal.
5. Sumergir cada cubo de cerdo en el huevo y luego pasar por la mezcla de harina de almendras.
6. Añada los cubos de cerdo recubiertos en la cesta de la freidora de aire y cocine durante 14 minutos. Gire los cubos de cerdo y cocine durante 7 minutos más.
7. Servir y disfrutar.

Valor nutricional (cantidad por ración):
Calorías 136; Grasas 4,7 g; Carbohidratos 0,5 g; Azúcar 0,2 g; Proteínas 21,9 g; Colesterol 110 mg

Lomo de cerdo

Tiempo de preparación: 10 minutos; Tiempo de cocción: 15 minutos; Servir: 3
Ingredientes:
- 1 libra de lomo de cerdo
- 1/2 cucharadita de cebolla en polvo
- 1/2 cucharadita de ajo en polvo
- 1/2 cucharadita de canela
- 1 cucharadita de salvia
- 1/2 cucharadita de azafrán
- 1 cucharada de vinagre
- 2 dientes de ajo picados
- 3 cucharadas de mantequilla

Direcciones:
1. En un tazón pequeño, mezcle el azafrán, la cebolla en polvo, el ajo en polvo, la canela y la salvia y frote sobre el lomo de cerdo.
2. Frote el lomo de cerdo con ajo y vinagre y déjelo reposar durante 10 minutos.
3. Precaliente la freidora de aire cosori a 320 F.
4. Coloque el lomo de cerdo en la freidora de aire y cubra con mantequilla y cocine durante 15 minutos.
5. Cortar y servir.

Valor nutricional (cantidad por ración):
Calorías 327; Grasas 16,9 g; Carbohidratos 1,9 g; Azúcar 0,3 g; Proteínas 40 g; Colesterol 141 mg

Chuletas de cerdo al pesto

Tiempo de preparación: 10 minutos; Tiempo de cocción: 18 minutos; Servir: 5
Ingredientes:
- 5 chuletas de cerdo
- 1 cucharada de aceite de oliva
- 3 cucharadas de pesto de albahaca
- 2 cucharadas de harina de almendra
- 1/4 de cucharadita de cebolla en polvo
- 1/4 de cucharadita de ajo en polvo
- 1/4 de cucharadita de chile en polvo

Direcciones:
1. Rocíe las chuletas de cerdo con spray de cocina.
2. En un plato llano mezcle la harina de almendras, el chile en polvo, el ajo en polvo y la cebolla en polvo.
3. Cubra las chuletas de cerdo con el pesto y luego páselas por la mezcla de harina de almendras.
4. Coloque las chuletas de cerdo en la cesta de la freidora de aire y cocine a 350 F durante 18 minutos.
5. Servir y disfrutar.

Valor nutricional (cantidad por ración):
Calorías 346; Grasas 28,3 g; Carbohidratos 2,7 g; Azúcar 0,5 g; Proteínas 20,5 g; Colesterol 69 mg

Chuletas de cerdo al ajo con queso

Tiempo de preparación: 10 minutos; Tiempo de cocción: 20 minutos; Servir: 8
Ingredientes:
- 8 chuletas de cerdo deshuesadas
- 6 dientes de ajo picados
- 1 cucharada de perejil
- 2 cucharadas de aceite de oliva
- 1 taza de queso parmesano
- 2 cucharadas de mantequilla derretida
- 1 cucharadita de tomillo
- 1/4 de cucharadita de pimienta
- 1/2 cucharadita de sal marina

Direcciones:
1. Rocíe la cesta de la freidora de aire con spray de cocina.
2. Precaliente la freidora de aire cosori a 400 F.
3. En un bol, mezclar la mantequilla, las especias, el queso y el aceite.
4. Frote la mezcla de mantequilla sobre las chuletas de cerdo y colóquelas en la cesta de la freidora de aire y cocínelas durante 20 minutos. Déle la vuelta a las chuletas de cerdo a mitad de camino.
5. Servir y disfrutar.

Valor nutricional (cantidad por ración):
Calorías 356; Grasas 29 g; Carbohidratos 1,4 g; Azúcar 0 g; Proteínas 22,2 g; Colesterol 85 mg

Chuletas de cerdo al balsámico

Tiempo de preparación: 10 minutos; Tiempo de cocción: 10 minutos; Servir: 2
Ingredientes:
- 4 chuletas de lomo de cerdo
- 1/8 cucharadita de jengibre molido
- 1 diente de ajo picado
- 1/2 cucharadita de vinagre balsámico
- 1 cucharada de swerve
- 1 cucharada de salsa de soja

Direcciones:
1. Sazone las chuletas de cerdo con pimienta y sal.
2. En un bol, mezcle el edulcorante, la salsa de soja y el vinagre. Añada el jengibre y el ajo y reserve.
3. Añada las chuletas de cerdo a la mezcla de la marinada y déjelas marinar durante 2 horas.
4. Precaliente la freidora de aire cosori a 350 F.
5. Añada las chuletas de cerdo marinadas a la cesta de la freidora y cocínelas durante 10 minutos. Dale la vuelta a las chuletas a mitad de camino.
6. Servir y disfrutar.

Valor nutricional (cantidad por ración):
Calorías 522; Grasas 39,8 g; Carbohidratos 2,2 g; Azúcar 0,2 g; Proteínas 36,6 g; Colesterol 138 mg

Sabrosas costillas a la barbacoa

Tiempo de preparación: 10 minutos; Tiempo de cocción: 30 minutos; Servir: 2
Ingredientes:
- 1 libra de costillas de cerdo
- 3 dientes de ajo picados
- 1 cucharadita de salsa de soja
- 1 cucharadita de pimienta
- 1 cucharadita de aceite de sésamo
- 1/2 cucharadita de polvo de cinco especias
- 1 cucharada de swerve
- 4 cucharadas de salsa BBQ sin azúcar
- 1 cucharadita de sal

Direcciones:
1. Precaliente la freidora de aire cosori a 350 F.

2. Añadir todos los ingredientes en el bol grande y mezclar bien. Poner en la nevera durante 1 hora.
3. Añada las costillas marinadas a la cesta de la freidora y cocínelas durante 30 minutos. Dale la vuelta a las costillas a mitad de camino.
4. Servir y disfrutar.

Valor nutricional (cantidad por ración):
Calorías 656; Grasas 42,5 g; Carbohidratos 3,8 g; Azúcar 0,1 g; Proteínas 60,8 g; Colesterol 234 mg

Paleta de cerdo picante

Tiempo de preparación: 10 minutos; Tiempo de cocción: 15 minutos; Servir: 2
Ingredientes:
- 1/2 libra de paleta de cerdo, cortada en rodajas de 1/2 pulgada
- 1 cucharada de cebolla verde cortada en rodajas
- 1/2 cucharada de semillas de sésamo
- 1/4 de cucharadita de pimienta de cayena
- 1/2 cucharada de ajo picado
- 1/2 cucharada de jengibre picado
- 1/2 cucharadita de Swerve
- 1/2 cucharada de aceite de sésamo
- 1/2 cucharada de vino de arroz
- 1/2 cucharada de salsa de soja
- 1 cucharada de gochujang
- 1/2 cebolla, cortada en rodajas

Direcciones:
1. En un tazón grande, mezcle todos los ingredientes y colóquelos en el refrigerador durante 1 hora.
2. Forre la cesta de la freidora con papel de aluminio.
3. Agregue la mezcla de cerdo en la freidora de aire y cocine a 400 F durante 15 minutos. Revuelva a mitad de camino.
4. Servir y disfrutar.

Valor nutricional (cantidad por ración):
Calorías 415; Grasas 29 g; Carbohidratos 10,2 g; Azúcar 3,9 g; Proteínas 27,9 g; Colesterol 102 mg

Chuletas de cerdo al balsámico

Tiempo de preparación: 10 minutos; Tiempo de cocción: 10 minutos; Servir: 2
Ingredientes:
- 2 chuletas de lomo de cerdo
- 1/8 cucharadita de jengibre molido
- 1 cucharada de salsa de soja
- 1 diente de ajo
- 1 cucharada de swerve
- 1/2 cucharadita de vinagre balsámico
- Pimienta
- Sal

Direcciones:
1. Precaliente la freidora de aire cosori a 350 F.
2. Sazone las chuletas de cerdo con pimienta y sal.
3. En un cuenco, mezcle el swerve, la salsa de soja, el ajo, el jengibre molido y el vinagre.
4. Añade las chuletas de cerdo en un bol y cúbrelas bien y métalas en el frigorífico durante 2 horas.
5. Coloque las chuletas de cerdo marinadas en la cesta de la freidora y cocínelas durante 10 minutos. Dale la vuelta a las chuletas a mitad de camino.
6. Servir y disfrutar.

Valor nutricional (cantidad por ración):
Calorías 266; Grasas 19,9 g; Carbohidratos 2,2 g; Azúcar 0,2 g; Proteínas 18,6 g; Colesterol 69 mg

Albóndigas

Tiempo de preparación: 10 minutos; Tiempo de cocción: 15 minutos; Servir: 2
Ingredientes:
- 5 oz de carne de cerdo picada
- 1 cucharada de albahaca fresca picada
- 1/2 cebolla picada
- 1/2 cucharadita de mostaza
- 1/2 cucharada de queso parmesano rallado
- 1/2 cucharadita de Swerve
- 1/2 cucharadita de ajo picado
- Pimienta
- Sal

Direcciones:
1. Añade todos los ingredientes en el bol grande y mézclalos bien para combinarlos.
2. Haga las albóndigas con la mezcla y colóquelas en la cesta de la freidora de aire y cocínelas a 390 F durante 15 minutos.
3. Servir y disfrutar.

Valor nutricional (cantidad por ración):
Calorías 249; Grasas 20,3 g; Carbohidratos 5,9 g; Azúcar 1,2 g; Proteínas 11,1 g; Colesterol 52 mg

Chuletas de cerdo con mantequilla de hierbas

Tiempo de preparación: 5 minutos; Tiempo de cocción: 15 minutos; Servir: 2
Ingredientes:
- 4 chuletas de cerdo
- 1 cucharada de perejil fresco picado
- 4 dientes de ajo rallados
- 1 cucharada de aceite de oliva
- 1 cucharada de mantequilla de hierbas
- Pimienta
- Sal

Direcciones:
1. Precaliente la freidora de aire cosori a 350 F.
2. En un bol pequeño, mezcle la mantequilla de hierbas, el aceite de oliva, el ajo, el perejil, la pimienta y la sal.
3. Frote la mezcla de mantequilla de hierbas sobre las chuletas de cerdo y colóquelas en el frigorífico durante 1 hora.
4. Coloque las chuletas de cerdo marinadas en la cesta de la freidora de aire y cocine durante 7 minutos. Gire las chuletas de cerdo y cocínelas durante 8 minutos.
5. Servir y disfrutar.

Valor nutricional (cantidad por ración):
Calorías 599; Grasas 48,1 g; Carbohidratos 2,3 g; Azúcar 0,1 g; Proteínas 37,5 g; Colesterol 143 mg

Hamburguesas de cerdo picantes

Tiempo de preparación: 5 minutos; Tiempo de cocción: 10 minutos; Servir: 8
Ingredientes:
- 1 libra de carne de cerdo molida
- 1/4 de cucharadita de tomillo seco
- 1/2 cucharadita de cebolla en polvo
- 1/2 cucharadita de mejorana seca
- 1 cucharadita de pimienta roja triturada
- 1 cucharadita de salvia
- Pimienta
- Sal

Direcciones:
1. Añada todos los ingredientes en el bol de la batidora y mézclelos hasta que estén bien combinados.
2. Haga 8 hamburguesas iguales con la mezcla y colóquelas en la cesta de la freidora.

3. Cocine las hamburguesas a 400 F durante 10 minutos. Voltee las hamburguesas a la mitad.
4. Servir y disfrutar.

Valor nutricional (cantidad por ración):
Calorías 87; Grasa 2 g; Carbohidratos 1,4 g; Azúcar 0,8 g; Proteínas 15 g; Colesterol 41 mg

Lomo de cerdo a las hierbas

Tiempo de preparación: 5 minutos; Tiempo de cocción: 40 minutos; Servir: 6

Ingredientes:
- 3 libras de lomo de cerdo cortado por la mitad
- 1 1/2 cucharadita de hierbas de Provenza
- 1 cucharada de aceite de oliva
- 1/2 cucharadita de sal de ajo
- 1/4 de cucharadita de pimienta

Direcciones:
1. Unte la carne con aceite de oliva y sazone con pimienta, sal de ajo y hierbas de Provenza.
2. Coloque la carne en la cesta de la freidora de aire y cocine a 360 F durante 25 minutos. Déle la vuelta a la carne y cocínela durante 15 minutos más.
3. Servir y disfrutar.

Valor nutricional (cantidad por ración):
Calorías 572; Grasas 34 g; Carbohidratos 0,2 g; Azúcar 0,1 g; Proteínas 62,2 g; Colesterol 181 mg

Lomo de cerdo a las hierbas

Tiempo de preparación: 10 minutos; Tiempo de cocción: 15 minutos; Servir: 2

Ingredientes:
- 1 lomo de cerdo, cortado en trozos
- 1 pimiento morrón, cortado en tiras
- 2 cucharaditas de hierbas de Provenza
- 1/4 de cucharadita de ajo en polvo
- 1/4 de cucharadita de cebolla en polvo
- 1/2 cucharada de mostaza
- 1 cebolla, cortada en rodajas
- 1 cucharada de aceite de oliva
- Pimienta
- Sal

Direcciones:
1. Precaliente la freidora de aire cosori a 390 F.
2. En un bol, mezcle el pimiento, la hierba de Provenza, la cebolla, el pimiento y la sal. Añadir 1/2 cucharada de aceite y mezclar bien.
3. Sazone el lomo de cerdo con mostaza, cebolla en polvo, ajo en polvo, pimienta y sal. Cubra el lomo de cerdo con el aceite restante.
4. Coloque los trozos de solomillo de cerdo en la sartén de la freidora de aire y cubra con la mezcla de pimientos.
5. Coloque la sartén en la cesta de la freidora de aire y cocine durante 15 minutos. Remover a mitad de camino.
6. Servir y disfrutar.

Valor nutricional (cantidad por ración):
Calorías 352; Grasas 14,1 g; Carbohidratos 9,4 g; Azúcar 4,1 g; Proteínas 46,1 g; Colesterol 122 mg

Capítulo 5: Recetas de cordero

Jugosas y sabrosas chuletas de cordero

Tiempo de preparación: 10 minutos; Tiempo de cocción: 10 minutos; Servir: 1

Ingredientes:
- 1/3 de libra de chuleta de cordero
- 1 cucharada de hierbas frescas mezcladas, picadas
- 1/2 cucharada de aceite de oliva
- 1/2 cucharada de mostaza de Dijon
- Pimienta
5. Sal

Direcciones:
1. Sazonar la chuleta de cordero con pimienta y sal.
2. En un tazón pequeño, mezcle el aceite, la mostaza y las hierbas mixtas.
3. Unte la chuleta de cordero por ambos lados con la mezcla de aceite.
4. Coloque la chuleta de cordero en la cesta de la freidora de aire y cocine a 375 F durante 10 minutos. Déle la vuelta a mitad de camino.
5. Servir y disfrutar.

Valor nutricional (cantidad por ración):
Calorías 350; Grasas 18,5 g; Carbohidratos 1,2 g; Azúcar 0,1 g; Proteínas 43 g; Colesterol 136 mg

Chuletas de cordero al romero

Tiempo de preparación: 10 minutos; Tiempo de cocción: 12 minutos; Servir: 2

Ingredientes:
- 4 chuletas de cordero
- 2 cucharaditas de pasta de jengibre y ajo
- 2 cucharaditas de aceite de oliva
- 1 cucharadita de romero picado
- Pimienta
- Sal

Direcciones:
1. Añade las chuletas de cordero, la pasta de jengibre y ajo, el aceite, el romero, la pimienta y la sal en la bolsa con cierre.
2. Sellar la bolsa, agitarla bien y meterla en la nevera durante 1 hora.
3. Añada las chuletas de cordero marinadas en la cesta de la freidora de aire y cocínelas a 360 F durante 12 minutos. Déle la vuelta a mitad de camino.
4. Servir y disfrutar.

Valor nutricional (cantidad por ración):
Calorías 461; Grasas 22,3 g; Carbohidratos 3,4 g; Azúcar 0 g; Proteínas 64,2 g; Colesterol 203 mg

Chuletas de cordero al ajo de Dijon

Tiempo de preparación: 10 minutos; Tiempo de cocción: 17 minutos; Servir: 4

Ingredientes:
- 8 chuletas de cordero
- 1 cucharadita de pimienta de cayena
- 1 cucharadita de comino en polvo
- 1 cucharadita de ajo picado
- 1 cucharadita de salsa de soja
- 2 cucharaditas de aceite de oliva
- 2 cucharaditas de mostaza de Dijon
- 1/4 de cucharadita de sal

Direcciones:
1. Añade las chuletas de cordero y el resto de los ingredientes en la bolsa con cierre. Cierre la bolsa, agítela bien y métala en el frigorífico durante 30 minutos.
2. Coloque las chuletas de cordero marinadas en la cesta de la freidora de aire y cocine a 350 F durante 17 minutos. Gire las chuletas de cordero a mitad de camino.

3. Servir y disfrutar.

Valor nutricional (cantidad por ración):
Calorías 445; Grasas 19,1 g; Carbohidratos 0,9 g; Azúcar 0,1 g; Proteínas 63,6 g; Colesterol 203 mg

Sabroso cordero al comino

Tiempo de preparación: 10 minutos; Tiempo de cocción: 10 minutos; Servir: 4

Ingredientes:
- 1 libra de cordero, cortada en trozos de 1/2 pulgada
- 1/4 de cucharadita de Swerve
- 12 chiles rojos picados
- 1 cucharada de ajo picado
- 1 cucharada de salsa de soja
- 2 cucharadas de aceite de oliva
- 1/2 cucharadita de cayena
- 1 1/2 cucharadas de comino molido
- 1 cucharadita de sal kosher

Direcciones:
1. Añade los trozos de cordero y el resto de ingredientes en la bolsa con cierre. Sellar la bolsa, agitarla bien y meterla en la nevera durante 30 minutos.
2. Coloque los trozos de cordero marinados en la cesta de la freidora de aire y cocine a 360 F durante 10 minutos. Agite la cesta a mitad de camino.
3. Servir y disfrutar.

Valor nutricional (cantidad por ración):
Calorías 291; Grasas 16 g; Carbohidratos 3,3 g; Azúcar 0,8 g; Proteínas 32,8 g; Colesterol 102 mg

Jugosas y tiernas chuletas de cordero al limón y mostaza

Tiempo de preparación: 10 minutos; Tiempo de cocción: 15 minutos; Servir: 4

Ingredientes:
- 8 chuletas de cordero
- 1 cucharada de zumo de limón fresco
- 1 cucharadita de estragón
- 1/2 cucharadita de aceite de oliva
- 2 cucharadas de mostaza
- Pimienta
- Sal

Direcciones:
1. Precaliente la freidora de aire cosori a 390 F.
2. En un bol pequeño, mezcle el zumo de limón, el estragón, el aceite, la mostaza, la pimienta y la sal.
3. Unte las chuletas de cordero por ambos lados con la mezcla de zumo de limón.
4. Coloque las chuletas de cordero en la cesta de la freidora de aire y cocínelas durante 15 minutos. Dale la vuelta a mitad de camino.
5. Servir y disfrutar.

Valor nutricional (cantidad por ración):
Calorías 451; Grasas 18,7 g; Carbohidratos 2,1 g; Azúcar 0,5 g; Proteínas 64,6 g; Colesterol 203 mg

Albóndigas

Tiempo de preparación: 10 minutos; Tiempo de cocción: 12 minutos; Servir: 6

Ingredientes:
- 1 libra de cordero molido
- 1 zumo de limón
- 1 cucharada de eneldo seco
- 1 cucharada de romero seco
- 1 huevo ligeramente batido
- 1 libra de carne picada
- Pimienta
- Sal

Direcciones:

1. Rocíe la cesta de la freidora de aire con spray de cocina.
2. Añada todos los ingredientes en el bol de la batidora y mézclelos hasta que estén bien combinados.
3. Haga bolas de 1 pulgada con la mezcla y colóquelas en la cesta de la freidora de aire y cocínelas a 350 F durante 7 minutos.
4. Agitar la cesta y cocinar durante 5 minutos más.
5. Servir y disfrutar.

Valor nutricional (cantidad por ración):
Calorías 297; Grasas 11,1 g; Carbohidratos 0,9 g; Azúcar 0,2 g; Proteínas 45,3 g; Colesterol 163 mg

Filete de cordero picante

Tiempo de preparación: 10 minutos; Tiempo de cocción: 15 minutos; Servir: 4
Ingredientes:
- 1 libra de solomillo de cordero deshuesado
- 1 cucharadita de pimienta de cayena
- 1/2 cucharadita de cardamomo molido
- 1 cucharadita de canela molida
- 1 cucharadita de hinojo molido
- 1 cucharadita de garam masala
- 4 dientes de ajo
- 1 cucharada de jengibre
- 1/2 cebolla
- 1 cucharadita de sal kosher

Direcciones:
1. Añadir todos los ingredientes, excepto los filetes de cordero, en la batidora y batir hasta que se forme una pasta homogénea.
2. Añadir los filetes de cordero y la pasta mezclada en el recipiente y mezclar bien. Colocar en la nevera durante 30 minutos.
3. Rocíe la cesta de la freidora de aire con spray de cocina.
4. Coloque los filetes de cordero marinados en la cesta de la freidora de aire y cocínelos a 330 F durante 15 minutos. Déle la vuelta a mitad de camino.
5. Servir y disfrutar.

Valor nutricional (cantidad por ración):
Calorías 76; Grasas 2,3 g; Carbohidratos 4,6 g; Azúcar 0,7 g; Proteínas 9,7 g; Colesterol 0 mg

Asado de cordero

Tiempo de preparación: 10 minutos; Tiempo de cocción: 15 minutos; Servir: 2
Ingredientes:
- 10 onzas de pierna de cordero asada
- 1 cucharadita de tomillo seco
- 1 cucharadita de romero seco
- 1 cucharada de aceite de oliva
- Pimienta
- Sal

Direcciones:
1. Precaliente la freidora de aire cosori a 360 F.
2. En un bol pequeño, mezclar el aceite, el romero, el tomillo, la pimienta y la sal y frotar todo el asado de cordero.
3. Coloque el asado de cordero en la cesta de la freidora de aire y cocine durante 15 minutos.
4. Servir y disfrutar.

Valor nutricional (cantidad por ración):
Calorías 319; Grasas 16,6 g; Carbohidratos 0,7 g; Azúcar 0 g; Proteínas 40 g; Colesterol 123 mg

Chuletas de cordero griegas fáciles

Tiempo de preparación: 10 minutos; Tiempo de cocción: 10 minutos; Servir: 4

Ingredientes:
- 2 libras de chuletas de cordero
- 2 cucharaditas de ajo picado
- 2 cucharaditas de orégano seco
- 1/4 de taza de zumo de limón fresco
- 1/4 de taza de aceite de oliva
- Pimienta
- Sal

Direcciones:
1. En un bol, mezclar el zumo de limón, el aceite, el orégano, el ajo, la pimienta y la sal. Añadir las chuletas de cordero al bol y cubrirlas bien.
2. Añada las chuletas de cordero en la cesta de la freidora de aire y cocínelas a 400 F durante 10 minutos. Déle la vuelta a mitad de camino.
3. Servir y disfrutar.

Valor nutricional (cantidad por ración):
Calorías 538; Grasas 29,4 g; Carbohidratos 1,3 g; Azúcar 0,4 g; Proteínas 64 g; Colesterol 204 mg;

Deliciosas chuletas de cordero Zaatar

Tiempo de preparación: 10 minutos; Tiempo de cocción: 10 minutos; Servir: 4

Ingredientes:
- 8 chuletas de cordero, recortadas
- 1 cucharada de zaatar
- 1/2 limón
- 1 cucharadita de aceite de oliva
- 2 dientes de ajo machacados
- Pimienta
- Sal

Direcciones:
1. Precaliente la freidora de aire cosori a 400 F.
2. Frote las chuletas de cordero con ajo y aceite.
3. Exprima el zumo de limón sobre las chuletas de cordero y sazone con zaatar, pimienta y sal.
4. Coloque las chuletas de cordero en la cesta de la freidora y cocínelas durante 10 minutos. Dale la vuelta a mitad de camino.
5. Servir y disfrutar.

Valor nutricional (cantidad por ración):
Calorías 435; Grasas 17,9 g; Carbohidratos 1,2 g; Azúcar 0,2 g; Proteínas 63,4 g; Colesterol 203 mg

Chuletas de cordero fáciles y rápidas

Tiempo de preparación: 10 minutos; Tiempo de cocción: 5 minutos; Servir: 2

Ingredientes:
- 4 chuletas de cordero
- 1/2 cucharada de orégano fresco picado
- 1 1/2 cucharadas de aceite de oliva
- 1 diente de ajo picado
- Pimienta
- Sal

Direcciones:
1. Precaliente la freidora de aire cosori a 400 F.
2. Mezclar el ajo, el aceite de oliva, el orégano, la pimienta y la sal y frotar todo sobre las chuletas de cordero.
3. Coloque las chuletas de cordero en la cesta de la freidora y cocínelas durante 5 minutos.
4. Servir y disfrutar.

Valor nutricional (cantidad por ración):

Calorías 514; Grasas 27,1 g; Carbohidratos 1,3 g; Azúcar 0,1 g; Proteínas 63,4 g; Colesterol 203 mg

Chuletas de cordero a las hierbas secas

Tiempo de preparación: 10 minutos; Tiempo de cocción: 8 minutos; Servir: 4

Ingredientes:
- 1 libra de chuletas de cordero
- 1 cucharadita de orégano
- 1 cucharadita de tomillo
- 1 cucharadita de romero
- 2 cucharadas de zumo de limón fresco
- 2 cucharadas de aceite de oliva
- 1 cucharadita de cilantro
- 1 cucharadita de sal

Direcciones:
1. Añada todos los ingredientes, excepto las chuletas de cordero, en la bolsa con cierre hermético. Añade las chuletas de cordero a la bolsa con cierre.
2. Sellar la bolsa, agitarla bien y meterla en la nevera durante toda la noche.
3. Coloque las chuletas de cordero marinadas en la cesta de la freidora de aire y cocine a 390 F durante 8 minutos. Gire las chuletas de cordero a mitad de camino.
4. Servir y disfrutar.

Valor nutricional (cantidad por ración):
Calorías 276; Grasas 15,5 g; Carbohidratos 0,8 g; Azúcar 0,2 g; Proteínas 32 g; Colesterol 102 mg

Asado de cordero húmedo

Tiempo de preparación: 10 minutos; Tiempo de cocción: 1 hora 30 minutos; Servir: 4

Ingredientes:
- 2.75 lbs de pierna de cordero asada, haga cortes en la parte superior de la carne
- 2 dientes de ajo, cortados en rodajas
- 1 cucharada de aceite de oliva
- 1 cucharada de romero seco
- Pimienta
- Sal

Direcciones:
1. Rellenar las hendiduras con ajos cortados. Condimentar con pimienta y sal.
2. Mezclar el aceite y el romero y frotar toda la carne.
3. Coloque la carne en la cesta de la freidora de aire y cocine a 400 F durante 15 minutos.
4. Poner la temperatura a 320 F durante 1 hora y 15 minutos.
5. Servir y disfrutar.

Valor nutricional (cantidad por ración):
Calorías 670; Grasas 45 g; Carbohidratos 1,1 g; Azúcar 0 g; Proteínas 58,1 g; Colesterol 221 mg

Chuletas de cordero al tomillo

Tiempo de preparación: 10 minutos; Tiempo de cocción: 12 minutos; Servir: 4

Ingredientes:
- 4 chuletas de cordero
- 3 cucharadas de aceite de oliva
- 1 cucharada de tomillo seco
- 3 dientes de ajo picados
- Pimienta
- Sal

Direcciones:
1. Precaliente la freidora de aire cosori a 390 F.
2. En un bol pequeño, mezcle el tomillo, el aceite y el ajo.
3. Sazona las chuletas de cordero con pimienta y sal y frótalas con la mezcla de aceite y tomillo.

4. Coloque las chuletas en la cesta de la freidora y cocínelas durante 12 minutos. Déle la vuelta a mitad de camino.
5. Servir y disfrutar.

Valor nutricional (cantidad por ración):
Calorías 305; Grasas 18,8 g; Carbohidratos 1,2 g; Azúcar 0 g; Proteínas 31,8 g; Colesterol 101 mg

Chuletas de cordero al horno

Tiempo de preparación: 10 minutos; Tiempo de cocción: 30 minutos; Servir: 4

Ingredientes:
- 4 chuletas de cordero
- 1 1/2 cucharadita de estragón
- 1 1/2 cucharadita de jengibre
- 1 cucharadita de ajo en polvo
- 1 cucharadita de canela molida
- Pimienta
- Sal

Direcciones:
1. Añadir el ajo en polvo, la canela, el estragón, el jengibre, la pimienta y la sal en la bolsa con cierre y mezclar bien. Añade las chuletas de cordero en una bolsa.
2. Sellar la bolsa, agitarla bien y meterla en la nevera durante 2 horas.
3. Coloque las chuletas de cordero marinadas en la cesta de la freidora de aire y cocine a 375 F durante 20 minutos.
4. Dar la vuelta a las chuletas de cordero y cocinarlas 10 minutos más.
5. Servir y disfrutar.

Valor nutricional (cantidad por ración):
Calorías 216; Grasas 8,3 g; Carbohidratos 1,6 g; Azúcar 0,2 g; Proteínas 31,8 g; Colesterol 101 mg

Albóndigas

Tiempo de preparación: 10 minutos; Tiempo de cocción: 15 minutos; Servir: 4; Ingredientes:
- 1 libra de cordero molido
- 1 cucharadita de cebolla en polvo
- 1 cucharada de ajo picado
- 1 cucharadita de cilantro molido
- 1 cucharadita de comino molido
- Pimienta
- Sal

Direcciones:
1. Añadir todos los ingredientes en el bol grande y mezclar hasta que estén bien combinados.
2. Haga las albóndigas con la mezcla y colóquelas en la cesta de la freidora de aire y cocínelas a 400 F durante 15 minutos.
3. Servir y disfrutar.

Valor nutricional (cantidad por ración):
Calorías 218; Grasas 8,5 g; Carbohidratos 1,4 g; Azúcar 0,2 g; Proteínas 32,1 g; Colesterol 102 mg

Albóndigas

Tiempo de preparación: 10 minutos; Tiempo de cocción: 12 minutos; Servir: 4

Ingredientes:
- 4 onzas de carne de cordero molida
- 1 cucharada de orégano picado
- 1/2 cucharada de ralladura de limón
- 1 huevo ligeramente batido
- 1/4 de cucharadita de ajo en polvo
- 1/4 de cucharadita de cebolla en polvo
- Pimienta
- Sal

Direcciones:

1. Forrar la cesta de la freidora con papel pergamino.
2. Añade todos los ingredientes al bol y mézclalos hasta que estén bien combinados.
3. Haga las albóndigas con la mezcla y colóquelas en la cesta de la freidora de aire y cocínelas a 400 F durante 12 minutos.
4. Servir y disfrutar.

Valor nutricional (cantidad por ración):
Calorías 79; Grasas 5 g; Carbohidratos 1,2 g; Azúcar 0,3 g; Proteínas 6,8 g; Colesterol 61 mg

Albóndigas

Tiempo de preparación: 10 minutos; Tiempo de cocción: 15 minutos; Servir: 2
Ingredientes:
- 1/2 libra de cordero molido
- 1 clara de huevo
- 1/2 cucharada de aceite de oliva
- 1 diente de ajo picado
- 1/2 cucharada de cilantro picado
- 1/2 cucharada de albahaca picada
- 1 cucharada de perejil picado
- 2 oz de pavo
- 1/2 cucharadita de sal

Direcciones:
1. Precaliente la freidora de aire cosori a 320 F.
2. Añada todos los ingredientes en el bol de la batidora y mézclelos hasta que estén bien combinados.
3. Haga las albóndigas con la mezcla y colóquelas en la cesta de la freidora de aire y cocínelas durante 15 minutos.
4. Servir y disfrutar.

Valor nutricional (cantidad por ración):
Calorías 301; Grasas 13,3 g; Carbohidratos 0,8 g; Azúcar 0,2 g; Proteínas 42,1 g; Colesterol 124 mg

Hamburguesas de cordero

Tiempo de preparación: 10 minutos; Tiempo de cocción: 30 minutos; Servir: 4
Ingredientes:
- 1 libra de carne de cordero molida
- 1 huevo ligeramente batido
- 1/2 cucharada de ajo picado
- 1 cebolleta picada
- 1/4 de taza de harina de almendra
- 1 cucharada de albahaca picada
- 1 cucharada de cilantro picado
- Pimienta
- Sal

Direcciones:
1. Rocíe la cesta de la freidora de aire con spray de cocina.
2. Añade todos los ingredientes al bol y mézclalos hasta que estén bien combinados.
3. Haga pequeñas hamburguesas con la mezcla de carne y colóquelas en la cesta de la freidora de aire y cocínelas a 390 F durante 30 minutos. Gire las hamburguesas a mitad de camino.
4. Servir y disfrutar.

Valor nutricional (cantidad por ración):
Calorías 260; Grasas 17 g; Carbohidratos 1,1 g; Azúcar 0,2 g; Proteínas 23 g; Colesterol 121 mg

Chuletas de cordero picantes

Tiempo de preparación: 10 minutos; Tiempo de cocción: 24 minutos; Servir: 3
Ingredientes:
- 6 chuletas de cordero
- 1/2 cucharadita de ajo picado

- 1/2 chile verde picado
- 1/4 de taza de perejil fresco picado
- 1 1/2 cucharadas de aceite de oliva
- 1/2 zumo de lima
- Pimienta
- Sal

Direcciones:
1. Rocíe la cesta de la freidora de aire con spray de cocina.
2. Añade las chuletas de cordero en un bol con el resto de los ingredientes y cúbrelas bien.
3. Coloque las chuletas de cordero en la cesta de la freidora de aire y cocine a 400 F durante 24 minutos. Gire las chuletas de cordero a mitad de camino.
4. Servir y disfrutar.

Valor nutricional (cantidad por ración):
Calorías 468; Grasas 22,9 g; Carbohidratos 1,2 g; Azúcar 0,2 g; Proteínas 61,1 g; Colesterol 195 mg

Chuletas de cordero al limón y a la albahaca

Tiempo de preparación: 10 minutos; Tiempo de cocción: 24 minutos; Servir: 4
Ingredientes:
- 4 chuletas de cordero
- 1 diente de ajo picado
- 1/2 taza de albahaca picada
- 1 cucharada de aceite de oliva
- 1/2 zumo de limón
- Pimienta
- Sal

Direcciones:
1. Rocíe la cesta de la freidora de aire con spray de cocina.
2. Añade el aceite, el zumo de limón, el ajo, la albahaca, la pimienta y la sal en la batidora y bate hasta que quede suave.
3. Poner las chuletas de cordero en un bol. Vierta la mezcla sobre las chuletas de cordero y frótelas bien.
4. Coloque las chuletas de cordero en la cesta de la freidora de aire y cocine a 400 F durante 24 minutos. Gire las chuletas de cordero a mitad de camino.
5. Servir y disfrutar.

Valor nutricional (cantidad por ración):
Calorías 143; Grasas 11,8 g; Carbohidratos 0,5 g; Azúcar 0,1 g; Proteínas 31,8 g; Colesterol 101 mg

Cordero al limón y pimienta

Tiempo de preparación: 10 minutos; Tiempo de cocción: 20 minutos; Servir: 4
Ingredientes:
- 1 libra de carne de cordero, cortada en cubos
- 1 cucharada de zumo de limón
- 1/4 de cucharadita de romero seco
- 1/2 cucharada de orégano seco
- 1/2 pimiento rojo, cortado en trozos
- 1/2 pimiento verde cortado en trozos
- 1/2 cucharada de vinagre
- 1/2 cucharada de ajo picado
- 2 cucharadas de aceite de oliva
- Pimienta
- Sal

Direcciones:
1. Rocíe la cesta de la freidora de aire con spray de cocina.
2. Añade todos los ingredientes en el bol grande y mézclalos bien.
3. Transfiera la mezcla de carne a la cesta de la freidora de aire y cocine a 380 F durante 20 minutos.
4. Servir y disfrutar.

Valor nutricional (cantidad por ración):

Calorías 304; Grasas 22,2 g; Carbohidratos 3,1 g; Azúcar 1,5 g; Proteínas 21,5 g; Colesterol 80 mg

Albóndigas

Tiempo de preparación: 10 minutos; Tiempo de cocción: 30 minutos; Servir: 4
Ingredientes:
- 1 libra de cordero molido
- 2 ajos picados
- 1/2 cucharada de tomillo picado
- 1/4 de taza de piñones, tostados y picados
- 1 huevo ligeramente batido
- 1 cucharada de aceite de oliva
- Pimienta
- Sal

Direcciones:
1. Añade todos los ingredientes al bol y mézclalos hasta que estén bien combinados.
2. Haga las albóndigas con la mezcla de carne y colóquelas en la cesta de la freidora de aire y cocínelas a 380 F durante 30 minutos. Gire las albóndigas a mitad de camino.
3. Servir y disfrutar.

Valor nutricional (cantidad por ración):
Calorías 317; Grasas 18,8 g; Carbohidratos 1,9 g; Azúcar 0,4 g; Proteínas 34,5 g; Colesterol 143 mg

Chuletas de cordero griegas

Tiempo de preparación: 10 minutos; Tiempo de cocción: 30 minutos; Servir: 4
Ingredientes:
- 4 chuletas de cordero
- 3 dientes de ajo
- 1/4 de taza de albahaca
- 2 cucharadas de aceite de oliva
- 2 cucharadas de zumo de limón
- 1/2 cucharada de semillas de cilantro
- 1/2 cucharada de comino molido
- Pimienta
- Sal

Direcciones:
1. Rocíe la cesta de la freidora de aire con spray de cocina.
2. Añade todos los ingredientes, excepto la carne, en la batidora y bátelos hasta que queden homogéneos.
3. Frote la mezcla sobre las chuletas de cordero.
4. Coloque las chuletas de cordero en la cesta de la freidora de aire y cocine a 380 F durante 30 minutos. Dale la vuelta a las chuletas de cordero a mitad de camino.
5. Servir y disfrutar.

Valor nutricional (cantidad por ración):
Calorías 227; Grasas 13,5 g; Carbohidratos 1,3 g; Azúcar 0,2 g; Proteínas 24,3 g; Colesterol 77 mg

Chuletas de cordero a las hierbas

Tiempo de preparación: 10 minutos; Tiempo de cocción: 30 minutos; Servir: 4
Ingredientes:
- 4 chuletas de cordero
- 2 dientes de ajo picados
- 1/2 cucharadita de tomillo picado
- 1 cucharada de romero picado
- 1 cucharada de aceite de oliva
- 1/8 cucharadita de cayena
- Pimienta
- Sal

Direcciones:
1. Rocíe la cesta de la freidora de aire con spray de cocina.
2. Añade las chuletas de cordero en el bol con el resto de los ingredientes y cúbrelas bien.

3. Coloque las chuletas de cordero en la cesta de la freidora de aire y cocine a 380 F durante 30 minutos. Dale la vuelta a las chuletas de cordero a mitad de camino.
4. Servir y disfrutar.

Valor nutricional (cantidad por ración):
Calorías 194; Grasas 9,9 g; Carbohidratos 1,2 g; Azúcar 0 g; Proteínas 24 g; Colesterol 77 mg

Albóndigas

Tiempo de preparación: 10 minutos; Tiempo de cocción: 12 minutos; Servir: 4
Ingredientes:
- 4 oz de cordero molido
- 1/2 cucharada de ralladura de limón
- 1 huevo ligeramente batido
- 1 cucharada de orégano picado
- 1/4 de cucharadita de tomillo seco
- Pimienta
- Sal

Direcciones:
1. Rocíe la cesta de la freidora de aire con spray de cocina.
2. Añade todos los ingredientes al bol y mézclalos hasta que estén bien combinados.
3. Haga las albóndigas con la mezcla y colóquelas en la cesta de la freidora de aire y cocínelas a 400 F durante 12 minutos.
4. Servir y disfrutar.

Valor nutricional (cantidad por ración):
Calorías 73; Grasas 3,3 g; Carbohidratos 1 g; Azúcar 0,2 g; Proteínas 9,5 g; Colesterol 66 mg

Chuletas de cordero al ajo y a las hierbas

Tiempo de preparación: 10 minutos; Tiempo de cocción: 30 minutos; Servir: 4
Ingredientes:
- 4 chuletas de cordero
- 1/2 cucharada de cebollino picado
- 2 cucharadas de mostaza
- 2 dientes de ajo picados
- 1/2 cucharada de orégano picado
- 1/2 cucharada de albahaca picada
- 1 cucharadita de aceite de oliva
- Pimienta
- Sal

Direcciones:
1. Rocíe la cesta de la freidora de aire con spray de cocina.
2. Añade las chuletas de cordero en el bol con el resto de los ingredientes y cúbrelas bien.
3. Coloque las chuletas de cordero en la cesta de la freidora de aire y cocine a 380 F durante 30 minutos. Dale la vuelta a las chuletas de cordero a mitad de camino.
4. Servir y disfrutar.

Valor nutricional (cantidad por ración):
Calorías 199; Grasas 9,1 g; Carbohidratos 2,9 g; Azúcar 0,4 g; Proteínas 25,5 g; Colesterol 77 mg

Chuletas de cordero picantes

Tiempo de preparación: 10 minutos; Tiempo de cocción: 20 minutos; Servir: 4
Ingredientes:
- 4 chuletas de cordero
- 1/2 cucharadita de chile en polvo
- 1 cucharada de ajo picado
- 1 cucharada de aceite de oliva
- 1/4 de cucharadita de pimentón
- 1/4 de cucharadita de cayena
- Pimienta
- Sal

Direcciones:
1. Añade las chuletas de cordero en el bol con el resto de ingredientes y cúbrelas bien.

2. Coloque las chuletas de cordero en la cesta de la freidora de aire y cocine a 390 F durante 20 minutos. Gire las chuletas de cordero a mitad de camino.
3. Servir y disfrutar.

Valor nutricional (cantidad por ración):
Calorías 193; Grasas 9,8 g; Carbohidratos 1 g; Azúcar 0,1 g; Proteínas 24,1 g; Colesterol 77 mg

Hamburguesas griegas de cordero

Tiempo de preparación: 10 minutos; Tiempo de cocción: 20 minutos; Servir: 4
Ingredientes:
- 1 1/2 libras de cordero molido
- 1/3 de taza de queso feta desmenuzado
- 1 cucharadita de orégano
- 1/4 de cucharadita de condimento italiano
- 1/4 de cucharadita de pimienta
- 1/2 cucharadita de sal

Direcciones:
1. Precaliente la freidora de aire cosori a 375 F.
2. Añade todos los ingredientes al bol y mézclalos hasta que estén bien combinados.
3. Haga cuatro hamburguesas iguales con la mezcla de carne y colóquelas en la cesta de la freidora.
4. Cocine las hamburguesas durante 20 minutos. Gire las hamburguesas a mitad de camino.
5. Servir y disfrutar.

Valor nutricional (cantidad por ración):
Calorías 352; Grasas 15,3 g; Carbohidratos 0,9 g; Azúcar 0,6 g; Proteínas 49,6 g; Colesterol 164 mg

Chuletas de cordero a la mostaza

Tiempo de preparación: 10 minutos; Tiempo de cocción: 15 minutos; Servir: 4
Ingredientes:
- 8 chuletas de cordero
- 1/2 cucharadita de aceite de oliva
- 1 1/2 cucharadas de mostaza de Dijon
- 1 1/2 cucharadas de zumo de limón fresco
- Pimienta
- Sal

Direcciones:
1. Precaliente la freidora de aire cosori a 390 F.
2. En un bol pequeño, mezcle la mostaza, el zumo de limón y el aceite de oliva.
3. Unte las chuletas de cordero con la mezcla de mostaza y colóquelas en la cesta de la freidora.
4. Cocinar las chuletas de cordero durante 15 minutos. Darles la vuelta a mitad de camino.
5. Servir y disfrutar.

Valor nutricional (cantidad por ración):
Calorías 327; Grasas 13,3 g; Carbohidratos 0,5 g; Azúcar 0,2 g; Proteínas 48,1 g; Colesterol 153 mg

Capítulo 6: Bocadillos y aperitivos

Aceitunas de hierbas asadas

Tiempo de preparación: 10 minutos; Tiempo de cocción: 5 minutos; Servir: 4

Ingredientes:
- 2 tazas de aceitunas
- 1/2 cucharadita de semillas de hinojo secas
- 1/2 cucharadita de orégano seco
- 1/2 cucharadita de pimienta roja triturada
- 2 cucharaditas de ajo picado
- 2 cucharadas de aceite de oliva
- Pimienta
- Sal

Direcciones:
1. Añada las aceitunas y el resto de los ingredientes en el bol y mézclelos bien.
2. Añada las aceitunas en la cesta de la freidora de aire y cocínelas a 300 F durante 5 minutos.
3. Servir y disfrutar.

Valor nutricional (cantidad por ración):
Calorías 142; Grasas 14,3 g; Carbohidratos 5,1 g; Azúcar 0 g; Proteínas 0,7 g; Colesterol 0 mg

Dip de cangrejo con queso

Tiempo de preparación: 10 minutos; Tiempo de cocción: 12 minutos; Servir: 8

Ingredientes:
- 8 oz de carne de cangrejo en trozos
- 1 cucharada de condimento italiano
- 1/2 taza de queso cheddar rallado
- 1/4 de taza de mayonesa
- 1/4 de taza de crema agria
- 4 oz de queso crema

Direcciones:
1. Rocíe un plato apto para la freidora con aceite en aerosol y resérvelo.
2. En un tazón, mezcle la carne de cangrejo, el condimento italiano, el queso cheddar, la mayonesa, la crema agria y el queso crema.
3. Vierta la mezcla de carne de cangrejo en el plato preparado.
4. Coloque el plato en la cesta de la freidora de aire y cocine a 320 F durante 12 minutos.
5. Servir y disfrutar.

Valor nutricional (cantidad por ración):
Calorías 156; Grasas 12,3 g; Carbohidratos 2,7 g; Azúcar 0,7 g; Proteínas 8,9 g; Colesterol 58 mg

Nueces asadas

Tiempo de preparación: 10 minutos; Tiempo de cocción: 5 minutos; Servir: 6

Ingredientes:
- 2 tazas de nueces
- 1/4 de cucharadita de chile en polvo
- 1 cucharadita de aceite de oliva
- Pimienta
- Sal

Direcciones:
1. Agregue las nueces, el chile en polvo, el aceite, la pimienta y la sal en el tazón de mezcla y mezcle bien.
2. Añada las nueces en la cesta de la freidora de aire y cocínelas a 320 F durante 5 minutos.
3. Servir y disfrutar.

Valor nutricional (cantidad por ración):
Calorías 265; Grasas 25,4 g; Carbohidratos 4,2 g; Azúcar 0,5 g; Proteínas 10 g; Colesterol 0 mg

Champiñones rellenos de queso

Tiempo de preparación: 10 minutos; Tiempo de cocción: 5 minutos; Servir: 3

Ingredientes:
- 12 setas pequeñas
- 1 cucharadita de cebollino picado
- 4 oz de queso crema
- 2 cucharadas de mantequilla derretida
- 4 rebanadas de tocino, cocidas y desmenuzadas
- Pimienta
- Sal

Direcciones:
1. En un tazón pequeño, mezcle el queso crema, el cebollino, la mantequilla, el tocino, la pimienta y la sal.
2. Rellenar los champiñones con la mezcla de queso crema.
3. Coloque los champiñones en la cesta de la freidora de aire y cocínelos a 350 F durante 5 minutos.
4. Servir y disfrutar.

Valor nutricional (cantidad por ración):
Calorías 397; Grasas 32,2 g; Carbohidratos 10,6 g; Azúcar 4,9 g; Proteínas 21,1 g; Colesterol 90 mg

Patatas fritas de zanahoria con parmesano

Tiempo de preparación: 10 minutos; Tiempo de cocción: 15 minutos; Servir: 4

Ingredientes:
- 6 zanahorias peladas y cortadas en forma de patatas fritas
- 2 cucharadas de queso parmesano rallado
- 2 cucharadas de ajo picado
- 2 cucharadas de aceite de oliva
- Pimienta
- Sal

Direcciones:
1. En un bol, mezcle las zanahorias fritas, el queso parmesano, el ajo, el aceite, la pimienta y la sal.
2. Añada las patatas fritas de zanahoria en la cesta de la freidora de aire y cocínelas a 350 F durante 15 minutos. Voltee las papas a mitad de camino.
3. Servir y disfrutar.

Valor nutricional (cantidad por ración):
Calorías 126; Grasas 8,5 g; Carbohidratos 10,7 g; Azúcar 4,5 g; Proteínas 3,3 g; Colesterol 5 mg

Rellenos de jalapeños

Tiempo de preparación: 10 minutos; Tiempo de cocción: 7 minutos; Servir: 10

Ingredientes:
- 10 chiles jalapeños, cortados por la mitad, retirar las semillas y las membranas
- 1/4 de cucharadita de pimentón
- 1/2 cucharadita de chile en polvo
- 1 cucharadita de comino molido
- 1 cucharadita de ajo en polvo
- 1/2 taza de queso cheddar rallado
- 4 oz de queso crema
- 1 cucharadita de sal

Direcciones:
1. En un tazón pequeño, mezcle el queso crema, el queso cheddar, el ajo en polvo, el comino, el chile en polvo, el pimentón y la sal.
2. Rellena cada mitad de jalapeño con la mezcla de queso crema.
3. Coloque los chiles jalapeños rellenos en la canasta de la freidora de aire y cocine a 350 F durante 7 minutos.
4. Servir y disfrutar.

Valor nutricional (cantidad por ración):
Calorías 71; Grasas 6,1 g; Carbohidratos 1,8 g; Azúcar 0,6 g; Proteínas 2,6 g; Colesterol 18 mg

Dip de cangrejo picante

Tiempo de preparación: 10 minutos; Tiempo de cocción: 7 minutos; Servir: 4
Ingredientes:
- 1 taza de carne de cangrejo
- 2 cucharadas de perejil picado
- 2 cucharadas de zumo de limón
- 2 cucharadas de salsa picante
- 1/2 taza de cebolletas verdes picadas
- 2 tazas de queso jalapeño jack rallado
- 1/4 de taza de mayonesa
- Pimienta
- Sal

Direcciones:
1. Rocíe un plato apto para la freidora con aceite en aerosol y resérvelo.
2. En un bol, mezcle la carne de cangrejo, la salsa picante, las cebolletas verdes, el queso, la mayonesa, la pimienta y la sal.
3. Vierta la mezcla de carne de cangrejo en el plato preparado.
4. Coloque el plato en la cesta de la freidora de aire y cocine a 400 F durante 7 minutos.
5. Una vez hecho esto, añadir el zumo de limón y remover bien.
6. Adornar con perejil y servir.

Valor nutricional (cantidad por ración):
Calorías 283; Grasas 22,3 g; Carbohidratos 5,5 g; Azúcar 2 g; Proteínas 15 g; Colesterol 58 mg

Patatas fritas de calabacín crujientes

Tiempo de preparación: 10 minutos; Tiempo de cocción: 10 minutos; Servir: 4
Ingredientes:
- 2 calabacines medianos, cortados en forma de patatas fritas
- 1/2 cucharadita de ajo en polvo
- 1 cucharadita de condimento italiano
- 1/2 taza de queso parmesano rallado
- 1/2 taza de harina de almendra
- 1 huevo ligeramente batido
- Pimienta
- Sal

Direcciones:
1. Rocíe la cesta de la freidora de aire con spray de cocina.
2. En un plato llano, mezcle la harina de almendras, el queso, el condimento italiano, el ajo en polvo, la pimienta y la sal.
3. En un recipiente poco profundo, añada el huevo.
4. Sumergir las patatas fritas de calabacín en el huevo y pasarlas por la mezcla de harina de almendras.
5. Coloque los calabacines fritos recubiertos en la cesta de la freidora de aire y cocínelos a 400 F durante 10 minutos.
6. Servir y disfrutar.

Valor nutricional (cantidad por ración):
Calorías 93; Grasas 5,7 g; Carbohidratos 4,8 g; Azúcar 2 g; Proteínas 7,4 g; Colesterol 50 mg

Chips de calabacín saludables

Tiempo de preparación: 10 minutos; Tiempo de cocción: 30 minutos; Servir: 2
Ingredientes:
- 2 calabacines medianos, cortados en rodajas de 1/4 de pulgada de grosor
- 1/2 cucharadita de ajo en polvo
- 1/2 taza de queso parmesano rallado

- 1 cucharada de romero picado
- 1/4 de taza de aceite de oliva
- Pimienta
- Sal

Direcciones:
1. En un bol, mezcle las rodajas de calabacín con el ajo en polvo, el queso, el romero, el aceite, la pimienta y la sal.
2. Coloque las rodajas de calabacín en la cesta de la freidora de aire y cocine a 300 F durante 30 minutos.
3. Servir y disfrutar.

Valor nutricional (cantidad por ración):
Calorías 255; Grasas 31,2 g; Carbohidratos 9,1 g; Azúcar 3,6 g; Proteínas 10,6 g; Colesterol 18 mg

Poblanos rellenos de pollo

Tiempo de preparación: 10 minutos; Tiempo de cocción: 15 minutos; Servir: 6

Ingredientes:
- 3 chiles poblanos, cortados por la mitad y sin semillas
- 2 oz de queso cheddar rallado
- 1 1/2 taza de salsa de espinacas y alcachofas
- 1 taza de pechuga de pollo, cocida y picada

Direcciones:
1. En un bol pequeño, mezcle el pollo, la salsa de espinacas y alcachofas y la mitad del queso cheddar.
2. Rellena los chiles poblanos con la mezcla de pollo.
3. Coloque los pimientos poblanos rellenos en la cesta de la freidora. Espolvorea el queso restante sobre los pimientos.
4. Cocinar a 350 F durante 12-15 minutos.
5. Servir y disfrutar.

Valor nutricional (cantidad por ración):
Calorías 91; Grasas 5,6 g; Carbohidratos 3 g; Azúcar 1,5 g; Proteínas 7,1 g; Colesterol 24 mg

Chips de calabacín con rancho

Tiempo de preparación: 10 minutos; Tiempo de cocción: 15 minutos; Servir: 2

Ingredientes:
- 1 huevo
- 2 calabacines medianos, cortados en rodajas finas
- 1 cucharadita de condimento ranchero
- 1 cucharadita de perejil
- 1 cucharadita de eneldo
- Pimienta
- Sal

Direcciones:
1. En un bol pequeño, mezcle el condimento ranchero, el perejil, el eneldo, la pimienta y la sal.
2. Unte las rodajas de calabacín con huevo y espolvoree con la mezcla de condimento ranchero.
3. Coloque las rodajas de calabacín en la cesta de la freidora de aire y cocine a 380 F durante 10 minutos.
4. Dar la vuelta a las rodajas de calabacín y cocinar durante 5 minutos más.
5. Servir y disfrutar.

Valor nutricional (cantidad por ración):
Calorías 69; Grasas 2,6 g; Carbohidratos 7,1 g; Azúcar 3,6 g; Proteínas 5,3 g; Colesterol 82 mg

Tofu crujiente

Tiempo de preparación: 10 minutos; Tiempo de cocción: 15 minutos; Servir: 4
Ingredientes:
- 16 oz de tofu extrafuerte, prensado y cortado en cubos
- 1 cucharadita de aceite de sésamo
- 1 cucharada de vinagre de arroz
- 2 cucharadas de salsa de soja

Direcciones:
1. En un bol, mezclar el tofu, el aceite de sésamo, el vinagre y la salsa de soja. Déjelo marinar durante 15 minutos.
2. Rocíe la cesta de la freidora de aire con spray de cocina.
3. Saque el tofu de la marinada y colóquelo en la cesta de la freidora de aire y cocínelo a 400 F durante 15 minutos. Voltee el tofu después de 10 minutos.
4. Servir y disfrutar.

Valor nutricional (cantidad por ración):
Calorías 120; Grasas 7,7 g; Carbohidratos 2,9 g; Azúcar 0,7 g; Proteínas 11,7 g; Colesterol 0 mg

Floretes de coliflor crujientes

Tiempo de preparación: 10 minutos; Tiempo de cocción: 15 minutos; Servir: 5
Ingredientes:
- 1 cabeza de coliflor mediana, cortada en ramilletes
- 1/2 cucharadita de condimento de laurel viejo
- 1/4 de cucharadita de pimentón
- 1 cucharada de ajo picado
- 3 cucharadas de aceite de oliva
- Pimienta
- Sal

Direcciones:
1. En un bol, mezcle la coliflor con el resto de los ingredientes.
2. Añada los ramilletes de coliflor en la cesta de la freidora y cocínelos a 400 F durante 15 minutos. Revuelva después de cada 5 minutos.
3. Servir y disfrutar.

Valor nutricional (cantidad por ración):
Calorías 104; Grasas 8,5 g; Carbohidratos 6,7 g; Azúcar 2,8 g; Proteínas 2,4 g; Colesterol 0 mg

Espárragos a la parmesana

Tiempo de preparación: 10 minutos; Tiempo de cocción: 5 minutos; Servir: 2
Ingredientes:
- 1 huevo ligeramente batido
- 10 espárragos, recortados y con los extremos leñosos cortados
- 1 cucharada de crema de leche
- 1/3 de taza de queso parmesano rallado
- 1/3 de taza de harina de almendra
- 1/2 cucharadita de pimentón
- 1/2 cucharadita de sal

Direcciones:
1. Rocíe la cesta de la freidora de aire con spray de cocina.
2. En un plato llano, bata el huevo y la nata hasta que se mezclen bien.
3. En un plato aparte, mezcle la harina de almendras, el queso parmesano, el pimentón y la sal.
4. Sumergir los espárragos en la mezcla de huevo y luego pasarlos por la mezcla de harina de almendras.

5. Coloque los espárragos recubiertos en la cesta de la freidora de aire y cocine a 350 F durante 5 minutos.
6. Servir y disfrutar.

Valor nutricional (cantidad por ración):
Calorías 166; Grasas 11,3 g; Carbohidratos 7 g; Azúcar 2,7 g; Proteínas 12,3 g; Colesterol 105 mg

Sabrosos bocados de coliflor con búfalo

Tiempo de preparación: 10 minutos; Tiempo de cocción: 15 minutos; Servir: 4

Ingredientes:
- 8 oz de floretes de coliflor
- 1 cucharadita de pimienta de cayena
- 1 cucharadita de chile en polvo
- 6 cucharadas de harina de almendra
- 1 cucharadita de aceite de oliva
- 1 cucharadita de ajo picado
- 1 tomate, cortado en dados
- Pimienta
- Sal

Direcciones:
1. Precaliente la freidora de aire cosori a 350 F.
2. Rocíe la cesta de la freidora de aire con spray de cocina.
3. Añade el tomate, el ajo, la pimienta negra, el aceite de oliva, la pimienta de cayena y el chile en polvo a la batidora y bátelo todo hasta que quede suave.
4. Añadir los ramilletes de coliflor en el bol grande. Condimentar con pimienta y sal.
5. Verter la mezcla de tomate sobre los ramilletes de coliflor y cubrirlos bien.
6. Recubrir los ramilletes de coliflor con harina de almendras.
7. Coloque los ramilletes de coliflor recubiertos en la cesta de la freidora de aire y cocine durante 15 minutos. Agite la cesta dos veces.
8. Servir y disfrutar.

Valor nutricional (cantidad por ración):
Calorías 42; Grasas 2,3 g; Carbohidratos 4,9 g; Azúcar 1,9 g; Proteínas 1,8 g; Colesterol 0 mg

Chips de remolacha

Tiempo de preparación: 10 minutos; Tiempo de cocción: 15 minutos; Servir: 4

Ingredientes:
- 2 remolachas, lavadas, peladas y cortadas en rodajas finas
- 1 cucharadita de aceite de oliva
- Pimienta
- Sal

Direcciones:
1. Sazonar las rodajas de remolacha con pimienta y sal.
2. Precaliente la freidora de aire cosori a 300 F.
3. Colocar las rodajas de remolacha en la cesta de la freidora y rociarlas con aceite.
4. Cocer durante 15 minutos. Agitar la cesta cada 5 minutos.
5. Servir y disfrutar.

Valor nutricional (cantidad por ración):
Calorías 32; Grasas 1,3 g; Carbohidratos 5 g; Azúcar 4 g; Proteínas 0,8 g; Colesterol 0 mg

Coles de Bruselas a la parmesana

Tiempo de preparación: 10 minutos; Tiempo de cocción: 12 minutos; Servir: 4

Ingredientes:
- 1 libra de coles de Bruselas, cortadas por los tallos y partidas por la mitad
- 1/4 de taza de queso parmesano rallado
- 1 cucharada de aceite de oliva

- Pimienta
- Sal

Direcciones:
1. Precaliente la freidora de aire cosori a 350 F.
2. Mezcle las coles de Bruselas con el aceite, la pimienta y la sal en el recipiente.
3. Ponga las coles de Bruselas en la cesta de la freidora y cocínelas durante 12 minutos. Agite la cesta a mitad de camino.
4. Cubra con queso y sirva.

Valor nutricional (cantidad por ración):
Calorías 107; Grasas 5,8 g; Carbohidratos 10,6 g; Azúcar 2,5 g; Proteínas 6,7 g; Colesterol 6 mg

Dip de cangrejo picante

Tiempo de preparación: 10 minutos; Tiempo de cocción: 7 minutos; Servir: 4

Ingredientes:
- 1 taza de cangrejo cocido
- 2 cucharadas de perejil fresco picado
- 2 cucharadas de zumo de limón fresco
- 2 tazas de queso cheddar rallado
- 1/4 de taza de mayonesa
- 2 cucharadas de salsa picante
- 1/8 cucharadita de cayena
- 1/2 cucharadita de chile en polvo
- 1 cucharadita de pimienta
- 1/2 cucharadita de sal

Direcciones:
1. Rocíe un plato apto para la freidora con aceite en aerosol y resérvelo.
2. Añadir todos los ingredientes, excepto el perejil y el zumo de limón, en el bol de la batidora y mezclar bien.
3. Vierta la mezcla en el plato preparado. Coloque el plato en la cesta de la freidora de aire y cocine a 400 F durante 7 minutos.
4. Añadir el perejil y el zumo de limón. Remover bien.
5. Servir y disfrutar.

Valor nutricional (cantidad por ración):
Calorías 321; Grasas 24,4 g; Carbohidratos 5,2 g; Azúcar 1,5 g; Proteínas 20,4 g; Colesterol 93 mg

Sabores del Pollo Tandoori

Tiempo de preparación: 10 minutos; Tiempo de cocción: 15 minutos; Servir: 4

Ingredientes:
- 1 libra de filetes de pollo, cortados por la mitad
- 1/4 de taza de perejil picado
- 1 cucharada de ajo picado
- 1 cucharada de jengibre picado
- 1 cucharadita de pimentón
- 1 cucharadita de garam masala
- 1 cucharadita de cúrcuma
- 1 cucharadita de pimienta de cayena
- 1/4 de taza de yogur
- 1 cucharadita de sal

Direcciones:
1. Precaliente la freidora de aire Cosori a 350 F.
2. Añadir todos los ingredientes en el bol grande y mezclar bien. Colocar en la nevera durante 30 minutos.
3. Rocíe la cesta de la freidora de aire con spray de cocina.
4. Añada el pollo marinado en la cesta de la freidora y cocínelo durante 15 minutos. Dale la vuelta al pollo después de 10 minutos.
5. Servir y disfrutar.

Valor nutricional (cantidad por ración):

Calorías 240; Grasas 8,9 g; Carbohidratos 3,9 g; Azúcar 1,3 g; Proteínas 34,2 g; Colesterol 102 mg

Alitas de pollo asiáticas

Tiempo de preparación: 10 minutos; Tiempo de cocción: 30 minutos; Servir: 2
Ingredientes:
- 4 alas de pollo
- 1 cucharada de salsa de soja
- 1 cucharada de especias chinas
- 1 cucharadita de especias mixtas
- Pimienta
- Sal

Direcciones:
1. Añada las alas de pollo en el bol de mezcla. Añada el resto de los ingredientes y mezcle bien.
2. Transfiera las alitas de pollo a la cesta de la freidora de aire y cocínelas a 350 F durante 30 minutos. Déle la vuelta a mitad de camino.
3. Servir y disfrutar.

Valor nutricional (cantidad por ración):
Calorías 392; Grasas 15,2 g; Carbohidratos 0,9 g; Azúcar 0,2 g; Proteínas 59 g; Colesterol 178 mg

Kabab de pollo

Tiempo de preparación: 10 minutos; Tiempo de cocción: 6 minutos; Servir: 3
Ingredientes:
- 1 libra de pollo molido
- 2 cebollas verdes picadas
- 1 huevo ligeramente batido
- 1/3 de taza de perejil fresco picado
- 2 dientes de ajo
- 4 onzas de cebolla picada
- 1/4 de cucharadita de cúrcuma en polvo
- 1/2 cucharadita de pimienta negra
- 1 cucharada de zumo de limón fresco
- 1/4 de taza de harina de almendra

Direcciones:
1. Rocíe la cesta de la freidora de aire con spray de cocina.
2. Añada todos los ingredientes en el procesador de alimentos y procese hasta que estén bien combinados.
3. Transfiera la mezcla de pollo al recipiente y póngala en el refrigerador durante 30 minutos.
4. Dividir la mezcla en las 6 porciones iguales y enrollar alrededor de las brochetas.
5. Coloque la brocheta en la cesta de la freidora de aire y cocínela a 400 F durante 6 minutos.
6. Servir y disfrutar.

Valor nutricional (cantidad por ración):
Calorías 348; Grasas 14 g; Carbohidratos 6,4 g; Azúcar 2,2 g; Proteínas 47,1 g; Colesterol 189 mg

Albóndigas

Tiempo de preparación: 10 minutos; Tiempo de cocción: 10 minutos; Servir: 4
Ingredientes:
- 1 libra de pollo molido
- 1 cucharada de salsa de soja
- 1 cucharada de salsa hoisin
- 1/2 taza de cilantro fresco picado
- 2 cebollas verdes picadas
- 1/4 de taza de coco rallado
- 1 cucharadita de aceite de sésamo
- 1 cucharadita de sriracha
- Pimienta
- Sal

Direcciones:
1. Rocíe la cesta de la freidora de aire con spray de cocina.
2. Añadir todos los ingredientes en el bol grande y mezclar hasta que estén bien combinados.
3. Haga las albóndigas con la mezcla y colóquelas en la cesta de la freidora de aire y cocínelas a 350 F durante 10 minutos. Déle la vuelta a mitad de camino.
4. Servir y disfrutar.

Valor nutricional (cantidad por ración):
Calorías 258; Grasas 11,4 g; Carbohidratos 3,7 g; Azúcar 1,7 g; Proteínas 33,5 g; Colesterol 101 mg

Sabrosos filetes de pollo

Tiempo de preparación: 10 minutos; Tiempo de cocción: 12 minutos; Servir: 4

Ingredientes:
- 1 libra de filetes de pollo
- 1 huevo ligeramente batido
- 1/2 cucharadita de pimentón
- 1 taza de pacanas, trituradas
- 1/4 de taza de mostaza molida
- 1 cucharadita de pimienta
- 1 cucharadita de sal

Direcciones:
1. Rocíe la cesta de la freidora de aire con spray de cocina.
2. Añadir el pollo en el bol grande. Condimentar con pimentón, pimienta y sal. Añadir la mostaza y mezclar bien.
3. En un bol aparte, añadir el huevo y batirlo bien.
4. En un plato llano, añada las pacanas trituradas.
5. Sumergir el pollo en el huevo y luego cubrirlo con las nueces trituradas.
6. Coloque las piezas de pollo recubiertas en la cesta de la freidora de aire y cocine a 350 F durante 12 minutos. Déle la vuelta a mitad de camino.
7. Servir y disfrutar.

Valor nutricional (cantidad por ración):
Calorías 304; Grasas 14,9 g; Carbohidratos 4,5 g; Azúcar 0,9 g; Proteínas 37,1 g; Colesterol 142 mg

Albóndigas

Tiempo de preparación: 10 minutos; Tiempo de cocción: 10 minutos; Servir: 6

Ingredientes:
- 2 libras de pechuga de pollo molida
- 1/2 taza de queso ricotta
- 2 huevos ligeramente batidos
- 1/4 de taza de perejil fresco picado
- 1/2 taza de harina de almendra
- 1 cucharadita de pimienta
- 2 cucharaditas de sal

Direcciones:
1. Rocíe la cesta de la freidora de aire con spray de cocina.
2. Añada todos los ingredientes en el bol grande y mézclelos hasta que estén bien combinados.
3. Haga las albóndigas con la mezcla y colóquelas en la cesta de la freidora de aire y cocínelas a 380 F durante 10 minutos. Agite la cesta dos veces.
4. Servir y disfrutar.

Valor nutricional (cantidad por ración):
Calorías 227; Grasas 5,6 g; Carbohidratos 2,1 g; Azúcar 0,3 g; Proteínas 42,6 g; Colesterol 155 mg

Fichas de taro fácil

Tiempo de preparación: 10 minutos; Tiempo de cocción: 20 minutos; Servir: 2
Ingredientes:
- 8 taros pequeños, pelados y cortados en forma de patatas fritas
- 1 cucharada de aceite de oliva
- Pimienta
- Sal

Direcciones:
1. Poner las patatas fritas de taro en un bol para mezclar. Rocíe con aceite de oliva y sazone con pimienta y sal.
2. Añada las patatas fritas de taro en la cesta de la freidora de aire y cocínelas a 360 F durante 20 minutos. Revuelva a mitad de camino.
3. Servir y disfrutar.

Valor nutricional (cantidad por ración):
Calorías 96; Grasas 7 g; Carbohidratos 8,7 g; Azúcar 0,1 g; Proteínas 0,1 g; Colesterol 0 mg

Buñuelos de brócoli

Tiempo de preparación: 10 minutos; Tiempo de cocción: 30 minutos; Servir: 4
Ingredientes:
- 2 huevos ligeramente batidos
- 2 dientes de ajo picados
- 3 tazas de ramilletes de brócoli, al vapor y picados
- 2 tazas de queso cheddar rallado
- 1/4 de taza de harina de almendra
- Pimienta
- Sal

Direcciones:
1. Forrar la cesta de la freidora con papel pergamino.
2. Añadir todos los ingredientes en el bol grande y mezclar hasta que estén bien combinados.
3. Haga hamburguesas con la mezcla de brócoli y colóquelas en la cesta de la freidora.
4. Cocine a 375 F durante 30 minutos. Voltee las hamburguesas a la mitad.
5. Servir y disfrutar.

Valor nutricional (cantidad por ración):
Calorías 295; Grasas 22 g; Carbohidratos 6,3 g; Azúcar 1,7 g; Proteínas 19,2 g; Colesterol 141 mg

Coles de Bruselas crujientes

Tiempo de preparación: 10 minutos; Tiempo de cocción: 14 minutos; Servir: 2
Ingredientes:
- 1/2 libra de coles de Bruselas, recortadas y cortadas por la mitad
- 1/2 cucharadita de chile en polvo
- 1/4 de cucharadita de cayena
- 1/2 cucharada de aceite de oliva
- Pimienta
- Sal

Direcciones:
1. Añade todos los ingredientes en el bol grande y mézclalos bien.
2. Coloque las coles de Bruselas en la cesta de la freidora de aire y cocínelas a 370 F durante 14 minutos. Revuelva a mitad de camino.
3. Servir y disfrutar.

Valor nutricional (cantidad por ración):
Calorías 82; Grasas 4 g; Carbohidratos 10,8 g; Azúcar 2,5 g; Proteínas 4 g; Colesterol 0 mg

Zanahorias asadas a las hierbas

Tiempo de preparación: 10 minutos; Tiempo de cocción: 20 minutos; Servir: 6

Ingredientes:
- 2 libras de zanahorias, peladas y cortadas en forma de patatas fritas
- 1 cucharadita de tomillo seco
- 3 cucharadas de aceite de oliva
- 2 cucharadas de perejil seco
- 1 cucharadita de orégano seco
- Pimienta
- Sal

Direcciones:
1. Poner las zanahorias en un bol grande. Añadir el resto de los ingredientes y mezclar bien.
2. Añada las zanahorias fritas en la cesta de la freidora de aire y cocínelas a 400 F durante 20 minutos. Revuelva a mitad de camino.
3. Servir y disfrutar.

Valor nutricional (cantidad por ración):
Calorías 124; Grasas 7,1 g; Carbohidratos 15,2 g; Azúcar 7,5 g; Proteínas 1,3 g; Colesterol 0 mg

Verduras fritas al aire sencillas

Tiempo de preparación: 10 minutos; Tiempo de cocción: 18 minutos; Servir: 4

Ingredientes:
- 1 taza de ramilletes de brócoli
- 1 taza de zanahorias en rodajas
- 1 taza de coliflor, cortada en ramilletes
- 1 cucharada de aceite de oliva
- Pimienta
- Sal

Direcciones:
1. Añade todas las verduras en un bol grande. Rociar con aceite de oliva y sazonar con pimienta y sal.
2. Transfiera las verduras a la cesta de la freidora de aire y cocine a 380 F durante 18 minutos. Revuelva a mitad de camino.
3. Servir y disfrutar.

Valor nutricional (cantidad por ración):
Calorías 55; Grasas 3,6 g; Carbohidratos 5,6 g; Azúcar 2,3 g; Proteínas 1,4 g; Colesterol 0 mg

Pecanas asadas saludables

Tiempo de preparación: 10 minutos; Tiempo de cocción: 6 minutos; Servir: 6

Ingredientes:
- 2 tazas de mitades de nueces
- 1 cucharada de mantequilla derretida
- Pimienta
- Sal

Direcciones:
1. Precaliente la freidora de aire cosori a 200 F.
2. Añadir las pacanas, la mantequilla y la sal en un bol y mezclar bien.
3. Ponga las pacanas en la cesta de la freidora y cocínelas durante 4-6 minutos. Revuelva después de cada 2 minutos.
4. Servir y disfrutar.

Valor nutricional (cantidad por ración):
Calorías 307; Grasas 31,7 g; Carbohidratos 6 g; Azúcar 1,5 g; Proteínas 4,5 g; Colesterol 5 mg

Albóndigas

Tiempo de preparación: 10 minutos; Tiempo de cocción: 25 minutos; Servir: 6

Ingredientes:
- 1 huevo
- 1 libra de pavo molido
- 1/4 de taza de harina de almendra
- 1/4 de taza de perejil fresco picado
- 1/4 de cebolla picada
- 1 diente de ajo picado
- 1/2 cucharadita de comino molido
- 1/2 cucharadita de orégano seco

- 1 cucharadita de menta picada
- 1/2 cucharadita de sal

Direcciones:
1. Rocíe la cesta de la freidora de aire con spray de cocina.
2. Añadir todos los ingredientes en el bol grande y mezclar hasta que estén bien combinados.
3. Haga las albóndigas con la mezcla y colóquelas en la cesta de la freidora de aire y cocínelas a 375 F durante 25 minutos. Agite la cesta a mitad de camino.
4. Servir y disfrutar.

Valor nutricional (cantidad por ración):
Calorías 169; Grasas 9,7 g; Carbohidratos 1,3 g; Azúcar 0,3 g; Proteínas 22,1 g; Colesterol 104 mg

Albóndigas de salchicha

Tiempo de preparación: 10 minutos; Tiempo de cocción: 15 minutos; Servir: 8

Ingredientes:
- 4 oz de carne de salchicha molida
- 3 cucharadas de harina de almendra
- 2 dientes de ajo picados
- 1 cebolla pequeña picada
- Pimienta
- Sal

Direcciones:
1. Rocíe la cesta de la freidora de aire con spray de cocina.
2. Añada todos los ingredientes en el bol de la batidora y mézclelos hasta que estén bien combinados.
3. Haga las albóndigas con la mezcla y colóquelas en la cesta de la freidora de aire y cocínelas a 360 F durante 15 minutos.
4. Servir y disfrutar.

Valor nutricional (cantidad por ración):
Calorías 101; Grasas 7,4 g; Carbohidratos 5,8 g; Azúcar 1 g; Proteínas 4,2 g; Colesterol 5 mg

Dip de pollo con queso

Tiempo de preparación: 10 minutos; Tiempo de cocción: 25 minutos; Servir: 10

Ingredientes:
- 2 tazas de pollo cocido, desmenuzado
- 6 oz de queso Monterey jack, rallado
- 4 cebollas picadas
- 2 cucharaditas de curry en polvo
- 12 onzas de queso crema
- 1/2 taza de almendras en rodajas
- 1/4 de taza de cilantro picado
- 1 taza de yogur
- 3 cucharadas de mantequilla derretida

Direcciones:
1. Rocíe un plato apto para la freidora con aceite en aerosol y resérvelo.
2. Añada todos los ingredientes en el bol de la batidora y mézclelos hasta que estén bien combinados.
3. Vierta la mezcla en el plato preparado.
4. Coloque el plato en la cesta de la freidora de aire y cocine a 300 F durante 25 minutos.
5. Servir y disfrutar.

Valor nutricional (cantidad por ración):
Calorías 303; Grasas 24,1 g; Carbohidratos 4,4 g; Azúcar 2,2 g; Proteínas 17,5 g; Colesterol 85 mg

Deliciosa salsa de gambas

Tiempo de preparación: 10 minutos; Tiempo de cocción: 8 minutos; Servir: 6

Ingredientes:

- 1 libra de camarones, pelados, desvenados y picados
- 1 taza de crema de leche
- 2 cucharadas de aceite de oliva
- 1 cucharadita de chile en polvo
- 1 cucharadita de cúrcuma en polvo

Direcciones:
1. Rocíe un plato apto para la freidora con aceite en aerosol y resérvelo.
2. Añada todos los ingredientes en el bol de la batidora y mézclelos hasta que estén bien combinados.
3. Vierta la mezcla en el plato preparado.
4. Coloque el plato en la cesta de la freidora de aire y cocine a 380 F durante 8 minutos.
5. Servir y disfrutar.

Valor nutricional (cantidad por ración):
Calorías 201; Grasas 13,5 g; Carbohidratos 2,2 g; Azúcar 0,1 g; Proteínas 17,7 g; Colesterol 187 mg

Patatas fritas de berenjena fáciles y rápidas

Tiempo de preparación: 10 minutos; tiempo de cocción: 8 minutos Servir: 2

Ingredientes:
- 1 berenjena, cortada en rodajas
- 1 cucharadita de aceite de oliva
- 1 cucharadita de salsa de soja
- Sal

Direcciones:
1. Rocíe la cesta de la freidora de aire con spray de cocina.
2. En un bol grande, mezcle la salsa de soja, el aceite y la sal.
3. Añadir las rodajas de berenjena al bol, remover para cubrirlas y dejarlas reposar durante 5 minutos.
4. Coloque las rodajas de berenjena en la cesta de la freidora de aire y cocine a 400 F durante 8 minutos. Gire a mitad de camino.
5. Servir y disfrutar.

Valor nutricional (cantidad por ración):
Calorías 65; Grasas 2,6 g; Carbohidratos 11,1 g; Azúcar 4,1 g; Proteínas 1,2 g; Colesterol 0 mg

Chips de rábano de lima

Tiempo de preparación: 10 minutos; Tiempo de cocción: 12 minutos; Servir: 2

Ingredientes:
- 1/2 libra de rábanos, cortados en rodajas finas
- 1/2 cucharada de zumo de lima
- 1/4 de cucharadita de chile en polvo
- 1/2 cucharada de aceite de oliva
- Pimienta
- Sal

Direcciones:
1. Rocíe la cesta de la freidora de aire con spray de cocina.
2. Añade todos los ingredientes en el bol grande y mézclalos bien.
3. Coloque los rábanos cortados en la cesta de la freidora de aire y cocínelos a 380 F durante 12 minutos.
4. Servir y disfrutar.

Valor nutricional (cantidad por ración):
Calorías 52; Grasas 3,7 g; Carbohidratos 5 g; Azúcar 2,3 g; Proteínas 0,9 g; Colesterol 0 mg

Sabrosas patatas fritas de zanahoria

Tiempo de preparación: 10 minutos; Tiempo de cocción: 15 minutos; Servir: 2

Ingredientes:

- 1/2 libra de zanahorias, peladas y cortadas en forma de patatas fritas
- 1/4 de cucharadita de comino
- 1/2 cucharada de aceite de oliva
- 1/4 de cucharadita de cebolla en polvo
- 1/4 de cucharadita de pimentón
- 1/4 de cucharadita de ajo en polvo
- 1/2 cucharadita de sal kosher

Direcciones:
1. Rocíe la cesta de la freidora de aire con spray de cocina.
2. En un tazón grande, agregue todos los ingredientes y mezcle hasta que estén bien cubiertos.
3. Ponga las zanahorias fritas en la cesta de la freidora de aire y cocínelas a 400 F durante 15 minutos. Revuelva a mitad de camino.
4. Servir y disfrutar.

Valor nutricional (cantidad por ración):
Calorías 80; Grasas 3,6 g; Carbohidratos 11,9 g; Azúcar 5,8 g; Proteínas 1,1 g; Colesterol 0 mg

Setas de hierbas aromáticas

Tiempo de preparación: 10 minutos; Tiempo de cocción: 14 minutos; Servir: 4
Ingredientes:
- 1 libra de champiñones
- 1 cucharadita de romero picado
- 1 cucharada de albahaca picada
- 1 diente de ajo picado
- 1/2 cucharada de vinagre
- 1/2 cucharadita de cilantro molido
- Pimienta
- Sal

Direcciones:
1. Rocíe la cesta de la freidora de aire con spray de cocina.
2. Añade todos los ingredientes en el bol grande y mézclalos bien.
3. Añada los champiñones en la cesta de la freidora de aire y cocínelos a 350 F durante 14 minutos. Agite la cesta a mitad de camino.
4. Servir y disfrutar.

Valor nutricional (cantidad por ración):
Calorías 27; Grasa 0,4 g; Carbohidratos 4,2 g; Azúcar 2 g; Proteínas 3,6 g; Colesterol 0 mg

Dip de pavo

Tiempo de preparación: 10 minutos; Tiempo de cocción: 25 minutos; Servir: 6
Ingredientes:
- 1 libra de pechuga de pavo, sin piel, sin hueso y picada
- 1 taza de tomates picados
- 1 cucharada de ajo picado
- 2 chalotas picadas
- 1 cucharada de aceite de oliva
- 1/4 de taza de crema de leche
- Pimienta
- Sal

Direcciones:
1. Rocíe un plato apto para la freidora con aceite en aerosol y resérvelo.
2. Añadir todos los ingredientes en el bol grande y mezclar hasta que estén bien combinados.
3. Vierta la mezcla en el plato preparado.
4. Coloque el plato en la cesta de la freidora de aire y cocine a 380 F durante 25 minutos.
5. Servir y disfrutar.

Valor nutricional (cantidad por ración):
Calorías 126; Grasas 5,5 g; Carbohidratos 5,5 g; Azúcar 3,5 g; Proteínas 13,4 g; Colesterol 39 mg

Chips de calabacín fáciles

Tiempo de preparación: 10 minutos; Tiempo de cocción: 16 minutos; Servir: 2
Ingredientes:
- 1 calabacín, cortado en rodajas de 1/8 de pulgada de grosor
- 1 cucharadita de condimento cajún
- 1 cucharada de aceite de oliva
- Pimienta
- Sal

Direcciones:
1. Rocíe la cesta de la freidora de aire con spray de cocina.
2. Añada todos los ingredientes al bol y mézclelos bien para cubrirlos.
3. Coloque las rodajas de calabacín en la cesta de la freidora de aire y cocine a 370 F durante 16 minutos. Gire a mitad de camino.
4. Servir y disfrutar.

Valor nutricional (cantidad por ración):
Calorías 76; Grasas 7,2 g; Carbohidratos 3,3 g; Azúcar 1,7 g; Proteínas 1,2 g; Colesterol 0 mg

Patatas fritas de boniato fáciles de hacer

Tiempo de preparación: 10 minutos; Tiempo de cocción: 20 minutos; Servir: 2
Ingredientes:
- 1 boniato, pelado y cortado en forma de patatas fritas
- 2 cucharaditas de aceite de oliva
- 1/4 de cucharadita de chile en polvo
- 1/4 de cucharadita de ajo en polvo
- Pimienta
- Sal

Direcciones:
1. Añade todos los ingredientes en el bol de la batidora y mézclalos bien.
2. Añada las patatas fritas de boniato en la cesta de la freidora de aire y cocínelas a 400 F durante 20 minutos. Déle la vuelta a mitad de camino.
3. Servir y disfrutar.

Valor nutricional (cantidad por ración):
Calorías 94; Grasas 4,8 g; Carbohidratos 12,3 g; Azúcar 3,8 g; Proteínas 1,3 g; Colesterol 0 mg

Patatas fritas de jícama saludables

Tiempo de preparación: 10 minutos; Tiempo de cocción: 20 minutos; Servir: 2
Ingredientes:
- 2 tazas de tiras de jícama
- 1/2 cucharadita de ajo en polvo
- 1/2 cucharadita de pimentón
- 2 cucharadas de aceite de oliva
- 1/2 cucharadita de cebolla en polvo
- 1/8 cucharadita de cayena
- 1/4 de cucharadita de chile en polvo

Direcciones:
1. Rocíe la cesta de la freidora de aire con spray de cocina.
2. Añada todos los ingredientes al bol y mézclelos bien para cubrirlos.
3. Agregue las tiras de jícama en la canasta de la freidora de aire y cocine a 400 F durante 20 minutos. Agite la cesta a mitad de camino.
4. Servir y disfrutar.

Valor nutricional (cantidad por ración):
Calorías 172; Grasas 14,2 g; Carbohidratos 12,5 g; Azúcar 3,5 g; Proteínas 1,3 g; Colesterol 0 mg

Bocados de coliflor crujiente

Tiempo de preparación: 10 minutos; Tiempo de cocción: 15 minutos; Servir: 4

Ingredientes:
- 1 libra de floretes de coliflor
- 1 cucharadita de semillas de sésamo
- 1 cucharadita de romero seco
- 1 1/2 cucharadita de ajo en polvo
- 1 cucharada de aceite de oliva
- Pimienta
- Sal

Direcciones:
1. Rocíe la cesta de la freidora de aire con spray de cocina.
2. Añada todos los ingredientes al bol y mézclelos bien para cubrirlos.
3. Añada los ramilletes de coliflor en la cesta de la freidora de aire y cocínelos a 400 F durante 15 minutos. Agite la cesta a mitad de camino.
4. Servir y disfrutar.

Valor nutricional (cantidad por ración):
Calorías 67; Grasas 4 g; Carbohidratos 7,2 g; Azúcar 3 g; Proteínas 2,6 g; Colesterol 0 mg

Bocados de salmón picante

Tiempo de preparación: 10 minutos; Tiempo de cocción: 12 minutos; Servir: 4

Ingredientes:
- 1 libra de filetes de salmón, sin espinas y en cubos
- 1/2 cucharadita de chile en polvo
- 2 cucharaditas de aceite de oliva
- 1/4 de cucharadita de pimienta de cayena
- Pimienta
- Sal

Direcciones:
1. Rocíe la cesta de la freidora de aire con spray de cocina.
2. Añade todos los ingredientes en el bol y mézclalos bien.
3. Coloque los cubos de salmón en la cesta de la freidora de aire y cocine a 350 F durante 12 minutos. Déle la vuelta a mitad de camino.
4. Servir y disfrutar.

Valor nutricional (cantidad por ración):
Calorías 171; Grasas 9,4 g; Carbohidratos 0,3 g; Azúcar 0 g; Proteínas 22,1 g; Colesterol 50 mg

Almendras tostadas saludables

Tiempo de preparación: 5 minutos; Tiempo de cocción: 8 minutos; Servir: 8

Ingredientes:
- 2 tazas de almendras
- 1 cucharada de ajo en polvo
- 1 cucharada de salsa de soja
- 1/4 de cucharadita de pimienta
- 1 cucharadita de pimentón
- Una pizca de cayena

Direcciones:
1. Rocíe la cesta de la freidora de aire con spray de cocina.
2. Añade la pimienta, el pimentón, el ajo en polvo, la cayena y la salsa de soja en un bol y remueve bien. Añadir las almendras y remover para cubrirlas.
3. Añada las almendras en la cesta de la freidora de aire y cocínelas a 320 F durante 6-8 minutos. Agite la cesta después de cada 2 minutos.
4. Servir y disfrutar.

Valor nutricional (cantidad por ración):
Calorías 143; Grasas 11,9 g; Carbohidratos 6,2 g; Azúcar 1,3 g; Proteínas 5,4 g; Colesterol 0 mg

Sabrosas rodajas de berenjena

Tiempo de preparación: 5 minutos; Tiempo de cocción: 20 minutos; Servir: 4

Ingredientes:
- 1 berenjena, cortada en rodajas de 1 pulgada
- 1/2 cucharadita de pimienta roja
- 1 cucharadita de ajo en polvo
- 1/2 cucharadita de condimento italiano
- 1 cucharadita de pimentón
- 2 cucharadas de aceite de oliva
- 1/8 cucharadita de cayena

Direcciones:
1. Añade todos los ingredientes en el bol grande y mézclalos bien.
2. Coloque las rodajas de berenjena en la cesta de la freidora de aire y cocine a 375 F durante 20 minutos. Gire las rodajas de berenjena a mitad de camino.
3. Servir y disfrutar.

Valor nutricional (cantidad por ración):
Calorías 99; Grasas 7,5 g; Carbohidratos 8,8 g; Azúcar 4,5 g; Proteínas 1,5 g; Colesterol 0 mg

Poppers de jalapeños fáciles

Tiempo de preparación: 10 minutos; Tiempo de cocción: 5 minutos; Servir: 5

Ingredientes:
- 10 chiles jalapeños frescos, cortados por la mitad y sin semillas
- 1/4 de taza de queso cheddar rallado
- 6 oz de queso crema, ablandado
- 3 rebanadas de tocino, cocidas y desmenuzadas
- 1/4 de cucharadita de cebolla en polvo
- 1/4 de cucharadita de ajo en polvo

Direcciones:
1. Rocíe la cesta de la freidora de aire con spray de cocina.
2. En un tazón, mezcle el tocino, el queso crema, el ajo en polvo, la cebolla en polvo y el queso cheddar.
3. Rellena cada mitad de jalapeño con la mezcla de queso y tocino.
4. Coloque los chiles jalapeños rellenos en la cesta de la freidora de aire y cocínelos a 370 F durante 5 minutos.
5. Servir y disfrutar.

Valor nutricional (cantidad por ración):
Calorías 216; Grasas 18,9 g; Carbohidratos 3,4 g; Azúcar 1,1 g; Proteínas 8,6 g; Colesterol 56 mg

Nuggets de brócoli fáciles

Tiempo de preparación: 10 minutos; Tiempo de cocción: 15 minutos; Servir: 4

Ingredientes:
- 2 tazas de ramilletes de brócoli, cocidos hasta que estén blandos
- 1 taza de queso cheddar rallado
- 1/4 de taza de harina de almendra
- 2 claras de huevo
- 1/8 cucharadita de sal

Direcciones:
1. Precaliente la freidora de aire cosori a 325 F.
2. Rocíe la cesta de la freidora de aire con spray de cocina.
3. Añade el brócoli cocido en el bol de la batidora y tritúralo con el pasapurés hasta obtener trozos pequeños. Añade el resto de los ingredientes y mézclalos bien.
4. Hacer pequeños nuggets con la mezcla de brócoli.
5. Coloque los nuggets de brócoli en la cesta de la freidora de aire y cocínelos durante 15 minutos. Déle la vuelta a mitad de camino.
6. Servir y disfrutar.

Valor nutricional (cantidad por ración):

Calorías 148; Grasas 10,4 g; Carbohidratos 3,9 g; Azúcar 1,1 g Proteínas 10,5 g; Colesterol 30 mg

Champiñones rellenos de cangrejo

Tiempo de preparación: 10 minutos; Tiempo de cocción: 8 minutos; Servir: 16

Ingredientes:
- 16 champiñones, limpios y con los tallos picados
- 2 oz de carne de cangrejo, picada
- 8 oz de queso crema, ablandado
- 2 dientes de ajo picados
- 1/2 cucharadita de chile en polvo
- 1/4 de cucharadita de cebolla en polvo
- 1/4 de taza de queso cheddar rallado
- 1/4 de cucharadita de pimienta

Direcciones:
1. En un tazón grande, mezcle el queso, los tallos de los hongos, el chile en polvo, la cebolla en polvo, la pimienta, la carne de cangrejo, el queso crema y el ajo hasta que estén bien combinados.
2. Rellenar los champiñones con la mezcla de queso.
3. Coloque los champiñones rellenos en la cesta de la freidora de aire y cocine a 370 F durante 8 minutos.
4. Servir y disfrutar.

Valor nutricional (cantidad por ración):
Calorías 65; Grasas 5,7 g; Carbohidratos 1,3 g; Azúcar 0,4 g; Proteínas 2,6 g; Colesterol 19 mg

Deliciosa salsa de pollo

Tiempo de preparación: 10 minutos; Tiempo de cocción: 20 minutos; Servir: 6

Ingredientes:
- 2 tazas de pollo cocido y desmenuzado
- 7,5 oz de queso crema, ablandado
- 4 cucharadas de salsa picante
- 1/4 de cucharadita de ajo en polvo
- 3/4 de taza de crema agria
- 1/4 de cucharadita de cebolla en polvo

Direcciones:
1. Precaliente la freidora de aire cosori a 325 F.
2. Añada todos los ingredientes en un bol y mézclelos hasta que estén bien combinados.
3. Vierta la mezcla en un plato apto para la freidora.
4. Coloque el plato en la cesta de la freidora de aire y cocine durante 20 minutos.
5. Servir y disfrutar.

Valor nutricional (cantidad por ración):
Calorías 258; Grasas 19,8 g; Carbohidratos 2,5 g; Azúcar 0,3 g; Proteínas 17,2 g; Colesterol 88 mg

Capítulo 7: Recetas de marisco

Camarones cajún fáciles

Tiempo de preparación: 10 minutos; Tiempo de cocción: 6 minutos; Servir: 2
Ingredientes:
- 1/2 libra de gambas, peladas y desvenadas
- 1 cucharada de aceite de oliva
- 1/4 de cucharadita de pimentón
- 1/2 cucharadita de condimento de laurel viejo
- 1/2 cucharadita de pimienta de cayena
- Una pizca de sal

Direcciones:
1. Precaliente la freidora de aire cosori a 390 F.
2. Añade las gambas y el resto de los ingredientes en el bol y remueve bien para cubrirlas.
3. Añada las gambas en la cesta de la freidora y cocínelas durante 6 minutos.
4. Servir y disfrutar.

Valor nutricional (cantidad por ración):
Calorías 197; Grasas 9 g; Carbohidratos 2,1 g; Azúcar 0,1 g; Proteínas 25,9 g; Colesterol 239 mg

Salmón tierno y jugoso

Tiempo de preparación: 10 minutos; Tiempo de cocción: 7 minutos; Servir: 2
Ingredientes:
- 2 filetes de salmón
- 2 cucharaditas de pimentón
- 2 cucharaditas de aceite de oliva
- Pimienta
- Sal

Direcciones:
1. Frote los filetes de salmón con aceite, pimentón, pimienta y sal.
2. Coloque los filetes en la cesta de la freidora de aire y cocine a 390 F durante 7 minutos.
3. Servir y disfrutar.

Valor nutricional (cantidad por ración):
Calorías 282; Grasas 15,9 g; Carbohidratos 1,2 g; Azúcar 0,2 g; Proteínas 34,9 g; Colesterol 78 mg

Cena de gambas y verduras

Tiempo de preparación: 10 minutos; Tiempo de cocción: 10 minutos; Servir: 4
Ingredientes:
- 1 libra de gambas jumbo, limpias y peladas
- 2 cucharadas de aceite de oliva
- 1 pimiento morrón, cortado en trozos de 1 pulgada
- 8 oz de calabaza amarilla, cortada en medias lunas de 1/4 de pulgada
- 1 calabacín mediano, cortado en medias lunas de 1/4 de pulgada
- 6 oz de salchicha, cocida y cortada en rodajas
- 1 cucharada de condimento cajún
- 1/4 de cucharadita de sal kosher

Direcciones:
1. Añade las gambas y el resto de los ingredientes en el bol grande y remueve bien para cubrirlas.
2. Precaliente la freidora de aire cosori a 400 F.
3. Añada la mezcla de gambas en la cesta de la freidora y cocine durante 10 minutos. Agita la cesta de la freidora 3 veces.
4. Servir y disfrutar.

Valor nutricional (cantidad por ración):

Calorías 312; Grasas 19,3 g; Carbohidratos 5,8 g; Azúcar 5,4 g; Proteínas 30,1 g; Colesterol 269 mg

Gambas al limón y al ajo

Tiempo de preparación: 10 minutos; Tiempo de cocción: 15 minutos; Servir: 3
Ingredientes:
- 1 libra de camarones, pelados y desvenados
- 1/4 de cucharadita de ajo en polvo
- 1 cucharada de aceite de oliva
- 1/2 limón fresco
- 2 cucharadas de perejil fresco picado
- Pimienta
- Sal

Direcciones:
1. Mezcle las gambas con ajo en polvo, aceite de oliva, pimienta y sal.
2. Añada las gambas en la cesta de la freidora y cocínelas a 400 F durante 12-15 minutos. Agite la cesta a mitad de camino.
3. Pasar las gambas a la fuente de servir.
4. Exprime el zumo de limón sobre las gambas.
5. Adornar con perejil y servir.

Valor nutricional (cantidad por ración):
Calorías 224; Grasas 7,3 g; Carbohidratos 3,6 g; Azúcar 0,3 g; Proteínas 34,7 g; Colesterol 318 mg

Pescado blanco al limón y al ajo

Tiempo de preparación: 10 minutos; Tiempo de cocción: 10 minutos; Servir: 2
Ingredientes:
- 12 oz de filetes de pescado blanco
- 1/2 cucharadita de cebolla en polvo
- 1/2 cucharadita de condimento de pimienta de limón
- 1/2 cucharadita de ajo en polvo
- Pimienta
- Sal

Direcciones:
1. Precaliente la freidora de aire cosori a 360 F.
2. Rocíe los filetes de pescado con aceite en aerosol y sazone con cebolla en polvo, condimento de pimienta de limón, ajo en polvo, pimienta y sal.
3. Coloque papel pergamino en el fondo de la cesta de la freidora de aire. Coloque los filetes de pescado en la cesta de la freidora de aire y cocine durante 6-10 minutos.
4. Servir y disfrutar.

Valor nutricional (cantidad por ración):
Calorías 298; Grasas 12,8 g; Carbohidratos 1,4 g; Azúcar 0,4 g; Proteínas 41,9 g; Colesterol 131 mg

Camarones de coco fáciles

Tiempo de preparación: 10 minutos; Tiempo de cocción: 8 minutos; Servir: 8
Ingredientes:
- 2 huevos ligeramente batidos
- 1 libra de gambas grandes, peladas y desvenadas
- 1 taza de coco en copos sin azúcar
- 1/4 de taza de harina de coco

Direcciones:
1. En un bol pequeño, añadir la harina de coco.
2. En un bol poco profundo, añadir los huevos. En otro cuenco poco profundo, añadir el coco en copos.
3. Pasar las gambas por harina de coco, luego por huevo y finalmente por coco en escamas.

4. Rocíe la cesta de la freidora de aire con spray de cocina.
   5. Coloque las gambas recubiertas en la cesta de la freidora y cocínelas a 400 F durante 6-8 minutos. Gire los camarones a mitad de camino.
   6. Servir y disfrutar.

Valor nutricional (cantidad por ración):
Calorías 112; Grasas 4,8 g; Carbohidratos 5,1 g; Azúcar 0,7 g; Proteínas 12,9 g; Colesterol 122 mg

Filetes de pescado blanco a la parmesana

Tiempo de preparación: 10 minutos; Tiempo de cocción: 10 minutos; Servir: 4

Ingredientes:
- 1 libra de filetes de pescado blanco
- 1/2 cucharadita de condimento de pimienta de limón
- 1/4 de taza de queso parmesano
- 1/4 de taza de harina de coco

Direcciones:
1. En un plato llano, mezcle la harina de coco, el queso parmesano y el condimento de pimienta de limón.
2. Rocíe los filetes de pescado blanco por ambos lados con spray de cocina.
3. Rebozar los filetes de pescado con la mezcla de harina de coco.
4. Coloque los filetes de pescado recubiertos en la cesta de la freidora de aire y cocine a 400 F durante 10 minutos. Gire los filetes de pescado a mitad de camino.
5. Servir y disfrutar.

Valor nutricional (cantidad por ración):
- Calorías 220; Grasas 10 g; Carbohidratos 0,9 g; Azúcar 0,1 g; Proteínas 29,9 g ;

Sabrosas fajitas de camarones

Tiempo de preparación: 10 minutos; Tiempo de cocción: 22 minutos; Servir: 12

Ingredientes:
- 1 libra de gambas sin cola
- 2 cucharadas de condimento para tacos
- 1/2 taza de cebolla picada
- 1 pimiento verde, cortado en dados
- 1 pimiento rojo, cortado en dados

Direcciones:
1. Rocíe la cesta de la freidora de aire con spray de cocina.
2. Agregue los camarones, el condimento para tacos, la cebolla y los pimientos en el tazón de mezcla y mezcle bien.
3. Coloque la mezcla de camarones en la cesta de la freidora de aire y cocine a 390 F durante 12 minutos.
4. Revuelva la mezcla de camarones y cocine por 10 minutos más.
5. Servir y disfrutar.

Valor nutricional (cantidad por ración):
Calorías 55; Grasa 0,8 g; Carbohidratos 2,7 g; Azúcar 1,2 g; Proteínas 9 g; Colesterol 80 mg

Salmón con jengibre y ajo

Tiempo de preparación: 10 minutos; Tiempo de cocción: 10 minutos; Servir: 2

Ingredientes:
- 2 filetes de salmón, sin espinas y sin piel
- 2 cucharadas de mirin
- 2 cucharadas de salsa de soja
- 1 cucharada de aceite de oliva
- 2 cucharadas de cebolletas picadas
- 1 cucharada de jengibre rallado
- 2 dientes de ajo picados

Direcciones:

1. Añade los filetes de salmón en la bolsa con cierre.
2. En un bol pequeño, mezcle el mirin, la salsa de soja, el aceite de oliva, las cebolletas, el jengibre y el ajo y viértalo sobre el salmón. Cierre la bolsa, agítela bien y métala en el frigorífico durante 30 minutos.
3. Coloque los filetes de salmón marinados en la cesta de la freidora de aire y cocine a 360 F durante 10 minutos.
4. Servir y disfrutar.

Valor nutricional (cantidad por ración):
Calorías 345; Grasas 18,2 g; Carbohidratos 11,6 g; Azúcar 4,5 g; Proteínas 36,1 g; Colesterol 78 mg

Sabrosos camarones al chipotle

Tiempo de preparación: 10 minutos; Tiempo de cocción: 8 minutos; Servir: 4
Ingredientes:
- 1 1/2 libras de camarones, pelados y desvenados
- 2 cucharadas de aceite de oliva
- 4 cucharadas de zumo de lima
- 1/4 cucharadita de comino molido
- 2 cucharaditas de chipotle en adobo

Direcciones:
1. Agrega los camarones, el aceite, el jugo de limón, el comino y el chipotle en una bolsa con cierre. Sella la bolsa, agítala bien y métela en la nevera durante 30 minutos.
2. Ensarte las gambas marinadas en las brochetas y coloque las brochetas en la cesta de la freidora.
3. Cocinar a 350 F durante 8 minutos.
4. Servir y disfrutar.

Valor nutricional (cantidad por ración):
Calorías 274; Grasas 10 g; Carbohidratos 6,4 g; Azúcar 0,7 g; Proteínas 39 g; Colesterol 359 mg

Salmón fácil y rápido

Tiempo de preparación: 10 minutos; Tiempo de cocción: 12 minutos; Servir: 2
Ingredientes:
- 2 filetes de salmón
- 1/2 cucharadita de salsa picante
- 3 cucharadas de aminos de coco
- 1 diente de ajo picado
- 1 cucharadita de jengibre rallado
- 1 cucharadita de semillas de sésamo tostadas

Direcciones:
1. Añade los filetes de salmón en la bolsa con cierre.
2. Mezclar la salsa picante, los aminos de coco, el ajo y el jengibre y verterlos sobre el salmón. Sellar la bolsa y meterla en el frigorífico durante 30 minutos.
3. Coloque los filetes de salmón marinados en la cesta de la freidora de aire y cocine a 400 F durante 6 minutos.
4. Déle la vuelta al salmón, úntelo con la marinada y cocínelo durante 6 minutos más o hasta que esté cocido.
5. Servir y disfrutar.

Valor nutricional (cantidad por ración):
Calorías 272; Grasas 11,8 g; Carbohidratos 6 g; Azúcar 0,1 g; Proteínas 35 g; Colesterol 78 mg

Empanadas de salmón saludables

Tiempo de preparación: 10 minutos; Tiempo de cocción: 7 minutos; Servir: 2

Ingredientes:
- 8 oz de filete de salmón, picado
- 1/4 de cucharadita de ajo en polvo
- 1 huevo ligeramente batido
- 1 limón, en rodajas
- 1/8 cucharadita de sal

Direcciones:
1. En un tazón, mezcle el salmón picado, el ajo en polvo, el huevo y la sal hasta que estén bien combinados.
2. Hacer dos hamburguesas con la mezcla de salmón.
3. Precaliente la freidora de aire cosori a 390 F.
4. Coloque el limón en rodajas en el fondo de la cesta de la freidora de aire y luego coloque las hamburguesas de salmón encima.
5. Cocinar las hamburguesas de salmón durante 7 minutos.
6. Servir y disfrutar.

Valor nutricional (cantidad por ración):
Calorías 191; Grasas 9,3 g; Carbohidratos 3,1 g; Azúcar 1 g; Proteínas 25,2 g; Colesterol 132 mg

Filetes de salmón al ajo y yogur

Tiempo de preparación: 10 minutos; Tiempo de cocción: 15 minutos; Servir: 2

Ingredientes:
- 2 filetes de salmón
- 1/2 cucharadita de ajo en polvo
- 1/4 de taza de yogur griego
- 1 cucharadita de zumo de limón fresco
- 1 cucharada de eneldo fresco picado
- 1 limón, en rodajas
- Pimienta
- Sal

Direcciones:
1. Coloque las rodajas de limón en el fondo de la cesta de la freidora.
2. Sazone los filetes de salmón con pimienta y sal y colóquelos sobre una rodaja de limón en la cesta de la freidora.
3. Cocine los filetes de salmón a 330 F durante 15 minutos.
4. Colocar los filetes de salmón cocidos en un plato de servir.
5. Mezclar el yogur, el eneldo, el zumo de limón y el ajo en polvo.
6. Verter la mezcla de yogur sobre el salmón cocido y servir.

Valor nutricional (cantidad por ración):
Calorías 277; Grasas 11,9 g; Carbohidratos 5,6 g; Azúcar 2,4 g; Proteínas 38,8 g; Colesterol 80 mg

Brochetas de camarones con ajo y lima

Tiempo de preparación: 10 minutos; Tiempo de cocción: 8 minutos; Servir: 2

Ingredientes:
- 1 taza de gambas crudas
- 1 zumo de lima
- 1 diente de ajo picado
- Pimienta
- Sal

Direcciones:
1. Precaliente la freidora de aire cosori a 350 F.
2. En un tazón, mezcle los camarones, el jugo de limón, el ajo, la pimienta y la sal.
3. Ensarte las gambas en las brochetas y colóquelas en la cesta de la freidora y cocínelas durante 8 minutos. Gire a mitad de camino.
4. Servir y disfrutar.

Valor nutricional (cantidad por ración):

Calorías 201; Grasas 2,8 g; Carbohidratos 4,9 g; Azúcar 0,4 g; Proteínas 37,2 g; Colesterol 342 mg

Pasteles de cangrejo saludables

Tiempo de preparación: 10 minutos; Tiempo de cocción: 10 minutos; Servir: 4

Ingredientes:
- 8 oz de carne de cangrejo en trozos
- 2 cucharadas de mantequilla derretida
- 2 cucharaditas de mostaza de Dijon
- 1 cucharada de mayonesa
- 1 huevo ligeramente batido
- 1/2 cucharadita de condimento de laurel viejo
- 1 cebolla verde, cortada en rodajas
- 2 cucharadas de perejil picado
- 1/4 de taza de harina de almendra
- Pimienta
- Sal

Direcciones:
1. Añada la carne de cangrejo, la mostaza, la mayonesa, el huevo, el condimento de laurel viejo, la cebolla verde, el perejil, la harina de almendras, la pimienta y la sal en el bol de la batidora y mézclelo todo bien.
2. Haga cuatro formas iguales de hamburguesas con la mezcla y colóquelas en un plato forrado con papel encerado y refrigere por 30 minutos.
3. Unte ambos lados de las hamburguesas con mantequilla derretida y colóquelas en la cesta de la freidora.
4. Cocine las hamburguesas a 350 F durante 10 minutos. Voltee a la mitad.
5. Servir y disfrutar.

Valor nutricional (cantidad por ración):
Calorías 136; Grasas 13,7 g; Carbohidratos 2,8 g; Azúcar 0,5 g; Proteínas 10,3 g; Colesterol 89 mg

Vieiras crujientes envueltas en bacon

Tiempo de preparación: 10 minutos; Tiempo de cocción: 8 minutos; Servir: 4

Ingredientes:
- 16 vieiras, limpias y secadas con toallas de papel
- 8 rebanadas de tocino, cortadas cada una por la mitad
- Pimienta
- Sal

Direcciones:
1. Precaliente la freidora de aire cosori a 400 F.
2. Coloque las rebanadas de tocino en la cesta de la freidora de aire y cocine durante 3 minutos. Gire a mitad de camino.
3. Envuelve cada vieira en una loncha de bacon y sujétala con un palillo. Condimentar con pimienta y sal.
4. Rocíe las vieiras con spray de cocina y colóquelas en la cesta de la freidora.
5. Cocinar las vieiras durante 8 minutos. Darles la vuelta a mitad de camino.
6. Servir y disfrutar.

Valor nutricional (cantidad por ración):
Calorías 311; Grasas 16,8 g; Carbohidratos 3,4 g; Azúcar 0 g; Proteínas 34,2 g; Colesterol 81 mg

Salmón con parmesano y albahaca

Tiempo de preparación: 10 minutos; Tiempo de cocción: 7 minutos; Servir: 4

Ingredientes:

- 4 filetes de salmón
- 3 cucharadas de queso parmesano rallado
- 5 hojas de albahaca fresca, picadas
- 3 cucharadas de mayonesa
- 1/2 zumo de limón
- Pimienta
- Sal

Direcciones:
1. Precaliente la freidora de aire cosori a 400 F.
2. Rocíe la cesta de la freidora de aire con spray de cocina.
3. Sazone el salmón con pimienta, zumo de limón y sal.
4. En un tazón pequeño, mezcle la chasa, la albahaca y la mayonesa.
5. Unte la mezcla de queso sobre los filetes de salmón. Coloque los filetes de salmón en la cesta de la freidora de aire y cocine durante 7 minutos.
6. Servir y disfrutar.

Valor nutricional (cantidad por ración):
Calorías 316; Grasas 17,1 g; Carbohidratos 3,2 g; Azúcar 0,8 g; Proteínas 38,3 g; Colesterol 89 mg

Crujientes y jugosas gambas cajún

Tiempo de preparación: 10 minutos; Tiempo de cocción: 10 minutos; Servir: 4
Ingredientes:
- 1 libra de camarones, pelados y desvenados
- 1 cucharada de aceite de oliva
- 1/2 cucharadita de condimento cajún
- 1 diente de ajo picado
- Pimienta
- Sal

Direcciones:
1. Añada las gambas, el aceite, el condimento cajún, el ajo, la pimienta y la sal en el recipiente. Mezclar bien y meter en el frigorífico durante 1 hora.
2. Agregue la mezcla de camarones en la canasta de la freidora de aire y cocine a 350 F por 8-10 minutos. Déle la vuelta a mitad de camino.
3. Servir y disfrutar.

Valor nutricional (cantidad por ración):
Calorías 166; Grasas 5,4 g; Carbohidratos 2 g; Azúcar 0 g; Proteínas 25,9 g; Colesterol 239 mg

Sabrosos filetes de bacalao al curry

Tiempo de preparación: 10 minutos; Tiempo de cocción: 10 minutos; Servir: 2
Ingredientes:
- 2 filetes de bacalao, descongelados y secados con una toalla de papel
- 1 cucharada de albahaca tailandesa, en rodajas
- 1/8 cucharadita de ajo en polvo
- 1/8 cucharadita de pimentón
- 1/4 de cucharadita de curry en polvo
- 1 cucharada de mantequilla derretida
- 1/8 cucharadita de sal marina

Direcciones:
1. En un tazón pequeño, mezcle el curry en polvo, el ajo en polvo, el pimentón y la sal y reserve.
2. Forre la cesta de la freidora con papel de aluminio.
3. Coloque los filetes de bacalao en la cesta de la freidora. Unte los filetes con mantequilla y espolvoréelos con la mezcla de especias secas.
4. Cocinar a 360 F durante 8 minutos. Rocíe con el resto de la mantequilla y cocine durante 2 minutos más.
5. Adornar con albahaca y servir.

Valor nutricional (cantidad por ración):
Calorías 143; Grasas 6,8 g; Carbohidratos 0,4 g; Azúcar 0,1 g; Proteínas 20,2 g; Colesterol 70 mg

Deliciosas gambas a la mantequilla

Tiempo de preparación: 10 minutos; Tiempo de cocción: 6 minutos; Servir: 4
Ingredientes:
- 12 gambas grandes, peladas y desvenadas
- 3 dientes de ajo picados
- 3 cucharadas de mantequilla derretida
- Pimienta
- Sal

Direcciones:
1. Precaliente la freidora de aire cosori a 360 F.
2. En un bol, añada las gambas, el ajo, la mantequilla, la pimienta y la sal y deje marinar las gambas durante 15 minutos.
3. Saque las gambas de la marinada y colóquelas en la cesta de la freidora y cocínelas durante 6 minutos.
4. Vierta la marinada reservada sobre las gambas y sirva.

Valor nutricional (cantidad por ración):
Calorías 99; Grasas 8,9 g; Carbohidratos 1 g; Azúcar 0 g; Proteínas 4 g; Colesterol 58 mg

Fajitas mexicanas de camarones

Tiempo de preparación: 10 minutos; Tiempo de cocción: 8 minutos; Servir: 4
Ingredientes:
- 1 libra de gambas jumbo, peladas y desvenadas
- 1 cucharadita de chile en polvo
- 1 cucharadita de pimentón
- 1 oz de condimento para fajitas
- 2 dientes de ajo picados
- 1 cucharada de aceite de oliva
- 1 cebolla, cortada en rodajas
- 1 pimiento amarillo, cortado en rodajas
- 1 pimiento rojo en rodajas

Direcciones:
1. Añada las gambas y el resto de los ingredientes en el bol grande y mézclelos bien.
2. Agregue la mezcla de camarones en la canasta de la freidora de aire y cocine a 400 F durante 8 minutos. Agite la cesta a mitad de camino.
3. Servir y disfrutar.

Valor nutricional (cantidad por ración):
Calorías 173; Grasas 3,9 g; Carbohidratos 13,6 g; Azúcar 6,3 g; Proteínas 21,4 g; Colesterol 233 mg

Salmón con costra de Dukkah

Tiempo de preparación: 10 minutos; Tiempo de cocción: 10 minutos; Servir: 2
Ingredientes:
- 1 cucharada de dukkah
- 12 oz de filetes de salmón
- Una pizca de sal

Direcciones:
1. Precaliente la freidora de aire cosori a 390 F.
2. Sazone el salmón con sal y espolvoree la dukkah sobre los filetes de salmón.
3. Coloque los filetes de salmón en la cesta de la freidora de aire y cocínelos durante 10 minutos.
4. Servir y disfrutar.

Valor nutricional (cantidad por ración):

Calorías 248; Grasas 12,3 g; Carbohidratos 0,8 g; Azúcar 0 g; Proteínas 33,8 g; Colesterol 75 mg

Vieiras al limón y al ajo

Tiempo de preparación: 10 minutos; Tiempo de cocción: 8 minutos; Servir: 4
Ingredientes:
- 1 libra de vieiras, secadas con toallas de papel
- 1 cucharadita de tomillo fresco
- 1 diente de ajo picado
- 2 cucharadas de zumo de limón fresco
- 1/4 de taza de aceite de oliva
- Pimienta
- Sal

Direcciones:
1. Sazonar las vieiras con pimienta y sal.
2. Rocíe la cesta de la freidora de aire con spray de cocina.
3. Añada las vieiras en la cesta de la freidora de aire y cocínelas a 400 F durante 5-8 minutos o hasta que la temperatura interna de las vieiras alcance los 120 F.
4. Pasar las vieiras a la fuente de servir.
5. Calentar el aceite de oliva en una sartén a fuego medio. Añade el ajo y saltéalo hasta que se ablande.
6. Añadir el zumo de limón y batir hasta que la salsa se caliente.
7. Vierta la mezcla de aceite de oliva sobre las vieiras cocidas.
8. Adornar con tomillo y servir.

Valor nutricional (cantidad por ración):
Calorías 212; Grasas 13,5 g; Carbohidratos 3,3 g; Azúcar 0,2 g; Proteínas 19,2 g; Colesterol 37 mg

Vieiras con limón y alcaparras

Tiempo de preparación: 10 minutos; Tiempo de cocción: 6 minutos; Servir: 2
Ingredientes:
- 8 vieiras grandes, limpias y secadas con una toalla de papel
- 1/2 cucharadita de ajo picado
- 1 cucharadita de ralladura de limón
- 2 cucharaditas de alcaparras picadas
- 2 cucharadas de perejil fresco picado
- 1/4 de taza de aceite de oliva
- Pimienta
- Sal

Direcciones:
1. Sazonar las vieiras con pimienta y sal.
2. Rocíe la cesta de la freidora de aire con spray de cocina.
3. Coloque las vieiras en la cesta de la freidora de aire y cocine a 400 F durante 6 minutos o hasta que la temperatura interna de las vieiras alcance los 120 F.
4. En un tazón pequeño, mezcle el aceite, el ajo, la ralladura de limón, las alcaparras y el perejil y rocíe sobre las vieiras y sirva.

Valor nutricional (cantidad por ración):
Calorías 325; Grasas 26,2 g; Carbohidratos 3,7 g; Azúcar 0,1 g; Proteínas 20,4 g; Colesterol 40 mg

Vieiras Cajún

Tiempo de preparación: 10 minutos; Tiempo de cocción: 6 minutos; Servir: 1
Ingredientes:
- 6 vieiras, limpias y secadas con una toalla de papel
- 1/2 cucharadita de condimento cajún
- Sal

Direcciones:

1. Precaliente la freidora de aire cosori a 400 F.
2. Forrar la cesta de la freidora con papel de aluminio y rociar con spray de cocina.
3. Coloque las vieiras en la cesta de la freidora.
4. Sazona las vieiras con el condimento cajún y la sal y cocina durante 6 minutos. Da la vuelta a las vieiras a mitad de camino.
5. Servir y disfrutar.

Valor nutricional (cantidad por ración):
Calorías 158; Grasas 1,4 g; Carbohidratos 4,3 g; Azúcar 0 g; Proteínas 30,2 g; Colesterol 59 mg

Sabrosos pasteles de cangrejo

Tiempo de preparación: 10 minutos; Tiempo de cocción: 10 minutos; Servir: 4

Ingredientes:
- 8 onzas de cangrejo en trozos
- 1 cucharadita de condimento de laurel viejo
- 1 cucharada de mostaza de Dijon
- 2 cucharadas de harina de almendra
- 2 cucharadas de mayonesa
- 2 cucharadas de cebolla verde picada
- 1/4 de taza de pimiento picado
- Pimienta
- Sal

Direcciones:
1. Añada el cangrejo en trozos y el resto de los ingredientes en el bol y mézclelos hasta que estén bien combinados.
2. Haga cuatro formas iguales de hamburguesas con la mezcla y colóquelas en la cesta de la freidora.
3. Rocíe la parte superior de las hamburguesas con spray de cocina.
4. Cocinar a 370 F durante 10 minutos.
5. Servir y disfrutar.

Valor nutricional (cantidad por ración):
Calorías 156; Grasas 14,2 g; Carbohidratos 6,7 g; Azúcar 1,5 g; Proteínas 11,6 g; Colesterol 34 mg

Salmón a las hierbas

Tiempo de preparación: 10 minutos; Tiempo de cocción: 5 minutos; Servir: 2

Ingredientes:
- 8 oz de filetes de salmón
- 2 cucharadas de aceite de oliva
- 1 cucharada de mantequilla de hierbas de limón
- 1/4 de cucharadita de pimentón
- 1 cucharadita de hierbas de Provenza
- Pimienta
- Sal

Direcciones:
1. En un bol pequeño, mezcle el pimentón, la hierba de Provenza, la pimienta y la sal.
2. Frote los filetes de salmón con la mezcla de aceite y especias.
3. Coloque los filetes de salmón en la cesta de la freidora de aire y cocine a 390 F durante 5-8 minutos.
4. Derrita la mantequilla de hierbas de limón y viértala sobre el salmón justo antes de servirlo.

Valor nutricional (cantidad por ración):
Calorías 305; Grasas 24,2 g; Carbohidratos 1,2 g; Azúcar 0 g; Proteínas 22,5 g; Colesterol 58 mg

Empanadas de salmón fáciles y rápidas

Tiempo de preparación: 10 minutos; Tiempo de cocción: 8 minutos; Servir: 6

Ingredientes:
- Lata de 14 oz de salmón, escurrida, sin espinas y picada
- 1 huevo ligeramente batido
- 2 cucharadas de cebolla verde picada
- 3 cucharadas de cilantro fresco picado
- Pimienta
- Sal

Direcciones:
1. Precaliente la freidora de aire cosori a 360 F.
2. Añada todos los ingredientes en el bol de la batidora y mézclelos hasta que estén bien combinados.
3. Rocíe ligeramente la cesta de la freidora con spray de cocina.
4. Haga seis formas iguales de hamburguesas con la mezcla y colóquelas en la cesta de la freidora.
5. Cocinar las hamburguesas durante 6-8 minutos. Darles la vuelta a mitad de camino.
6. Servir y disfrutar.

Valor nutricional (cantidad por ración):
Calorías 103; Grasas 4,7 g; Carbohidratos 0,2 g; Azúcar 0,1 g; Proteínas 14,1 g; Colesterol 64 mg

Gambas con verduras

Tiempo de preparación: 10 minutos; Tiempo de cocción: 10 minutos; Servir: 4

Ingredientes:
- 1 libra de camarones, pelados y desvenados
- 1 cucharadita de jengibre picado
- 1 cucharadita de ajo picado
- 2 cucharaditas de aceite de sésamo
- 2 cucharadas de aceite de oliva
- 4 cucharadas de salsa de soja
- 1 libra de champiñones, cortados en cuartos
- 1 pimiento verde en rodajas
- 1 libra de calabacines, cortados en trozos de un cuarto de pulgada

Direcciones:
1. Precaliente la freidora de aire cosori a 400 F.
2. Añada las gambas y el resto de los ingredientes en el bol y mézclelos bien.
3. Añada la mezcla de gambas en la cesta de la freidora y cocine durante 10 minutos. Agite la cesta a mitad de camino.
4. Servir y disfrutar.

Valor nutricional (cantidad por ración):
Calorías 278; Grasas 11,8 g; Carbohidratos 13,3 g; Azúcar 5,7 g; Proteínas 32,1 g; Colesterol 239 mg

Nutritivos filetes de salmón

Tiempo de preparación: 10 minutos; Tiempo de cocción: 10 minutos; Servir: 2

Ingredientes:
- 2 filetes de salmón
- 1/2 cucharadita de pimentón
- Una pizca de cardamomo molido
- Pimienta
- Sal

Direcciones:
1. Precaliente la freidora de aire cosori a 350 F.
2. Rocíe los filetes de salmón con aceite en aerosol y sazone con pimentón, cardamomo, pimienta y sal.
3. Coloque los filetes de salmón en la cesta de la freidora de aire y cocínelos durante 8-10 minutos o hasta que estén cocidos. Da la vuelta a los filetes de salmón a mitad de camino.
4. Servir y disfrutar.

Valor nutricional (cantidad por ración):
Calorías 238; Grasas 11,1 g; Carbohidratos 0,4 g; Azúcar 0,1 g; Proteínas 34,6 g; Colesterol 78 mg

Gambas a la cebolla y al pimiento

Tiempo de preparación: 10 minutos; Tiempo de cocción: 12 minutos; Servir: 4
Ingredientes:
- 1 libra de gambas, peladas, desvenadas y sin colas
- 1/8 cucharadita de pimienta de cayena
- 1/2 cucharadita de ajo en polvo
- 1 cucharadita de chile en polvo
- 1 cucharada de aceite de oliva
- 1/2 cebolla, cortada en trozos de 1 pulgada
- 1 pimiento rojo, cortado en trozos de 1 pulgada
- Pimienta
- Sal

Direcciones:
1. Añada las gambas y el resto de los ingredientes en el bol y mézclelos bien.
2. Agregue la mezcla de camarones en la cesta de la freidora de aire y cocine a 330 F durante 10-12 minutos. Agite la cesta de la freidora a mitad de camino.
3. Servir y disfrutar.

Valor nutricional (cantidad por ración):
Calorías 183; Grasas 5,6 g; Carbohidratos 5,9 g; Azúcar 2,2 g; Proteínas 26,4 g; Colesterol 239 mg

Camarones Old Bay

Tiempo de preparación: 10 minutos; Tiempo de cocción: 10 minutos; Servir: 4
Ingredientes:
- 12 onzas de camarones pelados
- 3,25 oz de corteza de cerdo, triturada
- 1 1/2 cucharadita de condimento de laurel viejo
- 1/4 de taza de mayonesa

Direcciones:
1. Rocíe la cesta de la freidora de aire con spray de cocina.
2. En un recipiente poco profundo, mezcle la corteza de cerdo triturada y el condimento de laurel viejo.
3. Añade las gambas y la mayonesa en el bol de la batidora y remueve bien.
4. Cubra las gambas con la mezcla de corteza de cerdo y colóquelas en la cesta de la freidora.
5. Cocine los camarones a 380 F durante 10 minutos.
6. Servir y disfrutar.

Valor nutricional (cantidad por ración):
Calorías 290; Grasas 14,6 g; Carbohidratos 4,8 g; Azúcar 0,9 g; Proteínas 34,3 g; Colesterol 216 mg

Palitos de pescado crujientes

Tiempo de preparación: 10 minutos; Tiempo de cocción: 15 minutos; Servir: 4
Ingredientes:
- 12 oz de filetes de tilapia, cortados en palitos de pescado
- 1/2 taza de queso parmesano rallado
- 3,25 oz de corteza de cerdo, triturada
- 1 cucharadita de pimentón
- 1 cucharadita de ajo en polvo
- 1/4 de taza de mayonesa

Direcciones:
1. En un recipiente poco profundo, mezcle la corteza de cerdo triturada, el ajo en polvo, el pimentón y el queso parmesano.

2. En un recipiente, mezcle los palitos de pescado y la mayonesa.
3. Cubra los palitos de pescado con la mezcla de corteza de cerdo y colóquelos en la cesta de la freidora.
4. Cocine los palitos de pescado a 380 F durante 15 minutos.
5. Servir y disfrutar.

Valor nutricional (cantidad por ración):
Calorías 303; Grasas 16,7 g; Carbohidratos 4,8 g; Azúcar 1,2 g; Proteínas 35 g; Colesterol 87 mg

Jugosos y tiernos filetes de bacalao

Tiempo de preparación: 10 minutos; Tiempo de cocción: 12 minutos; Servir: 2
Ingredientes:
- 1 libra de filetes de bacalao
- 1/4 de taza de mantequilla derretida
- 1 limón, en rodajas
- 1 cucharadita de sal

Direcciones:
1. Unte los filetes de bacalao con mantequilla derretida y sazone con sal.
2. Coloque los filetes de bacalao en la cesta de la freidora de aire y cubra con rodajas de limón.
3. Cocine a 400 F durante 10-12 minutos o hasta que la temperatura interna de los filetes de pescado alcance los 145 F.
4. Servir y disfrutar.

Valor nutricional (cantidad por ración):
Calorías 394; Grasas 25,1 g; Carbohidratos 2,7 g; Azúcar 0,8 g; Proteínas 41,1 g; Colesterol 172 mg

Sabrosas gambas a la parmesana

Tiempo de preparación: 10 minutos; Tiempo de cocción: 10 minutos; Servir: 6
Ingredientes:
- 2 libras de camarones jumbo, pelados y desvenados
- 2 cucharadas de aceite de oliva
- 1 cucharadita de cebolla en polvo
- 1 cucharadita de albahaca
- 1/2 cucharadita de orégano
- 2/3 de taza de queso parmesano rallado
- 1 cucharada de ajo picado
- Pimienta
- Sal

Direcciones:
1. Rocíe la cesta de la freidora de aire con spray de cocina.
2. En un bol, mezcle el queso parmesano, el ajo, el orégano, la albahaca, la cebolla en polvo, el aceite, la pimienta y la sal.
3. Añade las gambas en el bol y remueve bien para cubrirlas.
4. Coloque los camarones en la canasta de la freidora de aire y cocine a 350 F durante 10 minutos.
5. Servir y disfrutar.

Valor nutricional (cantidad por ración):
Calorías 187; Grasas 7 g; Carbohidratos 1,3 g; Azúcar 2,9 g; Proteínas 30,6 g; Colesterol 318 mg

Filetes de pescado congelados perfectamente tiernos

Tiempo de preparación: 10 minutos; Tiempo de cocción: 12 minutos; Servir: 4
Ingredientes:
- 4 filetes de tilapia congelados
- 1 limón, en rodajas

- 1/2 cucharadita de cebolla en polvo
- 1/2 cucharadita de ajo en polvo
- 1/2 cucharadita de condimento de pimienta de limón
- 1/2 cucharadita de sal

Direcciones:
1. Rocíe la cesta de la freidora de aire con spray de cocina.
2. Sazone los filetes de tilapia con cebolla en polvo, ajo en polvo, condimento de pimienta de limón y sal.
3. Coloque los filetes de tilapia en la cesta de la freidora de aire y cubra con rodajas de limón.
4. Cocinar a 390 F durante 12 minutos.
5. Servir y disfrutar.

Valor nutricional (cantidad por ración):
Calorías 116; Grasas 2 g; Carbohidratos 2 g; Azúcar 0,6 g; Proteínas 22,9 g; Colesterol 56 mg

Tortas de cangrejo sazonadas con Old Bay

Tiempo de preparación: 10 minutos; Tiempo de cocción: 10 minutos; Servir: 5

Ingredientes:
- 2 huevos
- 1/4 de taza de harina de almendra
- 2 cucharaditas de perejil seco
- 1 cucharada de apio seco
- 1 cucharadita de condimento de laurel viejo
- 1 1/2 cucharadas de mostaza de Dijon
- 2 1/2 cucharadas de mayonesa
- Lata de 18 onzas de carne de cangrejo, escurrida
- 1/2 cucharadita de sal

Direcciones:
1. Forre la cesta de la freidora con papel de aluminio.
2. Añada todos los ingredientes al bol y mézclelos hasta que estén bien combinados. Coloque la mezcla en el refrigerador durante 10 minutos.
3. Haga cinco formas iguales de hamburguesas con la mezcla y colóquelas sobre el papel de aluminio en la cesta de la freidora.
4. Cocine a 320 F durante 10 minutos. Voltee las hamburguesas a la mitad.
5. Servir y disfrutar.

Valor nutricional (cantidad por ración):
Calorías 139; Grasas 13,3 g; Carbohidratos 4,2 g; Azúcar 0,7 g; Proteínas 17,6 g; Colesterol 125 mg

Camarones simples y perfectos

Tiempo de preparación: 10 minutos; Tiempo de cocción: 8 minutos; Servir: 4

Ingredientes:
- 1 libra de gambas grandes, peladas, desvenadas y sin colas
- 2 cucharadas de queso parmesano rallado
- 1/2 cucharadita de ajo granulado
- 1 cucharadita de zumo de limón fresco
- 1 cucharada de mantequilla derretida
- Pimienta
- Sal

Direcciones:
1. Forrar la cesta de la freidora con papel pergamino.
2. En un bol, mezcle el ajo, el zumo de limón, la mantequilla, la pimienta y la sal. Añada los camarones y revuélvalos para cubrirlos.
3. Añade las gambas en la cesta de la freidora y cubre con queso parmesano.
4. Cocine los camarones a 400 F durante 8 minutos.
5. Servir y disfrutar.

Valor nutricional (cantidad por ración):
Calorías 140; Grasas 4,4 g; Carbohidratos 2,5 g; Azúcar 0 g; Proteínas 23,6 g; Colesterol 175 mg

Filete de salmón asiático

Tiempo de preparación: 10 minutos; Tiempo de cocción: 18 minutos; Servir: 2

Ingredientes:
- 2 filetes de salmón
- 2 cucharadas de aceite de sésamo
- 3 cucharadas de pasta de ajo
- 2 cucharadas de vinagre de arroz
- 3 cucharadas de salsa Worcestershire
- 1/2 cucharadita de sal kosher

Direcciones:
1. Añade los filetes de salmón en la bolsa con cierre.
2. En un bol pequeño, mezcle el aceite de sésamo, la pasta de ajo, el vinagre, la salsa Worcestershire y la sal, y viértalo sobre los filetes de salmón.
3. Sellar la bolsa ziplock y ponerla en la nevera durante 1 hora.
4. Rocíe la cesta de la freidora de aire con spray de cocina.
5. Saque los filetes de salmón de la marinada y colóquelos en la cesta de la freidora.
6. Cocine a 400 F durante 15 minutos. Voltee los filetes de salmón y úntelos con la marinada reservada y cocine por 3 minutos más.
7. Servir y disfrutar.

Valor nutricional (cantidad por ración):
Calorías 343; Grasas 21,7 g; Carbohidratos 8,7 g; Azúcar 4,6 g; Proteínas 26 g; Colesterol 57 mg

Deliciosos bocados de pescado

Tiempo de preparación: 10 minutos; Tiempo de cocción: 10 minutos; Servir: 4

Ingredientes:
- 10 onzas de eglefino
- 1 cucharadita de pimentón
- 1 cucharadita de cebolla en polvo
- 1 cucharada de condimento de pepinillos de eneldo
- 1 cucharada de mayonesa
- 1/4 de taza de harina de coco
- 2 huevos ligeramente batidos
- Pimienta
- Sal

Direcciones:
1. Añadir el filete de pescado en el procesador de alimentos y procesar hasta que se forme una pasta.
2. Añadir el resto de los ingredientes y procesar durante 1 minuto.
3. Poner la mezcla en el frigorífico durante 10 minutos.
4. Haga pequeñas bolas con la mezcla y colóquelas en la cesta de la freidora. Rocíe la parte superior de las bolas de pescado.
5. Cocine a 350 F durante 10 minutos. Dar la vuelta a mitad de camino.
6. Servir y disfrutar.

Valor nutricional (cantidad por ración):
Calorías 138; Grasas 4,3 g; Carbohidratos 3,7 g; Azúcar 1,8 g; Proteínas 20,3 g; Colesterol 135 mg

Bacalao con chile y limón

Tiempo de preparación: 10 minutos; Tiempo de cocción: 13 minutos; Servir: 2

Ingredientes:
- 2 filetes de bacalao
- 1 cáscara de lima
- 1 cucharada de aceite de oliva
- 1/8 cucharadita de pimienta de cayena

- 1/4 de cucharadita de comino molido
- 1/2 cucharadita de ajo en polvo
- 1/2 cucharadita de chile en polvo
- 1/2 cucharadita de orégano seco
- 1 cucharadita de perejil seco
- 1 cucharadita de pimentón
- 1/4 de cucharadita de pimienta

Direcciones:
1. Forrar la cesta de la freidora con papel pergamino.
2. En un bol pequeño, mezcle la pimienta de cayena, el comino, el ajo en polvo, el chile en polvo, el orégano, el perejil, el pimentón y la pimienta.
3. Unte los filetes de bacalao con aceite y frótelos con la mezcla de especias y colóquelos en la nevera durante 30 minutos.
4. Precaliente la freidora de aire cosori a 380 F.
5. Coloque los filetes de bacalao en la cesta de la freidora de aire y cocine durante 8-13 minutos o hasta que la temperatura interna del filete de pescado alcance los 145 F.
6. Adorne los filetes de pescado con ralladura de lima y sirva.

Valor nutricional (cantidad por ración):
Calorías 161; Grasas 8,4 g; Carbohidratos 2,3 g; Azúcar 0,4 g; Proteínas 20,5 g; Colesterol 55 mg

Palitos de pescado salados

Tiempo de preparación: 10 minutos; Tiempo de cocción: 15 minutos; Servir: 4
Ingredientes:
- 1 libra de filetes de tilapia, cortados en forma de bastón de pescado
- 1/2 cucharadita de condimento de laurel viejo
- 1 huevo ligeramente batido
- 2 oz de corteza de cerdo, triturada
- 1/2 taza de harina de almendra
- Pimienta
- Sal

Direcciones:
1. Precaliente la freidora de aire cosori a 350 F.
2. Añadir la harina de almendra en un plato llano.
3. En un bol poco profundo, añadir el huevo. En otro cuenco poco profundo, añadir la corteza de cerdo triturada.
4. Sazone el palito de pescado con condimento de laurel viejo, pimienta y sal.
5. Pasar el palito de pescado por harina de almendra, luego por huevo y finalmente por corteza de cerdo.
6. Coloque los palitos de pescado recubiertos en la cesta de la freidora de aire y cocine durante 12-15 minutos.
7. Servir y disfrutar.

Valor nutricional (cantidad por ración):
Calorías 217; Grasas 10,4 g; Carbohidratos 0,9 g; Azúcar 0,2 g; Proteínas 31,2 g; Colesterol 101 mg

Tilapia al ajo y a las hierbas

Tiempo de preparación: 10 minutos; Tiempo de cocción: 10 minutos; Servir: 2
Ingredientes:
- 12 oz de filetes de tilapia
- 1 cucharadita de ajo picado
- 2 cucharaditas de perejil fresco picado
- 2 cucharaditas de cebollino fresco picado
- 2 cucharaditas de aceite de oliva
- Pimienta
- Sal

Direcciones:

1. Precaliente la freidora de aire cosori a 400 F.
2. En un bol pequeño, mezcle el aceite, el cebollino, el perejil, el ajo, la pimienta y la sal.
3. Unte los filetes de tilapia con la mezcla de aceite.
4. Coloque los filetes de tilapia en la cesta de la freidora de aire y cocínelos durante 8-10 minutos.
5. Servir y disfrutar.

Valor nutricional (cantidad por ración):
Calorías 183; Grasas 6,2 g; Carbohidratos 0,6 g; Azúcar 0 g; Proteínas 31,8 g; Colesterol 83 mg

Salmón a la parmesana

Tiempo de preparación: 10 minutos; Tiempo de cocción: 8 minutos; Servir: 4
Ingredientes:
- 4 filetes de salmón
- 1 cucharadita de condimento de hierbas y ajo
- 1/4 de taza de queso parmesano rallado
- 1/4 de taza de mayonesa

Direcciones:
1. Unte la parte superior de los filetes de salmón con mayonesa y sazone con el condimento de hierbas y ajo. Cubra con queso parmesano rallado.
2. Coloque los filetes de salmón en la cesta de la freidora de aire y cocine a 380 F durante 8 minutos.
3. Servir y disfrutar.

Valor nutricional (cantidad por ración):
Calorías 318; Grasas 17,2 g; Carbohidratos 4,7 g; Azúcar 0,9 g; Proteínas 37,7 g; Colesterol 87 mg

Camarones envueltos en tocino

Tiempo de preparación: 10 minutos; Tiempo de cocción: 8 minutos; Servir: 6
Ingredientes:
- 8 oz de camarones, descongelados, pelados, desvenados y sin cola
- 8 rebanadas de tocino, cortadas por la mitad
- 1 cucharadita de condimento cajún
- 1 cucharada de aceite de oliva

Direcciones:
1. Añada las gambas, el condimento cajún y el aceite en el bol y mézclelo todo bien.
2. Envuelva cada gamba con una loncha de bacon y colóquela en la cesta de la freidora.
3. Cocinar a 370 F durante 6-8 minutos. Dar la vuelta a mitad de camino.
4. Servir y disfrutar.

Valor nutricional (cantidad por ración):
Calorías 202; Grasas 13,6 g; Carbohidratos 0,9 g; Azúcar 0 g; Proteínas 18 g; Colesterol 107 mg

Tilapia cajún

Tiempo de preparación: 10 minutos; Tiempo de cocción: 12 minutos; Servir: 4
Ingredientes:
- 4 filetes de tilapia
- 1/2 limón
- 1 cucharada de aceite de oliva
- 1 cucharada de condimento cajún

Direcciones:
1. Unte ambos lados de los filetes de pescado con aceite y sazone con el condimento Cajun.
2. Precaliente la freidora de aire cosori a 400 F.

3. Rocíe la cesta de la freidora de aire con spray de cocina.
4. Coloque los filetes de pescado en la cesta de la freidora de aire y cocínelos durante 8-12 minutos. Gire los filetes de pescado a mitad de camino.
5. Exprimir el zumo de limón sobre los filetes de pescado y servir.

Valor nutricional (cantidad por ración):
Calorías 125; Grasas 4,5 g; Carbohidratos 0,7 g; Azúcar 0,2 g; Proteínas 21,1 g; Colesterol 55 mg

Filetes de atún fáciles de hacer

Tiempo de preparación: 10 minutos; Tiempo de cocción: 10 minutos; Servir: 2
Ingredientes:
- 1 libra de filetes de atún
- 6 dientes de ajo picados
- 4 cucharadas de aceite de oliva
- 1 cucharada de ajo en polvo
- 1 cucharadita de tomillo
- Pimienta
- Sal

Direcciones:
1. Marinar los filetes de atún con el ajo, el aceite, el ajo en polvo, el tomillo, la pimienta y la sal y ponerlos en la nevera durante 15 minutos.
2. Coloque los filetes de atún marinados en la cesta de la freidora de aire y cocine a 400 F durante 8-10 minutos.
3. Servir y disfrutar.

Valor nutricional (cantidad por ración):
Calorías 686; Grasas 42,4 g; Carbohidratos 6,4 g; Azúcar 1,1 g; Proteínas 69,2 g; Colesterol 111 mg

Empanadas de atún saludables

Tiempo de preparación: 10 minutos; Tiempo de cocción: 10 minutos; Servir: 2
Ingredientes:
- 2 latas de atún envasado en agua
- 1/2 zumo de limón
- 1/2 cucharadita de cebolla en polvo
- 1 cucharadita de eneldo seco
- 1 1/2 cucharadas de mayonesa
- 1 1/2 cucharadas de harina de almendra
- Pimienta
- Sal

Direcciones:
1. Añada todos los ingredientes en el bol de la batidora y mézclelos hasta que estén bien combinados.
2. Haga cuatro formas iguales de hamburguesas con la mezcla y colóquelas en la cesta de la freidora.
3. Precaliente la freidora de aire cosori a 400 F.
4. Coloque las hamburguesas de atún en la cesta de la freidora y cocínelas durante 10 minutos.
5. Servir y disfrutar.

Valor nutricional (cantidad por ración):
Calorías 500; Grasas 28,7 g; Carbohidratos 8,2 g; Azúcar 1,9 g; Proteínas 52,1 g; Colesterol 58 mg

Pasteles de calabacín con atún

Tiempo de preparación: 10 minutos; Tiempo de cocción: 20 minutos; Servir: 8
Ingredientes:
- Lata de atún de 12 onzas, escurrida

- 1 calabacín mediano, desmenuzado y exprimido todo el líquido
- 1 cucharadita de ajo en polvo
- 1 cucharadita de cebolla en polvo
- 3 yemas de huevo
- 1/3 de taza de harina de almendra
- Sal

Direcciones:
1. Añada todos los ingredientes en el bol de la batidora y mézclelos hasta que estén bien combinados.
2. Precaliente la freidora de aire cosori a 350 F.
3. Haga pequeñas hamburguesas con la mezcla y colóquelas en la cesta de la freidora y cocínelas durante 20 minutos o hasta que estén hechas. Gire las hamburguesas a mitad de camino.
4. Servir y disfrutar.

Valor nutricional (cantidad por ración):
Calorías 82; Grasas 2,7 g; Carbohidratos 1,8 g; Azúcar 0,7 g; Proteínas 12,5 g; Colesterol 91 mg

Vieiras al pesto

Tiempo de preparación: 10 minutos; Tiempo de cocción: 8 minutos; Servir: 4
Ingredientes:
- 1 libra de vieiras
- 2 cucharaditas de ajo picado
- 3 cucharadas de crema de leche
- 1/4 de taza de pesto de albahaca
- 1 cucharada de aceite de oliva
- Pimienta
- Sal

Direcciones:
1. En una cacerola pequeña, mezcle el aceite, la crema de leche, el ajo, el pesto de albahaca, la pimienta y la sal, y cocine a fuego lento durante 2-3 minutos.
2. Añada las vieiras en la cesta de la freidora de aire y cocínelas a 320 F durante 5 minutos.
3. Déle la vuelta a las vieiras y cocínelas durante 3 minutos más.
4. Pasar las vieiras al bol de la batidora. Vierta la salsa sobre las vieiras y revuelva para cubrirlas.
5. Servir y disfrutar.

Valor nutricional (cantidad por ración):
Calorías 171; Grasas 8,5 g; Carbohidratos 3,5 g; Azúcar 0 g; Proteínas 19,4 g; Colesterol 53 mg

Brochetas de camarones al pesto

Tiempo de preparación: 10 minutos; Tiempo de cocción: 5 minutos; Servir: 6
Ingredientes:
- 1 libra de gambas descongeladas
- 16 oz de pesto de albahaca
- Pimienta
- Sal

Direcciones:
1. Rocíe la cesta de la freidora de aire en el spray de cocina.
2. En un bol, mezcle las gambas, el pesto, la pimienta y la sal.
3. Ensarte las gambas en las brochetas y coloque las brochetas en la cesta de la freidora.
4. Cocinar a 400 F durante 5 minutos.
5. Servir y disfrutar.

Valor nutricional (cantidad por ración):
Calorías 107; Grasa 1,8 g; Carbohidratos 3,2 g; Azúcar 0,2 g; Proteínas 19,6 g; Colesterol 159 mg

Salmón con sabor a rábano picante

Tiempo de preparación: 10 minutos; Tiempo de cocción: 7 minutos; Servir: 4
Ingredientes:
- 4 filetes de salmón
- 1/4 de taza de harina de almendra
- 2 cucharadas de aceite de oliva
- 1 cucharada de rábano picante
- Pimienta
- sal

Direcciones:
1. En un tazón pequeño, mezcle la harina de almendras, el aceite, el rábano picante, la pimienta y la sal y extiéndalo sobre los filetes de salmón.
2. Coloque los filetes de salmón en la cesta de la freidora de aire y cocínelos a 400 F durante 5-7 minutos o hasta que estén cocidos.
3. Servir y disfrutar.

Valor nutricional (cantidad por ración):
Calorías 307; Grasas 18,9 g; Carbohidratos 0,8 g; Azúcar 0,4 g; Proteínas 35 g; Colesterol 78 mg

Salmón con limón, ajo y hierbas

Tiempo de preparación: 10 minutos; Tiempo de cocción: 10 minutos; Servir: 2
Ingredientes:
- 2 filetes de salmón
- 1 cucharadita de ralladura de limón
- 1 cucharada de zumo de limón
- 1/2 cucharadita de copos de pimienta roja
- 1 cucharadita de condimento italiano
- 2 cucharaditas de ajo picado
- 2 cucharadas de mantequilla derretida
- Pimienta
- Sal

Direcciones:
1. En un tazón pequeño, mezcle la mantequilla, el ajo, el condimento italiano, los copos de pimienta roja, el zumo de limón, la ralladura de limón, la pimienta y la sal.
2. Unte los filetes de salmón con mantequilla derretida y colóquelos en la cesta de la freidora.
3. Cocinar a 400 F durante 10 minutos.
4. Servir y disfrutar.

Valor nutricional (cantidad por ración):
Calorías 353; Grasas 23,4 g; Carbohidratos 1,9 g; Azúcar 0,5 g; Proteínas 35 g; Colesterol 111 mg

Vieiras picantes

Tiempo de preparación: 10 minutos; Tiempo de cocción: 8 minutos; Servir: 4
Ingredientes:
- 1 libra de vieiras, descongeladas, lavadas y secadas con una toalla de papel
- 1 cucharadita de ajo en polvo
- 1 cucharada de chile en polvo
- 1 cucharada de pimentón
- 2 cucharadas de copos de cebolla
- Pimienta
- Sal

Direcciones:
1. Rocíe la cesta de la freidora de aire con spray de cocina.
2. En un cuenco, añada las vieiras y el resto de los ingredientes y mézclelos bien.
3. Añada las vieiras en la cesta de la freidora de aire y cocínelas a 340 F durante 8 minutos. Agite la cesta a mitad de camino.
4. Servir y disfrutar.

Valor nutricional (cantidad por ración):

Calorías 122; Grasa 1,4 g; Carbohidratos 7,3 g; Azúcar 1,4 g; Proteínas 19,9 g; Colesterol 37 mg

Camarones picantes y sabrosos

Tiempo de preparación: 10 minutos; Tiempo de cocción: 5 minutos; Servir: 6
Ingredientes:
- 2 libras de camarones
- 4 cucharadas de aceite de oliva
- 1 cucharadita de pimentón
- 1 cucharadita de pimienta de cayena
- 2 cucharaditas de condimento de laurel viejo
- Sal

Direcciones:
1. Añade todos los ingredientes en el bol de la batidora y mézclalos bien.
2. Precaliente la freidora de aire cosori a 390 F.
3. Rocíe la cesta de la freidora de aire con spray de cocina.
4. Añada las gambas en la cesta de la freidora y cocínelas durante 5 minutos.
5. Servir y disfrutar.

Valor nutricional (cantidad por ración):
Calorías 262; Grasas 12 g; Carbohidratos 2,7 g; Azúcar 0,1 g; Proteínas 34,5 g; Colesterol 318 mg

Camarones tailandeses

Tiempo de preparación: 10 minutos; Tiempo de cocción: 10 minutos; Servir: 4
Ingredientes:
- 1 libra de camarones, pelados y desvenados
- 2 dientes de ajo picados
- 2 cucharadas de salsa de soja
- 2 cucharadas de salsa de chile tailandesa
- 1 cucharada de arrurruz
- 1 cucharadita de semillas de sésamo
- 1 cucharada de cebolla verde cortada en rodajas
- 1/8 cucharadita de jengibre picado

Direcciones:
1. Rocíe la cesta de la freidora de aire con spray de cocina.
2. Mezcle las gambas con el arrurruz y colóquelas en la cesta de la freidora.
3. Cocine a 370 F durante 5 minutos. Agitar bien la cesta y cocinar durante 5 minutos más.
4. Mientras tanto, en un bol, mezcle la salsa de soja, el jengibre, el ajo y la salsa de chile. Añada las gambas y mézclelas bien para cubrirlas.
5. Adorne con cebollas verdes y semillas de sésamo.
6. Servir y disfrutar.

Valor nutricional (cantidad por ración):
Calorías 157; Grasas 2,3 g; Carbohidratos 5,9 g; Azúcar 2,2 g; Proteínas 26,7 g; Colesterol 239 mg

Camarones con chile y ajo

Tiempo de preparación: 10 minutos; Tiempo de cocción: 7 minutos; Servir: 4
Ingredientes:
- 1 libra de camarones, pelados y desvenados
- 1 cucharada de aceite de oliva
- 1 limón, en rodajas
- 1 chile rojo, en rodajas
- 1 cucharadita de ajo en polvo
- Pimienta
- Sal

Direcciones:
1. Precaliente la freidora de aire cosori a 400 F.

2. Rocíe la cesta de la freidora de aire con spray de cocina.
3. Añade todos los ingredientes en el bol grande y mézclalos bien.
4. Añada la mezcla de gambas en la cesta de la freidora y cocine durante 5 minutos. Agite la cesta y cocine durante 2 minutos más.
5. Servir y disfrutar.

Valor nutricional (cantidad por ración):
Calorías 172; Grasas 5,5 g; Carbohidratos 3,7 g; Azúcar 0,6 g; Proteínas 26,1 g; Colesterol 239 mg

Camarones cremosos

Tiempo de preparación: 10 minutos; Tiempo de cocción: 8 minutos; Servir: 4
Ingredientes:
- 1 libra de gambas peladas
- 1 cucharada de ketchup de tomate sin azúcar
- 3 cucharadas de mayonesa
- 1/2 cucharadita de pimentón
- 1 cucharadita de sriracha
- 1 cucharada de ajo picado
- 1/2 cucharadita de sal

Direcciones:
1. En un bol, mezcle la mayonesa, el pimentón, la sriracha, el ajo, el ketchup y la sal. Añade las gambas y remueve bien.
2. Rocíe la cesta de la freidora de aire con spray de cocina.
3. Agregue los camarones en la canasta de la freidora de aire y cocine a 325 F durante 8 minutos. Agite a mitad de camino.
4. Servir y disfrutar.

Valor nutricional (cantidad por ración):
Calorías 187; Grasas 5,7 g; Carbohidratos 6,4 g; Azúcar 1,6 g; Proteínas 26,2 g; Colesterol 242 mg

Filetes de siluro sencillos

Tiempo de preparación: 10 minutos; Tiempo de cocción: 20 minutos; Servir: 4
Ingredientes:
- 4 filetes de siluro
- 1 cucharada de aceite de oliva
- 1 cucharada de condimento para pescado
- 1 cucharada de perejil fresco picado

Direcciones:
1. Precaliente la freidora de aire cosori a 400 F.
2. Unte los filetes de pescado con aceite y sazone con el condimento para pescado.
3. Coloque los filetes de pescado en la cesta de la freidora de aire y cocine durante 20 minutos. Déle la vuelta a mitad de la cocción.
4. Adornar con perejil y servir.

Valor nutricional (cantidad por ración):
Calorías 252; Grasas 15,7 g; Carbohidratos 1,2 g; Azúcar 0 g; Proteínas 24,9 g; Colesterol 75 mg

Hamburguesas de salmón y aguacate

Tiempo de preparación: 10 minutos; Tiempo de cocción: 10 minutos; Servir: 4
Ingredientes:
- Lata de salmón de 14 onzas
- 2 huevos ligeramente batidos
- 1/2 taza de harina de almendra
- 1/2 cebolla picada
- 1/4 de taza de mantequilla
- 1/2 cucharadita de pimienta
- 1 aguacate, cortado en dados
- 1 cucharadita de sal

Direcciones:
1. Precaliente la freidora de aire cosori a 400 F.
2. Rocíe la cesta de la freidora de aire con spray de cocina.
3. Añada todos los ingredientes en el bol de la batidora y mézclelos hasta que estén bien combinados.
4. Haga cuatro formas iguales de hamburguesas con la mezcla y colóquelas en la cesta de la freidora.
5. Cocine las hamburguesas durante 10 minutos. Gire las hamburguesas a mitad de camino.
6. Servir y disfrutar.

Valor nutricional (cantidad por ración):
Calorías 400; Grasas 31,3 g; Carbohidratos 6,7 g; Azúcar 1,1 g; Proteínas 24,4 g; Colesterol 167 mg

Capítulo 8: Comidas sin carne

Mezcla de verduras saludables

Tiempo de preparación: 10 minutos; Tiempo de cocción: 10 minutos; Servir: 6

Ingredientes:
- 2 tazas de champiñones cortados por la mitad
- 2 calabazas amarillas, cortadas en rodajas
- 2 calabacines medianos, cortados en rodajas
- 3/4 de cucharadita de condimento italiano
- 1/2 cebolla, cortada en rodajas
- 1/2 taza de aceite de oliva
- 1/2 cucharadita de sal de ajo

Direcciones:
1. Añade las verduras y el resto de los ingredientes en el bol y mézclalos bien.
2. Añada las verduras en la cesta de la freidora de aire y cocínelas a 400 F durante 10 minutos. Agite la cesta a mitad de camino.
3. Servir y disfrutar.

Valor nutricional (cantidad por ración):
Calorías 176; Grasas 17,3 g; Carbohidratos 6,2 g; Azúcar 3,2 g; Proteínas 2,5 g; Colesterol 0 mg

=Verduras asadas fáciles

Tiempo de preparación: 10 minutos; Tiempo de cocción: 18 minutos; Servir: 6

Ingredientes:
- 1/2 taza de champiñones, cortados en rodajas
- 1/2 taza de calabacín en rodajas
- 1/2 taza de calabaza amarilla, cortada en rodajas
- 1/2 taza de zanahorias pequeñas
- 1 taza de floretes de coliflor
- 1 taza de ramilletes de brócoli
- 1/4 de taza de queso parmesano rallado
- 1 cucharadita de copos de pimienta roja
- 1 cucharada de ajo picado
- 1 cucharada de aceite de oliva
- 1/4 de taza de vinagre balsámico
- 1 cebolla pequeña, cortada en rodajas
- 1 cucharadita de sal marina

Direcciones:
1. Precaliente la freidora de aire cosori a 400 F.
2. En un tazón grande, mezcle el aceite de oliva, el ajo, el vinagre, las hojuelas de pimiento rojo, la pimienta y la sal.
3. Añada las verduras y remuévalas hasta que estén bien cubiertas.
4. Añada las verduras en la cesta de la freidora y cocínelas durante 8 minutos. Agite la cesta y cocine durante 8 minutos más.
5. Añadir el queso parmesano y cocinar durante 2 minutos más.
6. Servir y disfrutar.

Valor nutricional (cantidad por ración):
Calorías 59; Grasas 3,4 g; Carbohidratos 5,3 g; Azúcar 2 g; Proteínas 2,8 g; Colesterol 3 mg

Coles de Bruselas fáciles y crujientes

Tiempo de preparación: 10 minutos; Tiempo de cocción: 15 minutos; Servir: 4

Ingredientes:
- 2 tazas de coles de Bruselas
- 2 cucharadas de condimento para panecillos
- 1/4 de taza de almendras trituradas
- 1/4 de taza de queso parmesano rallado

- 2 cucharadas de aceite de oliva
- Sal

Direcciones:
1. Añade las coles de Bruselas en la cacerola con 2 tazas de agua. Tapa y cocina durante 8-10 minutos.
2. Escurrir bien y dejar enfriar completamente. Cortar cada col de Bruselas por la mitad.
3. Añade las coles de Bruselas y el resto de los ingredientes en el bol y remueve para cubrirlas.
4. Añada la mezcla de coles de Bruselas en la cesta de la freidora de aire y cocine a 375 F durante 12-15 minutos.
5. Servir y disfrutar.

Valor nutricional (cantidad por ración):
Calorías 144; Grasas 11,5 g; Carbohidratos 7,6 g; Azúcar 1,4 g; Proteínas 5,1 g; Colesterol 4 mg

Judías verdes al ajo

Tiempo de preparación: 10 minutos; Tiempo de cocción: 8 minutos; Servir: 4

Ingredientes:
- 1 libra de judías verdes frescas, recortadas
- 1 cucharadita de ajo en polvo
- 1 cucharada de aceite de oliva
- Pimienta
- Sal

Direcciones:
1. Rocíe las judías verdes con aceite y sazone con ajo en polvo, pimienta y sal.
2. Coloque las judías verdes en la cesta de la freidora de aire y cocínelas a 370 F durante 8 minutos. Revuelva a mitad de camino.
3. Servir y disfrutar.

Valor nutricional (cantidad por ración):
Calorías 68; Grasas 3,7 g; Carbohidratos 8,6 g; Azúcar 1,8 g; Proteínas 2,2 g; Colesterol 0 mg

Brócoli vegano sencillo

Tiempo de preparación: 10 minutos; Tiempo de cocción: 5 minutos; Servir: 2

Ingredientes:
- 4 tazas de ramilletes de brócoli
- 1 cucharada de levadura nutricional
- 2 cucharadas de aceite de oliva
- Pimienta
- Sal

Direcciones:
1. En un bol mediano, mezcle el brócoli, la levadura nutricional, el aceite, la pimienta y la sal.
2. Añada los ramilletes de brócoli en la cesta de la freidora de aire y cocínelos a 370 F durante 5 minutos.
3. Servir y disfrutar.

Valor nutricional (cantidad por ración):
Calorías 158; Grasas 14,3 g; Carbohidratos 6,3 g; Azúcar 1 g; Proteínas 4,3 g; Colesterol 0 mg

Zanahorias con sésamo

Tiempo de preparación: 10 minutos; Tiempo de cocción: 7 minutos; Servir: 4

Ingredientes:
- 2 tazas de zanahorias, cortadas en rodajas
- 1 cucharadita de semillas de sésamo
- 1 cucharada de cebolleta picada
- 1 cucharadita de ajo picado
- 1 cucharada de salsa de soja
- 1 cucharada de jengibre picado
- 2 cucharadas de aceite de sésamo

Direcciones:
1. En un bol mediano, mezcle las zanahorias, el ajo, la salsa de soja, el jengibre y el aceite de sésamo.
2. Añada la mezcla de zanahorias en la cesta de la freidora de aire y cocine a 375 durante 7 minutos. Agite la cesta a mitad de camino.
3. Adorne con cebolletas y semillas de sésamo y sirva.

Valor nutricional (cantidad por ración):
Calorías 95; Grasas 7,3 g; Carbohidratos 7,2 g; Azúcar 2,9 g; Proteínas 1 g; Colesterol 0 mg

Espárragos con almendras

Tiempo de preparación: 10 minutos; Tiempo de cocción: 5 minutos; Servir: 4

Ingredientes:
- 12 espárragos
- 1/3 de taza de almendras en rodajas
- 2 cucharadas de aceite de oliva
- 2 cucharadas de vinagre balsámico
- Pimienta
- Sal

Direcciones:
1. Rociar los espárragos con aceite y vinagre.
2. Coloque los espárragos en la cesta de la freidora y sazone con pimienta y sal.
3. Espolvorear la almendra en rodajas sobre los espárragos.
4. Cocine los espárragos a 350 F durante 5 minutos. Agite la cesta a mitad de camino.
5. Servir y disfrutar.

Valor nutricional (cantidad por ración):
Calorías 122; Grasas 11,1 g; Carbohidratos 4,6 g; Azúcar 1,7 g; Proteínas 3,3 g; Colesterol 0 mg

Zanahorias asadas fáciles

Tiempo de preparación: 10 minutos; Tiempo de cocción: 18 minutos; Servir: 4

Ingredientes:
- 16 oz de zanahorias, peladas y cortadas en trozos de 2 pulgadas
- 1 cucharadita de aceite de oliva
- Pimienta
- Sal

Direcciones:
1. Precaliente la freidora de aire cosori a 360 F.
2. Mezcle las zanahorias con el aceite y sazone con pimienta y sal.
3. Añada las zanahorias en la cesta de la freidora y cocínelas durante 15-18 minutos. Agita la cesta 3-4 veces.
4. Servir y disfrutar.

Valor nutricional (cantidad por ración):
Calorías 57; Grasa 1,2 g; Carbohidratos 11,2 g; Azúcar 5,6 g; Proteínas 0,9 g; Colesterol 0 mg

Brócoli asiático

Tiempo de preparación: 10 minutos; Tiempo de cocción: 20 minutos; Servir: 4

Ingredientes:
- 1 libra de ramilletes de brócoli
- 1 cucharadita de vinagre de arroz
- 2 cucharaditas de sriracha
- 2 cucharadas de salsa de soja
- 1 cucharada de ajo picado
- 1 1/2 cucharadas de aceite de sésamo
- Sal

Direcciones:
1. Mezcle los ramilletes de brócoli con el ajo, el aceite de sésamo y la sal.

2. Añada los ramilletes de brócoli en la cesta de la freidora de aire y cocínelos a 400 F durante 15-20 minutos. Agite la cesta a mitad de camino.
3. En un bol, mezcle el vinagre de arroz, la sriracha y la salsa de soja. Añada el brócoli y mezcle bien.
4. Servir y disfrutar.

Valor nutricional (cantidad por ración):
Calorías 94; Grasas 5,5 g; Carbohidratos 9,3 g; Azúcar 2,1 g; Proteínas 3,8 g Colesterol 0 mg

Calabaza y calabacín saludables

Tiempo de preparación: 10 minutos; Tiempo de cocción: 25 minutos; Servir: 4
Ingredientes:
- 1 libra de calabacines, cortados en medias lunas de 1/2 pulgada
- 1 libra de calabaza amarilla, cortada en medias lunas de 1/2 pulgada
- 1 cucharada de aceite de oliva
- Pimienta
- Sal

Direcciones:
1. En un recipiente para mezclar, agregue el calabacín, la calabaza, el aceite, la pimienta y la sal y mezcle bien.
2. Añada la mezcla de calabacín y calabaza en la cesta de la freidora de aire y cocine a 400 F durante 20 minutos. Agite la cesta a mitad de camino.
3. Agitar bien el cesto y cocer durante 5 minutos más.
4. Servir y disfrutar.

Valor nutricional (cantidad por ración):
Calorías 66; Grasas 3,9 g; Carbohidratos 7,6 g; Azúcar 3,9 g; Proteínas 2,7 g; Colesterol 0 mg

Col frita crujiente

Tiempo de preparación: 10 minutos; Tiempo de cocción: 10 minutos; Servir: 2
Ingredientes:
- 1/2 cabeza de col, cortada en rodajas de 5 centímetros
- 1 cucharada de aceite de oliva
- Pimienta
- Sal

Direcciones:
1. Rociar la col con aceite de oliva y sazonar con pimienta y sal.
2. Agregue las rebanadas de col en la cesta de la freidora de aire y cocine a 375 F durante 5 minutos.
3. Mezcle bien la col y cocínela durante 5 minutos más.
4. Servir y disfrutar.

Valor nutricional (cantidad por ración):
Calorías 105; Grasas 7,2 g; Carbohidratos 10,4 g; Azúcar 5,7 g; Proteínas 2,3 g; Colesterol 0 mg

Coles de Bruselas al balsámico

Tiempo de preparación: 10 minutos; Tiempo de cocción: 10 minutos; Servir: 5
Ingredientes:
- 2 tazas de coles de Bruselas, cortadas por la mitad
- 1 cucharada de aceite de oliva
- 1 cucharada de vinagre balsámico
- 1/2 taza de cebolla en rodajas
- Pimienta
- Sal

Direcciones:

1. Añade las coles de Bruselas, el aceite, el vinagre, la cebolla, la pimienta y la sal en el bol de la batidora y remueve bien.
2. Agregue la mezcla de coles de Bruselas en la cesta de la freidora de aire y cocine a 350 F durante 5 minutos.
3. Agitar bien el cesto y cocer durante 5 minutos más.
4. Servir y disfrutar.

Valor nutricional (cantidad por ración):
Calorías 44; Grasas 2,9 g; Carbohidratos 4,3 g; Azúcar 1,3 g; Proteínas 1,3 g; Colesterol 0 mg

Brochetas rápidas de verduras

Tiempo de preparación: 10 minutos; Tiempo de cocción: 10 minutos; Servir: 4
Ingredientes:
- 2 pimientos morrones, cortados en trozos de 1 pulgada
- 1/2 cebolla, cortada en trozos de 1 pulgada
- 1 calabacín, cortado en trozos de 1 pulgada
- 1 berenjena, cortada en trozos de 1 pulgada
- Pimienta
- Sal

Direcciones:
1. Ensartar las verduras en las brochetas y rociarlas con spray de cocina. Sazone con pimienta y sal.
2. Precaliente la freidora de aire cosori a 390 F.
3. Coloca las brochetas en la cesta de la freidora de aire y cocina durante 10 minutos. Dale la vuelta a mitad de camino.
4. Servir y disfrutar.

Valor nutricional (cantidad por ración):
Calorías 48; Grasa 0,3 g; Carbohidratos 11,2 g; Azúcar 5,9 g; Proteínas 2,1 g; Colesterol 0 mg

Setas de soja y ajo fáciles

Tiempo de preparación: 10 minutos; Tiempo de cocción: 12 minutos; Servir: 2
Ingredientes:
- 8 oz de champiñones, limpios
- 1 cucharada de perejil fresco picado
- 1 cucharadita de salsa de soja
- 1/2 cucharadita de ajo en polvo
- 1 cucharada de aceite de oliva
- Pimienta
- Sal

Direcciones:
1. Mezcle las setas con la salsa de soja, el ajo en polvo, el aceite, la pimienta y la sal.
2. Añada los champiñones en la cesta de la freidora de aire y cocínelos a 380 F durante 10-12 minutos.
3. Adornar con perejil y servir.

Valor nutricional (cantidad por ración):
Calorías 89; Grasas 7,4 g; Carbohidratos 4,6 g; Azúcar 2,2 g; Proteínas 3,9 g; Colesterol 0 mg

Edamame picante

Tiempo de preparación: 10 minutos; Tiempo de cocción: 18 minutos; Servir: 4
Ingredientes:
- 16 oz de edamame congelado con cáscara, descongelado
- 1 zumo de limón
- 1 cáscara de limón
- 1 cucharada de ajo en rodajas
- 2 cucharaditas de aceite de oliva
- 1/2 cucharadita de chile en polvo
- 1/2 cucharadita de pimentón

- Sal

Direcciones:
1. Mezcle el edamame con la ralladura de limón, el ajo, el aceite, el chile en polvo, el pimentón y la sal.
2. Añada el edamame en la cesta de la freidora de aire y cocine a 400 F durante 18 minutos. Agite la cesta dos veces.
3. Rocíe el jugo de limón sobre el edamame y sirva.

Valor nutricional (cantidad por ración):
Calorías 172; Grasas 8,5 g; Carbohidratos 12,2 g; Azúcar 2,7 g; Proteínas 12,3 g; Colesterol 0 mg

Setas balsámicas

Tiempo de preparación: 10 minutos; Tiempo de cocción: 8 minutos; Servir: 3

Ingredientes:
- 8 oz de champiñones
- 1 cucharadita de perejil fresco picado
- 2 cucharaditas de vinagre balsámico
- 1/2 cucharadita de ajo granulado
- 1 cucharadita de aceite de oliva
- Pimienta
- Sal

Direcciones:
1. Mezcle las setas con el ajo, el aceite, la pimienta y la sal.
2. Añada los champiñones en la cesta de la freidora y cocínelos a 375 F durante 8 minutos. Revuelva a mitad de camino.
3. Mezclar las setas con el perejil y el vinagre balsámico.
4. Servir y disfrutar.

Valor nutricional (cantidad por ración):
Calorías 32; Grasas 1,8 g; Carbohidratos 2,9 g; Azúcar 1,4 g; Proteínas 2,5 g Colesterol 0 mg

Verduras mediterráneas

Tiempo de preparación: 10 minutos; Tiempo de cocción: 15 minutos; Servir: 2

Ingredientes:
- 6 tomates cherry cortados por la mitad
- 1 berenjena, cortada en dados
- 1 calabacín, cortado en dados
- 1 pimiento verde, cortado en dados
- 1 cucharadita de tomillo
- 1 cucharadita de orégano
- Pimienta
- Sal

Direcciones:
1. En un bol, mezcle la berenjena, el calabacín, el pimiento, el tomillo, el orégano, la pimienta y la sal.
2. Añada la mezcla de verduras en la cesta de la freidora de aire y cocine a 360 F durante 12 minutos.
3. Añada los tomates cherry y agite bien la cesta y cocine durante 3 minutos más.
4. Servir y disfrutar.

Valor nutricional (cantidad por ración):
Calorías 61; Grasa 0,3 g; Carbohidratos 13,8 g; Azúcar 7,6 g; Proteínas 2,8 g; Colesterol 0 mg

Okra asada simple

Tiempo de preparación: 10 minutos; Tiempo de cocción: 12 minutos; Servir: 1

Ingredientes:
- 1/2 libra de quimbombó, recortado y cortado en rodajas
- 1 cucharadita de aceite de oliva
- Pimienta
- Sal

Direcciones:
1. Precaliente la freidora de aire cosori a 350 F.
2. Mezcle el quimbombó, el aceite, la pimienta y la sal.
3. Añada la okra en la cesta de la freidora y cocínela durante 10 minutos. Revuelva a mitad de camino.
4. Mezclar bien y cocinar durante 2 minutos más.
5. Servir y disfrutar.

Valor nutricional (cantidad por ración):
Calorías 176; Grasas 17,3 g; Carbohidratos 6,2 g; Azúcar 3,2 g; Proteínas 2,5 g; Colesterol 0 mg

Verduras griegas

Tiempo de preparación: 10 minutos; Tiempo de cocción: 20 minutos; Servir: 4

Ingredientes:
- 1 zanahoria en rodajas
- 1 chirivía en rodajas
- 1 pimiento verde picado
- 1 calabacín picado
- 1/4 de taza de tomates cherry cortados por la mitad
- 6 cucharadas de aceite de oliva
- 2 cucharaditas de puré de ajo
- 1 cucharadita de mostaza
- 1 cucharadita de hierbas mixtas
- Pimienta
- Sal

Direcciones:
1. Añade los tomates cherry, la zanahoria, la chirivía, el pimiento y el calabacín en la cesta de la freidora.
2. Rocíe el aceite de oliva sobre las verduras y cocínelas a 350 F durante 15 minutos.
3. En un bol, mezclar el resto de los ingredientes. Añade las verduras al bol y mézclalas bien.
4. Vuelva a colocar las verduras en la cesta de la freidora y cocínelas a 400 F durante 5 minutos más.
5. Servir y disfrutar.

Valor nutricional (cantidad por ración):
Calorías 66; Grasa 1,5 g; Carbohidratos 12,7 g; Azúcar 5,3 g; Proteínas 1,8 g; Colesterol 1 mg

Coliflor con limón y ajo

Tiempo de preparación: 10 minutos; Tiempo de cocción: 10 minutos; Servir: 2

Ingredientes:
- 3 tazas de coliflor
- 1 cucharada de perejil fresco picado
- 1/2 cucharadita de zumo de limón
- 1 cucharada de piñones
- 1/2 cucharadita de orégano seco
- 1 1/2 cucharadita de aceite de oliva
- Pimienta
- Sal

Direcciones:
1. Añade la coliflor, el orégano, el aceite, la pimienta y la sal en el bol de la batidora y remueve bien.
2. Agregue la coliflor en la cesta de la freidora de aire y cocine a 375 F durante 10 minutos.
3. Pasar la coliflor a la fuente de servir. Añadir los piñones, el perejil y el zumo de limón y mezclar bien.
4. Servir y disfrutar.

Valor nutricional (cantidad por ración):
Calorías 99; Grasas 6,7 g; Carbohidratos 8,9 g; Azúcar 3,8 g; Proteínas 3,7 g; Colesterol 0 mg

Coles de Bruselas al balsámico

Tiempo de preparación: 10 minutos; Tiempo de cocción: 20 minutos; Servir: 4

Ingredientes:
- 1 libra de coles de Bruselas, quitar los extremos y cortar por la mitad
- 1 cucharada de vinagre balsámico
- 2 cucharadas de aceite de oliva
- Pimienta
- Sal

Direcciones:
1. Añade las coles de Bruselas, el vinagre, el aceite, la pimienta y la sal en el bol de la batidora y remueve bien.
2. Añada las coles de Bruselas en la cesta de la freidora y cocínelas a 360 F durante 15-20 minutos. Revuelva a mitad de camino.
3. Servir y disfrutar.

Valor nutricional (cantidad por ración):
Calorías 110; Grasas 7,4 g; Carbohidratos 10,4 g; Azúcar 2,5 g; Proteínas 3,9 g; Colesterol 0 mg

Sabrosa calabaza de mantequilla

Tiempo de preparación: 10 minutos; Tiempo de cocción: 15 minutos; Servir: 4

Ingredientes:
- 4 tazas de calabaza, cortada en trozos de 1 pulgada
- 1 cucharadita de polvo de cinco especias chinas
- 1 cucharada de truvia
- 2 cucharadas de aceite de oliva

Direcciones:
1. Añade la calabaza y el resto de los ingredientes en el bol y mézclalos bien.
2. Añada la calabaza en la cesta de la freidora de aire y cocine a 400 F durante 15 minutos. Agite la cesta a mitad de camino.
3. Servir y disfrutar.

Valor nutricional (cantidad por ración):
Calorías 83; Grasas 7,1 g; Carbohidratos 6,7 g; Azúcar 2,2 g; Proteínas 0,6 g; Colesterol 0 mg

Judías verdes crujientes

Tiempo de preparación: 10 minutos; Tiempo de cocción: 10 minutos; Servir: 4

Ingredientes:
- 2 tazas de judías verdes, con los extremos recortados
- 2 cucharadas de queso parmesano rallado
- 1 cucharada de zumo de limón fresco
- 1 cucharadita de condimento italiano
- 2 cucharaditas de aceite de oliva
- 1/4 de cucharadita de sal

Direcciones:
1. Precaliente la freidora de aire cosori a 400 F.
2. Unte las judías verdes con aceite de oliva y sazone con el condimento italiano y la sal.
3. Coloque las judías verdes en la cesta de la freidora de aire y cocínelas durante 8-10 minutos. Agite la cesta 2-3 veces.
4. Poner las judías verdes en un plato de servir.
5. Vierta el zumo de limón sobre las judías y espolvoree el queso rallado por encima de las judías.
6. Servir y disfrutar.

Valor nutricional (cantidad por ración):
Calorías 64; Grasas 4,3 g; Carbohidratos 4,4 g; Azúcar 1 g; Proteínas 3,3 g; Colesterol 6 mg

Calabacines asados

Tiempo de preparación: 10 minutos; Tiempo de cocción: 10 minutos; Servir: 4

Ingredientes:
- 2 calabacines medianos, cortados en rodajas de 1 pulgada
- 1 cucharadita de ralladura de limón
- 1 cucharada de aceite de oliva
- Pimienta
- Sal

Direcciones:
1. Mezcle los calabacines con la ralladura de limón, el aceite, la pimienta y la sal.
2. Coloque las rodajas de calabacín en la cesta de la freidora de aire y cocine a 350 F durante 10 minutos. Gire a mitad de camino.
3. Servir y disfrutar.

Valor nutricional (cantidad por ración):
Calorías 46; Grasas 3,7 g; Carbohidratos 3,4 g; Azúcar 1,7 g; Proteínas 1,2 g; Colesterol 0 mg

Zanahorias, calabacines y calabazas fritas al aire libre

Tiempo de preparación: 10 minutos; Tiempo de cocción: 35 minutos; Servir: 2

Ingredientes:
- 1 libra de calabaza amarilla, cortada en medias lunas de 3/4 de pulgada
- 1 libra de calabacines, cortados en medias lunas de 3/4 de pulgada
- 1/2 libra de zanahorias, peladas y cortadas en trozos de 1 pulgada
- 6 cucharaditas de aceite de oliva
- 1 cucharada de estragón picado
- Pimienta
- Sal

Direcciones:
1. En un bol, mezcle las zanahorias con 2 cucharaditas de aceite. Añada las zanahorias en la cesta de la freidora y cocínelas a 400 F durante 5 minutos.
2. En un bol, mezcle la calabaza, el calabacín, el aceite restante, la pimienta y la sal.
3. Añade la mezcla de calabaza y calabacín en la cesta de la freidora de aire con las zanahorias y cocina durante 30 minutos. Agite la cesta 2-3 veces.
4. Espolvorear con estragón y servir.

Valor nutricional (cantidad por ración):
Calorías 176; Grasas 17,3 g; Carbohidratos 6,2 g; Azúcar 3,2 g; Proteínas 2,5 g; Colesterol 0 mg

Berenjena crujiente y picante

Tiempo de preparación: 10 minutos; Tiempo de cocción: 20 minutos; Servir: 4

Ingredientes:
- 1 berenjena, cortada en trozos de 1 pulgada
- 1/2 cucharadita de condimento italiano
- 1 cucharadita de pimentón
- 1/2 cucharadita de pimienta roja
- 1 cucharadita de ajo en polvo
- 2 cucharadas de aceite de oliva

Direcciones:
1. Añade la berenjena y el resto de los ingredientes en el bol y mézclalos bien.
2. Rocíe la cesta de la freidora de aire con spray de cocina.
3. Añada la berenjena en la cesta de la freidora de aire y cocine a 375 F durante 20 minutos. Agite la cesta a mitad de camino.
4. Servir y disfrutar.

Valor nutricional (cantidad por ración):
Calorías 99; Grasas 7,5 g; Carbohidratos 8,7 g; Azúcar 4,5 g; Proteínas 1,5 g; Colesterol 0 mg

Rodajas de berenjena al curry

Tiempo de preparación: 10 minutos; Tiempo de cocción: 10 minutos; Servir: 4

Ingredientes:
- 1 berenjena grande, cortada en rodajas de 1/2 pulgada
- 1 diente de ajo picado
- 1 cucharada de aceite de oliva
- 1/2 cucharadita de curry en polvo
- 1/8 cucharadita de cúrcuma
- Sal

Direcciones:
1. Precaliente la freidora de aire cosori a 300 F.
2. En un cuenco pequeño, mezcle el aceite, el ajo, el curry en polvo, la cúrcuma y la sal y frótelas por todas las rodajas de berenjena.
3. Añada las rodajas de berenjena en la cesta de la freidora y cocínelas durante 10 minutos o hasta que estén ligeramente doradas.
4. Servir y disfrutar.

Valor nutricional (cantidad por ración):
Calorías 61; Grasas 3,8 g; Carbohidratos 7,2 g; Azúcar 3,5 g; Proteínas 1,2 g; Colesterol 0 mg

Judías verdes con especias

Tiempo de preparación: 10 minutos; Tiempo de cocción: 10 minutos; Servir: 2

Ingredientes:
- 2 tazas de judías verdes
- 1/8 cucharadita de pimienta de Jamaica molida
- 1/4 de cucharadita de canela molida
- 1/2 cucharadita de orégano seco
- 2 cucharadas de aceite de oliva
- 1/4 de cucharadita de cilantro molido
- 1/4 de cucharadita de comino molido
- 1/8 cucharadita de pimienta de cayena
- 1/2 cucharadita de sal

Direcciones:
1. Añadir todos los ingredientes en el bol mediano y mezclar bien.
2. Rocíe la cesta de la freidora de aire con spray de cocina.
3. Añada las judías verdes en la cesta de la freidora de aire y cocínelas a 370 F durante 10 minutos. Agite la cesta a mitad de camino
4. Servir y disfrutar.

Valor nutricional (cantidad por ración):
Calorías 158; Grasas 14,3 g; Carbohidratos 8,6 g; Azúcar 1,6 g; Proteínas 2,1 g; Colesterol 0 mg

Tomates de albahaca al aire libre

Tiempo de preparación: 10 minutos; Tiempo de cocción: 25 minutos; Servir: 4

Ingredientes:
- 4 tomates grandes, cortados por la mitad
- 1 diente de ajo picado
- 1 cucharada de vinagre
- 1 cucharada de aceite de oliva
- 2 cucharadas de queso parmesano rallado
- 1/2 cucharadita de perejil fresco picado
- 1 cucharadita de albahaca fresca picada
- Pimienta
- Sal

Direcciones:
1. Precaliente la freidora de aire cosori a 320 F.
2. En un bol, mezcle el aceite, la albahaca, el ajo, el vinagre, la pimienta y la sal. Añade los tomates y remueve para cubrirlos.
3. Coloque las mitades de los tomates en la cesta de la freidora y cocine durante 20 minutos.
4. Espolvorear el queso parmesano sobre los tomates y cocinar durante 5 minutos más.
5. Servir y disfrutar.

Valor nutricional (cantidad por ración):
Calorías 87; Grasas 5,4 g; Carbohidratos 7,7 g; Azúcar 4,8 g; Proteínas 3,9 g; Colesterol 5 mg

Ratatouille en la freidora

Tiempo de preparación: 10 minutos; Tiempo de cocción: 15 minutos; Servir: 6

Ingredientes:
- 1 berenjena, cortada en dados
- 1 cebolla, cortada en dados
- 3 tomates, cortados en dados
- 1 pimiento rojo, cortado en dados
- 1 pimiento verde, cortado en dados
- 1 cucharada de vinagre
- 2 cucharadas de aceite de oliva
- 2 cucharadas de hierbas de Provenza
- 2 dientes de ajo picados
- Pimienta
- Sal

Direcciones:
1. Precaliente la freidora de aire cosori a 400 F.
2. Añada todos los ingredientes en el bol, mézclelos bien y páselos a la fuente de la freidora.
3. Coloque el plato en la cesta de la freidora y cocine durante 15 minutos. Revuelva a mitad de camino.
4. Servir y disfrutar.

Valor nutricional (cantidad por ración):
Calorías 91; Grasas 5 g; Carbohidratos 11,6 g; Azúcar 6,4 g; Proteínas 1,9 g; Colesterol 0 mg

Floretes de coliflor al ajo

Tiempo de preparación: 10 minutos; Tiempo de cocción: 20 minutos; Servir: 4

Ingredientes:
- 5 tazas de floretes de coliflor
- 1/2 cucharadita de comino en polvo
- 1/2 cucharadita de cilantro molido
- 6 dientes de ajo picados
- 4 cucharadas de aceite de oliva
- 1/2 cucharadita de sal

Direcciones:
1. Añade los ramilletes de coliflor y el resto de los ingredientes en el bol grande y mézclalos bien.
2. Añada los ramilletes de coliflor en la cesta de la freidora de aire y cocínelos a 400 F durante 20 minutos. Agite la cesta a mitad de camino.
3. Servir y disfrutar.

Valor nutricional (cantidad por ración):
Calorías 159; Grasas 14,2 g; Carbohidratos 8,2 g; Azúcar 3,1 g; Proteínas 2,8 g; Colesterol 0 mg

Coles de Bruselas a la parmesana

Tiempo de preparación: 10 minutos; Tiempo de cocción: 12 minutos; Servir: 4

Ingredientes:
- 1 libra de coles de Bruselas, sin los tallos y cortadas por la mitad
- 1/4 de taza de queso parmesano rallado
- 2 cucharadas de aceite de oliva
- Pimienta
- Sal

Direcciones:
1. Precaliente la freidora de aire cosori a 350 F.
2. En un recipiente, mezcle las coles de Bruselas con aceite, pimienta y sal.
3. Ponga las coles de Bruselas en la cesta de la freidora y cocínelas durante 12 minutos. Agite la cesta a mitad de camino.
4. Espolvorear con queso parmesano y servir.

Valor nutricional (cantidad por ración):
Calorías 129; Grasas 8,7 g; Carbohidratos 10,6 g; Azúcar 2,5 g; Proteínas 5,9 g; Colesterol 4 mg

Tomates sabrosos

Tiempo de preparación: 10 minutos; Tiempo de cocción: 15 minutos; Servir: 4
Ingredientes:
- 4 tomates romanos, cortados en rodajas, quitando las semillas de la parte más dura
- 1 cucharada de aceite de oliva
- 1/2 cucharadita de tomillo seco
- 2 dientes de ajo picados
- Pimienta
- Sal

Direcciones:
1. Precaliente la freidora de aire cosori a 390 F.
2. Mezcle los tomates cortados con aceite, tomillo, ajo, pimienta y sal.
3. Coloque los tomates cortados en la cesta de la freidora y cocínelos durante 15 minutos.
4. Servir y disfrutar.

Valor nutricional (cantidad por ración):
Calorías 55; Grasas 3,8 g; Carbohidratos 5,4 g; Azúcar 3,3 g; Proteínas 1,2 g; Colesterol 0 mg

Zanahorias asadas saludables

Tiempo de preparación: 10 minutos; Tiempo de cocción: 12 minutos; Servir: 4
Ingredientes:
- 2 tazas de zanahorias, peladas y picadas
- 1 cucharadita de comino
- 1 cucharada de aceite de oliva
- 1/4 de cilantro fresco picado

Direcciones:
1. Mezcle las zanahorias con el comino y el aceite y colóquelas en la cesta de la freidora.
2. Cocinar a 390 F durante 12 minutos.
3. Adorne con cilantro fresco y sirva.

Valor nutricional (cantidad por ración):
Calorías 55; Grasas 3,6 g; Carbohidratos 5,7 g; Azúcar 2,7 g; Proteínas 0,6 g; Colesterol 0 mg

Coliflor al curry con piñones

Tiempo de preparación: 10 minutos; Tiempo de cocción: 10 minutos; Servir: 4
Ingredientes:
- 1 cabeza de coliflor pequeña, cortada en ramilletes
- 2 cucharadas de aceite de oliva
- 1/4 de taza de piñones tostados
- 1 cucharada de curry en polvo
- 1/4 de cucharadita de sal

Direcciones:
1. Precaliente la freidora de aire cosori a 350 F.
2. En un bol, mezcle los ramilletes de coliflor con el aceite, el curry en polvo y la sal.
3. Añada los ramilletes de coliflor en la cesta de la freidora y cocínelos durante 10 minutos. Agite la cesta a mitad de camino.
4. Pasar la coliflor a la fuente de servir. Añadir los piñones y mezclar bien.
5. Servir y disfrutar.

Valor nutricional (cantidad por ración):
Calorías 139; Grasas 13,1 g; Carbohidratos 5,5 g; Azúcar 1,9 g; Proteínas 2,7 g; Colesterol 0 mg

Calabaza de tomillo y salvia

Tiempo de preparación: 10 minutos; Tiempo de cocción: 12 minutos; Servir: 4

Ingredientes:
- 2 libras de calabaza, cortada en trozos
- 1 cucharadita de tomillo fresco picado
- 1 cucharada de salvia fresca picada
- 1 cucharada de aceite de oliva
- Pimienta
- Sal

Direcciones:
1. Precaliente la freidora de aire cosori a 390 F.
2. En un bol, mezcle la calabaza con el tomillo, la salvia, el aceite, la pimienta y la sal.
3. Añada la calabaza en la cesta de la freidora y cocine durante 10 minutos. Agite bien la cesta y cocine durante 2 minutos más.
4. Servir y disfrutar.

Valor nutricional (cantidad por ración):
Calorías 50; Grasas 3,8 g; Carbohidratos 4,2 g; Azúcar 2,5 g; Proteínas 1,4 g; Colesterol 0 mg

Judías verdes con cebolla

Tiempo de preparación: 10 minutos; Tiempo de cocción: 6 minutos; Servir: 4

Ingredientes:
- 1 libra de judías verdes, recortadas
- 2 cucharadas de aceite de oliva
- 1/2 taza de cebolla en rodajas
- Pimienta
- Sal

Direcciones:
1. En un bol, mezcle las judías verdes con el aceite, la cebolla cortada, la pimienta y la sal.
2. Añada las judías verdes en la cesta de la freidora de aire y cocínelas a 330 F durante 5 minutos. Agite bien la cesta y cocine durante 1 minuto más.
3. Servir y disfrutar.

Valor nutricional (cantidad por ración):
Calorías 101; Grasas 7,2 g; Carbohidratos 9,5 g; Azúcar 2,2 g; Proteínas 2,2 g; Colesterol 0 mg

Setas silvestres fáciles

Tiempo de preparación: 10 minutos; Tiempo de cocción: 12 minutos; Servir: 4

Ingredientes:
- 1 libra de setas silvestres, limpias
- 1 cucharada de aceite de oliva
- 1 diente de ajo picado
- 1 cucharadita de tomillo fresco
- Pimienta
- Sal

Direcciones:
1. En un bol, añada las setas y el resto de los ingredientes y mézclelos bien.
2. Añada los champiñones en la cesta de la freidora de aire y cocínelos a 350 F durante 12 minutos. Agite la cesta a mitad de camino.
3. Servir y disfrutar.

Valor nutricional (cantidad por ración):
Calorías 56; Grasas 3,8 g; Carbohidratos 4,2 g; Azúcar 2 g; Proteínas 3,6 g; Colesterol 0 mg

Deliciosos espárragos al limón con queso

Tiempo de preparación: 10 minutos; Tiempo de cocción: 10 minutos; Servir: 4

Ingredientes:
- 1 libra de espárragos, cortados los extremos leñosos y recortados
- 1 oz de queso feta, desmenuzado
- 1 cucharada de zumo de limón fresco
- 1 cucharadita de aceite de oliva
- Pimienta
- Sal

Direcciones:

1. Mezcle los espárragos con el zumo de limón, el aceite de oliva, la mitad del queso feta, la pimienta y la sal en un bol.
2. Añade los espárragos en la cesta de la freidora y cubre con el resto del queso feta.
3. Cocinar a 400 F durante 10 minutos.
4. Servir y disfrutar.

Valor nutricional (cantidad por ración):
Calorías 52; Grasas 2,9 g; Carbohidratos 4,8 g; Azúcar 2,5 g; Proteínas 3,5 g; Colesterol 6 mg

Champiñones con mantequilla de ajo

Tiempo de preparación: 10 minutos; Tiempo de cocción: 15 minutos; Servir: 4

Ingredientes:
- 16 oz de champiñones portobello pequeños, cortados por la mitad
- 2 cucharaditas de aminoácidos de coco
- 2 cucharaditas de ajo picado
- 2 cucharadas de mantequilla derretida

Direcciones:
1. En un bol, mezcle los champiñones con los aminos de coco, el ajo y la mantequilla.
2. Añada los champiñones en la cesta de la freidora de aire y cocínelos a 400 F durante 12-15 minutos. Agite la cesta a mitad de camino.
3. Servir y disfrutar.

Valor nutricional (cantidad por ración):
Calorías 131; Grasas 8,3 g; Carbohidratos 12 g; Azúcar 8,4 g; Proteínas 1,9 g; Colesterol 15 mg

Capítulo 9: Postres

Muffins de canela y nueces

Tiempo de preparación: 10 minutos; Tiempo de cocción: 15 minutos; Servir: 12

Ingredientes:
- 4 huevos
- 1 cucharada de polvo de hornear
- 1 1/2 tazas de harina de almendra
- 1 cucharadita de vainilla
- 1/4 de taza de leche de almendras sin azúcar
- 1/2 taza de nueces picadas
- 1/2 cucharadita de canela molida
- 2 cucharaditas de pimienta de Jamaica
- 2 cucharadas de mantequilla derretida
- 1/2 taza de Swerve
- 1 cucharadita de cáscara de psilio

Direcciones:
1. Precaliente la freidora de aire cosori a 400 F.
2. Bata los huevos, la leche de almendras, la vainilla, el edulcorante y la mantequilla en un bol con una batidora de mano hasta que esté suave.
3. Añadir el resto de los ingredientes y mezclar hasta que estén bien combinados.
4. Vierta la masa en moldes de silicona para muffins y colóquelos en la cesta de la freidora de aire. En tandas.
5. Cocer durante 15 minutos.
6. Servir y disfrutar.

Valor nutricional (cantidad por ración):
Calorías 101; Grasas 8,9 g; Carbohidratos 3,6 g; Azúcar 0,5 g; Proteínas 3,2 g; Colesterol 60 mg

Muffins de fresa y almendra

Tiempo de preparación: 10 minutos; Tiempo de cocción: 20 minutos; Servir: 12

Ingredientes:
- 3 huevos
- 2 1/2 tazas de harina de almendra
- 1/2 taza de Swerve
- 5 cucharadas de mantequilla derretida
- 1 cucharadita de canela
- 2 cucharaditas de polvo de hornear
- 2/3 de taza de fresas, cortadas en dados
- 1/3 de taza de crema de leche
- 1 cucharadita de vainilla
- 1/4 de cucharadita de sal del Himalaya

Direcciones:
1. Precaliente la freidora de aire cosori a 350 F.
2. En un bol, bata la mantequilla y el swerve. Añade los huevos, la nata y la vainilla y bate hasta que esté espumoso.
3. Tamizar la harina de almendras, la canela, la levadura en polvo y la sal.
4. Añadir la mezcla de harina de almendra a los ingredientes húmedos y mezclar hasta que se combinen. Añadir las fresas y mezclar bien.
5. Vierta la masa en los moldes de silicona para magdalenas y colóquelos en la cesta de la freidora de aire. En tandas.
6. Cocer durante 20 minutos.
7. Servir y disfrutar.

Valor nutricional (cantidad por ración):
Calorías 108; Grasas 10,1 g; Carbohidratos 2,7 g; Azúcar 0,7 g; Proteínas 2,8 g; Colesterol 58 mg

Muffins de queso crema y canela

Tiempo de preparación: 10 minutos; Tiempo de cocción: 20 minutos; Servir: 10

Ingredientes:
- 2 huevos
- 1/2 cucharadita de extracto de vainilla
- 1/2 taza de Swerve
- 8 oz de queso crema
- 1 cucharadita de canela molida

Direcciones:
1. Precaliente la freidora de aire cosori a 350 F.
2. En un tazón, mezcle el queso crema, la vainilla, Swerve y los huevos hasta que estén suaves.
3. Vierte la masa en el molde de silicona para magdalenas y espolvorea canela por encima.
4. Coloque el molde para panecillos en la cesta de la freidora de aire. En tandas.
5. Cocer durante 20 minutos.
6. Servir y disfrutar.

Valor nutricional (cantidad por ración):
Calorías 93; Grasas 8,8 g; Carbohidratos 1 g; Azúcar 0,2 g; Proteínas 2,8 g; Colesterol 58 mg

Magdalenas húmedas de almendra

Tiempo de preparación: 10 minutos; Tiempo de cocción: 15 minutos; Servir: 20

Ingredientes:
- 1/2 taza de aceite de coco
- 1/2 taza de harina de almendra
- 1/2 taza de puré de calabaza
- 1/2 taza de mantequilla de almendras
- 1 cucharada de canela
- 1 cucharadita de polvo de hornear
- 2 cucharadas de proteína de vainilla en polvo

Direcciones:
1. Precaliente la freidora de aire cosori a 350 F.
2. En un tazón grande, mezcle todos los ingredientes secos.
3. Añadir los ingredientes húmedos a los secos y mezclar hasta que estén bien combinados.
4. Vierta la masa en los moldes de silicona para magdalenas y colóquelos en la cesta de la freidora de aire. En tandas.
5. Cocer durante 15 minutos.
6. Servir y disfrutar.

Valor nutricional (cantidad por ración):
Calorías 68; Grasas 6,1 g; Carbohidratos 1,2 g; Azúcar 0,3 g; Proteínas 3 g; Colesterol 0 mg

Muffins de queso y limón

Tiempo de preparación: 10 minutos; Tiempo de cocción: 14 minutos; Servir: 12

Ingredientes:
- 3 huevos
- 1/4 de taza de aceite de coco
- 1/4 de taza de queso ricotta
- 1 taza de harina de almendra
- 1 cucharadita de extracto de limón
- 1/4 de taza de crema de leche
- 4 paquetes de limón verdadero
- 2 cucharadas de semillas de amapola
- 1 cucharadita de polvo de hornear
- 1/3 de taza de Swerve

Direcciones:
1. Añade todos los ingredientes en el bol grande y bátelos hasta que estén esponjosos.
2. Vierta la masa en los moldes de silicona para magdalenas y colóquelos en la cesta de la freidora de aire. En tandas.
3. Cocinar a 320 F durante 14 minutos o hasta que esté cocido.
4. Servir y disfrutar.

Valor nutricional (cantidad por ración):
Calorías 93; Grasas 8,8 g; Carbohidratos 1,6 g; Azúcar 0,4 g; Proteínas 2,8 g; Colesterol 46 mg

Brownie de taza fácil

Tiempo de preparación: 10 minutos; Tiempo de cocción: 10 minutos; Servir: 1
Ingredientes:
- 1/4 de taza de leche de coco sin azúcar
- 1 cucharada de cacao en polvo
- 1 cucharada de proteína de chocolate en polvo
- 1/2 cucharadita de levadura en polvo

Direcciones:
1. En una taza apta para el calor, mezcle la levadura en polvo, la proteína en polvo y el cacao en polvo. Añade la leche y remueve bien.
2. Coloque la taza en la cesta de la freidora de aire y cocine a 390 F durante 10 minutos.
3. Servir y disfrutar.

Valor nutricional (cantidad por ración):
Calorías 207; Grasas 15,8 g; Carbohidratos 9,5 g; Azúcar 3,1 g; Proteínas 12,4 g; Colesterol 20 mg

Deliciosas galletas de chocó

Tiempo de preparación: 10 minutos; Tiempo de cocción: 10 minutos; Servir: 20
Ingredientes:
- 1 taza de harina de almendra
- 1 taza de mantequilla de almendras
- 2 cucharadas de proteína de chocolate en polvo
- 3 cucharadas de chía molida

Direcciones:
1. Forre la cesta de la freidora con papel de aluminio.
2. Precaliente la freidora de aire cosori a 350 F.
3. En un bol grande, añada todos los ingredientes y mézclelos hasta que estén bien combinados.
4. Hacer bolitas con la mezcla. Coloque algunas bolas sobre papel de aluminio en la cesta de la freidora. Presione ligeramente hacia abajo con la parte posterior de un tenedor.
5. Cocinar durante 10 minutos. Cocinar las galletas restantes en tandas.
6. Deje que se enfríe por completo.
7. Servir y disfrutar.

Valor nutricional (cantidad por ración):
Calorías 21; Grasas 1,3 g; Carbohidratos 0,7 g; Azúcar 0,1 g; Proteínas 1,9 g; Colesterol 0 mg

Brownies de mantequilla de almendras y caramelo

Tiempo de preparación: 10 minutos; Tiempo de cocción: 10 minutos; Servir: 4
Ingredientes:
- 2 cucharadas de cacao en polvo
- 1/4 de cucharadita de polvo de hornear
- 1/2 cucharadita de bicarbonato de sodio
- 2 cucharadas de compota de manzana sin azúcar
- 15 gotas de stevia líquida
- 3 cucharadas de harina de almendra
- 1/2 cucharadita de vainilla
- 1 cucharada de leche de almendras sin azúcar
- 1/2 taza de mantequilla de almendras
- 1 cucharada de aceite de coco derretido
- 1/4 de cucharadita de sal marina

Direcciones:
1. Precaliente la freidora de aire cosori a 350 F.
2. Engrasar la fuente de horno de la freidora con spray de cocina y reservar.
3. En un bol pequeño, mezcle la harina de almendras, la levadura en polvo, el bicarbonato de sodio, el cacao en polvo y la sal. Reservar.

4. En un recipiente apto para microondas, calienta suavemente el aceite de coco y la mantequilla de almendras hasta que se derritan.
5. Añade la stevia, la vainilla, la leche y el puré de manzana en la mezcla de aceite de coco y remueve bien.
6. Añadir los ingredientes secos a los húmedos y remover para combinarlos.
7. Vierta la masa en el plato preparado.
8. Coloque el plato en la cesta de la freidora de aire y cocine durante 10 minutos.
9. Cortar y servir.

Valor nutricional (cantidad por ración):
Calorías 173; Grasas 15,4 g; Carbohidratos 7,5 g; Azúcar 1,7 g; Proteínas 5,5 g; Colesterol 0 mg

Mug Cake de vainilla

Tiempo de preparación: 10 minutos; Tiempo de cocción: 10 minutos; Servir: 1
Ingredientes:
- 1/4 de taza de leche de almendras sin azúcar
- 1 cucharada de proteína de vainilla en polvo
- 1/2 cucharadita de canela
- 1/4 de cucharadita de vainilla
- 1 cucharadita de Swerve
- 1 cucharada de harina de almendra
- 1/2 cucharadita de levadura en polvo

Direcciones:
1. Añade la proteína en polvo, el Swerve, la canela, la harina de almendras y la levadura en polvo en la taza de uso térmico y mezcla bien.
2. Añadir la vainilla y la leche de almendras y remover bien.
3. Coloque la taza en la cesta de la freidora de aire y cocine a 390 F durante 10 minutos
4. Servir y disfrutar.

Valor nutricional (cantidad por ración):
Calorías 294; Grasas 15 g; Carbohidratos 11,2 g; Azúcar 1,5 g; Proteínas 33,3 g; Colesterol 2 mg

Brownies de chocolate húmedo

Tiempo de preparación: 10 minutos; Tiempo de cocción: 30 minutos; Servir: 8
Ingredientes:
- 3 huevos
- 1/2 taza de chispas de chocolate sin azúcar
- 1 cucharadita de vainilla
- 1/4 de taza de Swerve
- 1/2 taza de mantequilla

Direcciones:
1. Añade las chispas de chocolate y la mantequilla en el bol apto para microondas y mételo en el microondas durante 1 minuto. Retira del microondas y remueve bien.
2. En un bol, añadir los huevos, la vainilla y Swerve y batir hasta que esté espumoso.
3. Vierta el chocolate derretido y la mantequilla en el bol y bata hasta que se combinen.
4. Vierta la masa en la sartén de la freidora engrasada.
5. Coloque la sartén en la cesta de la freidora de aire y cocine a 350 F durante 30 minutos.
6. Cortar y servir.

Valor nutricional (cantidad por ración):
Calorías 227; Grasas 21,2 g; Carbohidratos 4,3 g; Azúcar 0,2 g; Proteínas 4,2 g; Colesterol 92 mg

Brownies de chocolate

Tiempo de preparación: 10 minutos; Tiempo de cocción: 25 minutos; Servir: 16

Ingredientes:
- 3 huevos
- 1/3 de taza de chispas de chocolate sin azúcar
- 3/4 de taza de Swerve
- 1 taza de mantequilla de cacahuete sin azúcar
- 1 taza de harina de almendra

Direcciones:
1. En un bol, bata los huevos, el edulcorante y la mantequilla de cacahuete.
2. Añadir la harina de almendras y el cacao en polvo y mezclar hasta que quede suave.
3. Añada los trozos de chocolate y mezcle bien.
4. Vierta la masa en el plato de la freidora.
5. Coloque el plato en la cesta de la freidora de aire y cocine a 300 F durante 25 minutos.
6. Servir y disfrutar.

Valor nutricional (cantidad por ración):
Calorías 145; Grasas 12,4 g; Carbohidratos 4,9 g; Azúcar 1,1 g; Proteínas 5,1 g; Colesterol 31 mg

Brownies Keto súper fáciles

Tiempo de preparación: 10 minutos; Tiempo de cocción: 10 minutos; Servir: 2

Ingredientes:
- 1 huevo
- 2 cucharadas de nueces picadas
- 2 cucharadas de chispas de chocolate sin azúcar
- 4 cucharadas de mantequilla derretida
- 2 cucharadas de cacao en polvo sin azúcar
- 3 cucharadas de Swerve
- 1/3 de taza de harina de almendra

Direcciones:
1. Precaliente la freidora de aire cosori a 350 F.
2. Rocíe dos moldes con aceite en aerosol y resérvelos.
3. En un bol, mezclar la harina de almendras, el swerve, el cacao en polvo y la levadura en polvo. Añade la mantequilla derretida y el huevo y mézclalo todo hasta que quede suave.
4. Añada las chispas de chocolate y las nueces y mezcle bien.
5. Vierta la masa en los moldes preparados. Coloque los moldes en la cesta de la freidora y cocine durante 10 minutos.
6. Servir y disfrutar.

Valor nutricional (cantidad por ración):
Calorías 451; Grasas 43,4 g; Carbohidratos 12,6 g; Azúcar 0,8 g; Proteínas 8,1 g; Colesterol 143 mg

Tarta de chocolate húmeda

Tiempo de preparación: 10 minutos; Tiempo de cocción: 30 minutos ; Servir: 12

Ingredientes:
- 6 huevos
- 1 1/4 taza de Swerve
- 1/2 taza de harina de almendra
- 10 oz de mantequilla derretida
- 10 oz de chocolate sin azúcar, derretido
- Una pizca de sal

Direcciones:
1. Precaliente la freidora de aire cosori a 350 F.
2. Rocíe una bandeja para hornear con aceite en aerosol y déjela a un lado.
3. Añadir los huevos en el bol grande y batir hasta que estén espumosos. Añadir el edulcorante y remover bien.

4. Añadir la mantequilla derretida, el chocolate, la harina de almendras y la sal y remover para combinar.
5. Vierta la masa en el plato.
6. Coloque el plato en la cesta de la freidora de aire y cocine durante 30 minutos.
7. Cortar y servir.

Valor nutricional (cantidad por ración):
Calorías 326; Grasas 34,3 g; Carbohidratos 7,7 g; Azúcar 0,4 g; Proteínas 6,3 g; Colesterol 133 mg

Deliciosas magdalenas de chocolate

Tiempo de preparación: 10 minutos; Tiempo de cocción: 30 minutos ; Servir: 10
Ingredientes:
- 2 huevos ligeramente batidos
- 1 cucharada de levadura en polvo, sin gluten
- 4 cucharadas de Swerve
- 1/2 taza de cacao en polvo sin azúcar
- 1/2 taza de nata
- 1/2 cucharadita de vainilla
- 1 taza de harina de almendra
- Una pizca de sal

Direcciones:
1. Precaliente la freidora de aire cosori a 375 F.
2. En un bol, mezclar la harina de almendras, la levadura en polvo, el swerve, el cacao en polvo y la sal.
3. En un bol aparte, batir los huevos con la nata y la vainilla.
4. Verter la mezcla de huevos en la mezcla de harina de almendras y mezclar bien.
5. Vierta la masa en los moldes de silicona para magdalenas.
6. Coloque los moldes en la cesta de la freidora de aire y cocine durante 30 minutos. Cocine en tandas.
7. Servir y disfrutar.

Valor nutricional (cantidad por ración):
Calorías 50; Grasas 3,5 g; Carbohidratos 4,9 g; Azúcar 0,5 g; Proteínas 2,7 g; Colesterol 35 mg

Brownie de chocolate y mantequilla de almendras

Tiempo de preparación: 10 minutos; Tiempo de cocción: 20 minutos ; Servir: 4
Ingredientes:
- 1 taza de plátano, sobremaduro y machacado
- 1 cucharada de proteína de vainilla en polvo
- 1/2 cucharadita de vainilla
- 2 cucharadas de cacao en polvo sin azúcar
- 1/2 taza de mantequilla de almendras derretida

Direcciones:
1. Precaliente la freidora de aire cosori a 350 F.
2. Forrar la fuente de horno con papel pergamino y reservar.
3. Añade todos los ingredientes a la batidora y bátelos hasta que queden homogéneos.
4. Vierta la masa en el plato preparado.
5. Coloque el plato en la cesta de la freidora de aire y cocine durante 20 minutos.
6. Cortar y servir.

Valor nutricional (cantidad por ración):
Calorías 81; Grasas 1,6 g; Carbohidratos 10,6 g; Azúcar 4,9 g; Proteínas 8,1 g; Colesterol 0 mg

Ricas magdalenas de brownie

Tiempo de preparación: 10 minutos; Tiempo de cocción: 15 minutos; Servir: 6

Ingredientes:
- 3 huevos
- 1/3 de taza de cacao en polvo sin azúcar
- 1/2 taza de Swerve
- 1 taza de harina de almendra
- 1 cucharada de gelatina
- 1/3 de taza de mantequilla derretida

Direcciones:
1. Añada todos los ingredientes en el bol de la batidora y remuévalos hasta que estén bien combinados.
2. Vierta la mezcla en los mini moldes de silicona para magdalenas.
3. Coloque los moldes en la cesta de la freidora de aire y cocine a 350 F durante 10-15 minutos.
4. Servir y disfrutar.

Valor nutricional (cantidad por ración):
Calorías 164; Grasas 15,4 g; Carbohidratos 4 g; Azúcar 0,4 g; Proteínas 5,8 g; Colesterol 109 mg

Muffins de tarta de queso

Tiempo de preparación: 10 minutos; Tiempo de cocción: 20 minutos; Servir: 12

Ingredientes:
- 2 huevos
- 16 oz de queso crema
- 1/2 cucharadita de vainilla
- 1/2 taza de Swerve
- 6 cucharadas de cacao en polvo sin azúcar

Direcciones:
1. Precaliente la freidora de aire cosori a 350 F.
2. En un bol, batir el queso crema hasta que esté suave.
3. Añadir el resto de los ingredientes y batir hasta que estén bien combinados.
4. Colocar la mezcla con una cuchara en los moldes de silicona para magdalenas.
5. Coloque los moldes en la cesta de la freidora de aire y cocine durante 18-20 minutos. Cocine en tandas.
6. Servir y disfrutar.

Valor nutricional (cantidad por ración):
Calorías 149; Grasas 14,3 g; Carbohidratos 2,6 g; Azúcar 0,2 g; Proteínas 4,3 g; Colesterol 69 mg

Muffins de arándanos

Tiempo de preparación: 10 minutos; Tiempo de cocción: 20 minutos; Servir: 12

Ingredientes:
- 2 huevos
- 1/2 cucharadita de vainilla
- 1/2 taza de Swerve
- 16 oz de queso crema
- 1/4 de taza de almendras en rodajas
- 1/4 de taza de arándanos

Direcciones:
1. Precaliente la freidora de aire cosori a 350 F.
2. En un bol, batir el queso crema hasta que esté suave.
3. Añadir los huevos, la vainilla y el edulcorante y batir hasta que estén bien combinados.
4. Añadir las almendras y los arándanos y mezclar bien.
5. Colocar la mezcla con una cuchara en los moldes de silicona para magdalenas.
6. Coloque los moldes en la cesta de la freidora de aire y cocine durante 20 minutos. Cocine en tandas.

7. Servir y disfrutar.

Valor nutricional (cantidad por ración):
Calorías 156; Grasas 14,9 g; Carbohidratos 2 g; Azúcar 0,5 g; Proteínas 4,2 g; Colesterol 69 mg

Galletas de mantequilla

Tiempo de preparación: 10 minutos; Tiempo de cocción: 10 minutos; Servir: 10

Ingredientes:
- 3 cucharadas de mantequilla ablandada
- 1/4 de taza de Swerve
- 1/2 cucharadita de vainilla
- 1 taza de harina de almendra

Direcciones:
1. Precaliente la freidora de aire cosori a 350 F.
2. Forrar la cesta de la freidora con papel pergamino.
3. Añada todos los ingredientes en el bol de la batidora y mézclelos hasta que estén bien combinados.
4. Haga bolas de 1 pulgada con la mezcla y colóquelas en la cesta de la freidora. En tandas.
5. Con un tenedor aplanar cada bola y cocinar durante 10 minutos.
6. Servir y disfrutar.

Valor nutricional (cantidad por ración):
Calorías 47; Grasas 4,9 g; Carbohidratos 0,7 g; Azúcar 0,1 g; Proteínas 0,6 g; Colesterol 9 mg

Galletas de almendra

Tiempo de preparación: 10 minutos; Tiempo de cocción: 12 minutos; Servir: 12

Ingredientes:
- 1 taza de harina de almendra
- 2 1/2 cucharadas de Swerve
- 1 cucharada de agua
- 2 cucharadas de aceite de coco derretido
- Una pizca de sal

Direcciones:
1. Precaliente la freidora de aire cosori a 350 F.
2. Forrar la cesta de la freidora con papel pergamino.
3. Añada todos los ingredientes en el bol de la batidora y mézclelos hasta que estén bien combinados.
4. Haga bolas de 1 pulgada con la mezcla y colóquelas en la cesta de la freidora. En tandas.
5. Con un tenedor, aplane cada bola y cocínela durante 10-12 minutos.
6. Servir y disfrutar.

Valor nutricional (cantidad por ración):
Calorías 34; Grasas 3,4 g; Carbohidratos 0,9 g; Azúcar 0,1 g; Proteínas 0,5 g; Colesterol 0 mg

Brownies de queso crema

Tiempo de preparación: 10 minutos; Tiempo de cocción: 20 minutos; Servir: 12

Ingredientes:
- 6 huevos
- 2 cucharaditas de vainilla
- 1/2 cucharadita de levadura en polvo
- 2/3 de taza de cacao en polvo sin azúcar
- 1 1/2 barritas de mantequilla derretida
- 4 cucharadas de Swerve
- 4 oz de queso crema, ablandado

Direcciones:
1. Añade todos los ingredientes en el bol grande y bátelos hasta que estén suaves con una batidora de mano.

2. Vierta la mezcla en el recipiente para hornear de la freidora engrasado.
3. Coloque el plato en la cesta de la freidora de aire y cocine a 350 F durante 20 minutos.
4. Cortar y servir.

Valor nutricional (cantidad por ración):
Calorías 181; Grasas 17,6 g; Carbohidratos 3,9 g; Azúcar 0,4 g; Proteínas 4,5 g; Colesterol 123 mg

Brownie proteico de chocolate

Tiempo de preparación: 10 minutos; Tiempo de cocción: 15 minutos; Servir: 8
Ingredientes:
- 1/2 cucharadita de vainilla
- 3 cucharadas de mantequilla de coco derretida
- 4 claras de huevo
- 2 cucharadas de proteína de chocolate en polvo
- 3 cucharadas de cacao en polvo sin azúcar
- 1/4 de taza de Swerve
- 1/4 de taza de harina de almendra
- 1/4 de cucharadita de sal

Direcciones:
1. Precaliente la freidora de aire cosori a 300 F.
2. Engrasar la fuente de horno de la freidora y reservar.
3. En un tazón mediano, mezcle todos los ingredientes secos.
4. Añade las claras de huevo, la vainilla y la mantequilla de coco derretida en el bol de la batidora y bate hasta que esté suave.
5. Añadir la mezcla seca a la mezcla de clara de huevo y mezclar hasta que esté bien combinada.
6. Vierta la masa en el plato preparado.
7. Coloque el plato en la cesta de la freidora de aire y cocine durante 15 minutos.
8. Cortar y servir.

Valor nutricional (cantidad por ración):
Calorías 70; Grasas 4,5 g; Carbohidratos 3,3 g; Azúcar 0,8 g; Proteínas 5,2 g; Colesterol 5 mg

Bocaditos de brownie

Tiempo de preparación: 10 minutos; Tiempo de cocción: 20 minutos; Servir: 12
Ingredientes:
- 6 huevos
- 4 oz de queso crema
- 2 cucharaditas de vainilla
- 1/2 cucharadita de levadura en polvo
- 2 oz de cacao en polvo sin azúcar
- 5 oz de mantequilla derretida
- 1/2 taza de nueces picadas
- 4 cucharadas de Swerve

Direcciones:
1. Añade todos los ingredientes, excepto las nueces, en el bol de la batidora y bátelos hasta que queden homogéneos.
2. Añadir las nueces y mezclar bien.
3. Vierta la masa en la bandeja para hornear de la freidora engrasada.
4. Coloque el plato en la cesta de la freidora de aire y cocine a 350 F durante 20-25 minutos.
5. Cortar y servir.

Valor nutricional (cantidad por ración):
Calorías 196; Grasas 18,8 g; Carbohidratos 4,4 g; Azúcar 0,4 g; Proteínas 5,8 g; Colesterol 118 mg

Brownies de calabacín

Tiempo de preparación: 10 minutos; Tiempo de cocción: 20 minutos; Servir: 6

Ingredientes:
- 2 huevos ligeramente batidos
- 1/4 de taza de Swerve
- 1 taza de mantequilla de sol
- 1/2 taza de cacao en polvo sin azúcar
- 1/4 de taza de leche de coco sin azúcar
- 1 calabacín, rallado y exprimido todo el líquido
- 1/4 de taza de harina de coco

Direcciones:
1. Precaliente la freidora de aire cosori a 350 F.
2. Forrar la fuente de horno de la freidora con papel pergamino y reservar.
3. En un tazón grande, mezcle la mantequilla solar, la leche y los huevos.
4. Añadir la harina de coco, el edulcorante, el calabacín y el cacao en polvo y remover para combinar.
5. Vierta la mezcla en el plato de preparación.
6. Coloque el plato en la cesta de la freidora de aire y cocine durante 20 minutos.
7. Cortar y servir.

Valor nutricional (cantidad por ración):
Calorías 109; Grasas 6,2 g; Carbohidratos 12,4 g; Azúcar 1,8 g; Proteínas 5,1 g; Colesterol 55 mg

Brownies de chocolate y mantequilla de almendras

Tiempo de preparación: 10 minutos; Tiempo de cocción: 20 minutos; Servir: 4

Ingredientes:
- 1/2 taza de mantequilla de almendras derretida
- 2 cucharadas de cacao en polvo sin azúcar
- 2 cucharadas de nueces picadas
- 1 taza de plátanos, demasiado maduros
- 1 cucharada de proteína de suero de leche en polvo

Direcciones:
1. Precaliente la freidora de aire cosori a 350 F.
2. Rocíe la fuente de horno de la freidora con spray de cocina.
3. Añade todos los ingredientes, excepto la nuez, en la batidora y bátelos hasta que queden homogéneos.
4. Vierta la masa en el plato preparado. Añadir las nueces a la masa y remover bien.
5. Coloque el plato en la cesta de la freidora de aire y cocine durante 20 minutos.
6. Servir y disfrutar.

Valor nutricional (cantidad por ración):
Calorías 106; Grasas 4,4 g; Carbohidratos 11,7 g; Azúcar 5 g; Proteínas 7,9 g; Colesterol 16 mg

Tarta de choco y lava

Tiempo de preparación: 10 minutos; Tiempo de cocción: 9 minutos; Servir: 2

Ingredientes:
- 1 huevo
- 2 cucharadas de agua
- 2 cucharadas de cacao en polvo sin azúcar
- 1/2 cucharadita de levadura en polvo
- 1 cucharada de harina de lino
- 2 cucharadas de Swerve
- 1 cucharada de aceite de coco derretido
- Una pizca de sal

Direcciones:
1. Batir todos los ingredientes en el bol y verterlos en dos ramequines.
2. Precaliente la freidora de aire cosori a 350 F.
3. Coloque los moldes en la cesta de la freidora y cocine durante 8-9 minutos.
4. Servir y disfrutar.

Valor nutricional (cantidad por ración):
Calorías 124; Grasas 11 g; Carbohidratos 6,7 g; Azúcar 0,3 g; Proteínas 4,6 g; Colesterol 82 mg

Deliciosa tarta de café

Tiempo de preparación: 10 minutos; Tiempo de cocción: 20 minutos; Servir: 6
Ingredientes:
- 4 huevos
- 1/4 de taza de Swerve
- 1 taza de mantequilla, ablandada
- 2/3 de taza de arándanos secos
- 1 1/2 tazas de harina de almendra
- 1 cucharadita de vainilla
- 1 cucharadita de ralladura de naranja
- 2 cucharaditas de especias mixtas
- 2 cucharaditas de canela

Direcciones:
1. Precaliente la freidora de aire cosori a 350 F.
2. En un bol, añadir el swerve y la mantequilla derretida y batir hasta que quede esponjoso.
3. Añadir la canela, la vainilla y la mezcla de especias y remover bien.
4. Añadir el huevo uno a uno y remover para combinar. Añadir la harina de almendras, la ralladura de naranja y los arándanos y mezclar hasta que estén bien combinados.
5. Vierta la masa en el molde para pasteles de la freidora engrasado.
6. Coloque el molde en la cesta de la freidora de aire y cocine durante 20 minutos.
7. Cortar y servir.

Valor nutricional (cantidad por ración):
- Calorías 364; Grasa 37,1 g; Carbohidratos 3,7 g; Azúcar 1,1 g; ; Colesterol 190 mg

Tarta de vainilla

Tiempo de preparación: 10 minutos; Tiempo de cocción: 35 minutos; Servir: 9
Ingredientes:
- 5 huevos
- 1 cucharadita de vainilla
- 1 cucharadita de polvo de hornear
- 6 oz de harina de almendra
- 1/2 taza de mantequilla, ablandada
- 1 taza de eritritol
- 4 oz de queso crema, ablandado

Direcciones:
1. Precaliente la freidora de aire cosori a 350 F.
2. Engrasar el molde para pasteles de la freidora de aire y reservar.
3. Añade todos los ingredientes en el bol de la batidora y bátelos hasta que queden esponjosos.
4. Vierta la masa en el molde preparado.
5. Coloque la sartén en la cesta de la freidora de aire y cocine durante 35-40 minutos.
6. Cortar y servir.

Valor nutricional (cantidad por ración):
- Calorías 278; Grasas 26,4 g; Carbohidratos 4,9 g; Azúcar 1 g; Proteínas 8,1 g ;

Chips de manzana

Tiempo de preparación: 10 minutos; Tiempo de cocción: 8 minutos; Servir: 6
Ingredientes:
- 3 manzanas, lavadas, sin corazón y cortadas en rodajas finas
- 1 cucharadita de canela molida
- Una pizca de sal

Direcciones:
1. Frote las rodajas de manzana con canela y sal y colóquelas en la cesta de la freidora.
2. Cocinar a 390 F durante 8 minutos. Dar la vuelta a mitad de camino.

3. Servir y disfrutar.

Valor nutricional (cantidad por ración):
Calorías 11; Grasa 0 g; Carbohidratos 3 g; Azúcar 2,2 g; Proteínas 0,1 g; Colesterol 0 mg

Manzanas con especias

Tiempo de preparación: 10 minutos; Tiempo de cocción: 10 minutos; Servir: 6

Ingredientes:
- 4 manzanas pequeñas, cortadas en rodajas
- 2 cucharadas de aceite de coco derretido
- 1 cucharadita de especia para tarta de manzana
- 1/2 taza de eritritol

Direcciones:
1. Poner las rodajas de manzana en un bol y espolvorear el edulcorante, la especia para tartas de manzana y el aceite de coco sobre la manzana y remover para cubrirla.
2. Poner las rodajas de manzana en la fuente de la freidora.
3. Coloque el plato en la cesta de la freidora de aire y cocine a 350 F durante 10 minutos.
4. Servir y disfrutar.

Valor nutricional (cantidad por ración):
Calorías 117; Grasas 4,8 g; Carbohidratos 20,7 g; Azúcar 15,5 g; Proteínas 0,4 g; Colesterol 0 mg

Deliciosas magdalenas de calabaza

Tiempo de preparación: 10 minutos; Tiempo de cocción: 20 minutos; Servir: 10

Ingredientes:
- 4 huevos grandes
- 2/3 de taza de eritritol
- 1 cucharadita de vainilla
- 1/3 de taza de aceite de coco derretido
- 1/2 taza de harina de almendra
- 1/2 taza de puré de calabaza
- 1 cucharada de especia de pastel de calabaza
- 1 cucharada de levadura en polvo, sin gluten
- 1/2 taza de harina de coco
- 1/2 cucharadita de sal marina

Direcciones:
1. Precaliente la freidora de aire cosori a 325 F.
2. En un tazón grande, mezcle la harina de coco, la especia de pastel de calabaza, la levadura en polvo, el eritritol, la harina de almendras y la sal marina.
3. Incorporar los huevos, la vainilla, el aceite de coco y el puré de calabaza hasta que estén bien combinados.
4. Vierta la masa en los moldes de silicona para magdalenas.
5. Coloque los moldes en la cesta de la freidora de aire y cocine durante 20 minutos. En tandas.
6. Servir y disfrutar.

Valor nutricional (cantidad por ración):
Calorías 135; Grasas 12,3 g; Carbohidratos 14 g; Azúcar 0,9 g; Proteínas 4 g; Colesterol 74 mg

Tarta de queso

Tiempo de preparación: 10 minutos; Tiempo de cocción: 30 minutos; Servir: 8

Ingredientes:
- 3 huevos ligeramente batidos
- 1 cucharadita de polvo de hornear
- 1/2 taza de ghee derretido
- 1 taza de harina de almendra
- 1/3 de taza de Swerve
- 1 taza de queso ricotta blando

Direcciones:
1. Añade todos los ingredientes al bol y mézclalos hasta que estén bien combinados.
2. Vierta la masa en la bandeja para hornear de la freidora engrasada.
3. Coloque el plato en la cesta de la freidora de aire y cocine a 350 F durante 30 minutos.
4. Cortar y servir.

Valor nutricional (cantidad por ración):
Calorías 259; Grasas 23,8 g; Carbohidratos 5,1 g; Azúcar 0,7 g; Proteínas 8,7 g; Colesterol 104 mg

Rodajas de piña fritas al aire

Tiempo de preparación: 5 minutos; Tiempo de cocción: 20 minutos; Servir: 4

Ingredientes:
- 4 rodajas de piña
- 2 cucharadas de eritritol
- 1 cucharadita de canela

Direcciones:
1. Añade las rodajas de piña, el edulcorante y la canela en la bolsa con cierre. Agitar bien y meter en la nevera durante 30 minutos.
2. Precaliente la freidora de aire cosori a 350 F.
3. Coloque las rodajas de piña en la cesta de la freidora de aire y cocine durante 20 minutos. Déle la vuelta a mitad de camino.
4. Servir y disfrutar.

Valor nutricional (cantidad por ración):
Calorías 11; Grasa 0 g; Carbohidratos 11,7 g; Azúcar 11 g; Proteínas 0 g; Colesterol 0 mg

Natillas de vainilla

Tiempo de preparación: 10 minutos; Tiempo de cocción: 20 minutos; Servir: 2

Ingredientes:
- 5 huevos
- 1/2 taza de leche de almendras sin azúcar
- 1/2 taza de queso crema
- 2 cucharadas de swerve
- 1 cucharadita de vainilla

Direcciones:
1. Añadir los huevos en un bol y batirlos con una batidora de mano.
2. Añadir el queso crema, el edulcorante, la vainilla y la leche de almendras y batir durante 2 minutos.
3. Rocíe dos ramequines con aceite en aerosol.
4. Vierta la masa en los moldes preparados.
5. Precaliente la freidora de aire cosori a 350 F.
6. Coloque los moldes en la cesta de la freidora y cocine durante 20 minutos.
7. Servir y disfrutar.

Valor nutricional (cantidad por ración):
Calorías 381; Grasas 32 g; Carbohidratos 5,2 g; Azúcar 1,2 g; Proteínas 18,5 g; Colesterol 473 mg

Galletas de mantequilla con queso mozzarella

Tiempo de preparación: 10 minutos; Tiempo de cocción: 12 minutos; Servir: 8

Ingredientes:
- 2 huevos
- 1/3 de taza de queso mozzarella rallado
- 1 1/4 de taza de harina de almendra
- 5 cucharadas de mantequilla derretida
- 1/3 de taza de crema agria
- 1/2 cucharadita de levadura en polvo
- 1/2 cucharadita de sal

Direcciones:
1. Precaliente la freidora de aire cosori a 370 F.
2. Añadir todos los ingredientes en un bol grande y mezclar con una batidora de mano.
3. Colocar la masa con una cuchara en los mini moldes de silicona para magdalenas.
4. Coloque los moldes en la cesta de la freidora de aire y cocine durante 12 minutos.
5. Servir y disfrutar.

Valor nutricional (cantidad por ración):
Calorías 204; Grasas 19,3 g; Carbohidratos 4,4 g; Azúcar 0,7 g; Proteínas 5,8 g; Colesterol 65 mg

Mug Cake de vainilla, almendra y canela

Tiempo de preparación: 5 minutos; Tiempo de cocción: 10 minutos; Servir: 1

Ingredientes:
- 1 cucharada de proteína de vainilla en polvo
- 1/2 cucharadita de levadura en polvo
- 1/4 de cucharadita de vainilla
- 1/4 de taza de leche de almendras sin azúcar
- 1/2 cucharadita de canela
- 1 cucharadita de Swerve
- 1 cucharada de harina de almendra

Direcciones:
1. Añade la proteína en polvo, la canela, la harina de almendras, el edulcorante y la levadura en polvo en la taza y mezcla bien.
2. Añadir la vainilla y la leche y remover bien.
3. Coloque la taza en la cesta de la freidora de aire y cocine a 390 F durante 10 minutos
4. Servir y disfrutar.

Valor nutricional (cantidad por ración):
Calorías 174; Grasas 4,5 g; Carbohidratos 6,7 g; Azúcar 0,7 g; Proteínas 28,8 g; Colesterol 2 mg

Choco Mug Brownie

Tiempo de preparación: 5 minutos; Tiempo de cocción: 10 minutos; Servir: 1

Ingredientes:
- 1 cucharada de proteína de chocolate en polvo
- 1/2 cucharadita de levadura en polvo
- 1/4 de taza de leche de almendras sin azúcar
- 1 cucharada de cacao en polvo

Direcciones:
1. Añade la levadura en polvo, la proteína en polvo y el cacao en polvo en una taza apta para el calor y mezcla bien.
2. Añadir la leche y remover bien.
3. Coloque la taza en la cesta de la freidora de aire y cocine a 390 F durante 10 minutos.
4. Servir y disfrutar.

Valor nutricional (cantidad por ración):
Calorías 79; Grasas 2,4 g; Carbohidratos 6,6 g; Azúcar 1,1 g; Proteínas 11,2 g; Colesterol 20 mg

Tarta de limón y ricotta

Tiempo de preparación: 10 minutos; Tiempo de cocción: 40 minutos; Servir: 8

Ingredientes:
- 4 huevos
- 1 zumo de limón
- 1 libra de ricotta
- 1 cáscara de limón
- 1/4 de taza de Swerve

Direcciones:
1. Precaliente la freidora de aire cosori a 325 F.
2. Rocíe la fuente de horno de la freidora con spray de cocina.
3. En un bol, batir el queso ricotta hasta que esté suave. Bata los huevos uno por uno.
4. Batir el zumo y la ralladura de limón. Vierta la masa en el molde preparado.
5. Coloque el plato en la cesta de la freidora de aire y cocine durante 40 minutos.
6. Cortar y servir.

Valor nutricional (cantidad por ración):
Calorías 110; Grasas 6,7 g; Carbohidratos 3,1 g; Azúcar 0,4 g; Proteínas 9,2 g; Colesterol 99 m

Muffins de canela y capuchino

Tiempo de preparación: 10 minutos; Tiempo de cocción: 25 minutos; Servir: 12

Ingredientes:
- 4 huevos
- 1 cucharadita de espresso en polvo
- 1 cucharadita de canela
- 2 cucharaditas de polvo de hornear
- 1/4 de taza de harina de coco
- 1/2 taza de Swerve
- 2 tazas de harina de almendra
- 1/2 cucharadita de vainilla
- 1/2 taza de crema agria
- 1/4 de cucharadita de sal

Direcciones:
1. Precaliente la freidora de aire cosori a 350 F.
2. Añada la crema agria, la vainilla, el café expreso en polvo y los huevos en una batidora y mezcle hasta que quede suave.
3. Añadir la harina de almendras, la canela, la levadura en polvo, la harina de coco, Swerve y la sal y mezclar para combinar.
4. Vierta la mezcla en los moldes de silicona para magdalenas.
5. Coloque los moldes en la cesta de la freidora de aire y cocine durante 25 minutos. Cocine en tandas.
6. Servir y disfrutar.

Valor nutricional (cantidad por ración):
Calorías 151; Grasas 12,9 g; Carbohidratos 5,3 g; Azúcar 0,8 g; Proteínas 6,2 g; Colesterol 59 mg

Magdalenas de calabaza húmedas

Tiempo de preparación: 10 minutos; Tiempo de cocción: 25 minutos; Servir: 10

Ingredientes:
- 4 huevos grandes
- 1/2 taza de harina de almendra
- 1 cucharadita de vainilla
- 1/3 de taza de aceite de coco derretido
- 1/2 taza de puré de calabaza
- 1 cucharada de especia de pastel de calabaza
- 1 cucharada de levadura en polvo, sin gluten
- 2/3 de taza de Swerve
- 1/2 taza de harina de coco
- 1/2 cucharadita de sal marina

Direcciones:
1. Precaliente la freidora de aire cosori a 350 F.
2. En un bol grande, mezcle la harina de coco, la especia de pastel de calabaza, la levadura en polvo, el eritritol, la harina de almendras y la sal marina.
3. Incorporar los huevos, la vainilla, el aceite de coco y el puré de calabaza hasta que estén bien combinados.
4. Vierta la mezcla en los moldes de silicona para magdalenas.

5. Coloque los moldes en la cesta de la freidora de aire y cocine durante 25 minutos. Cocine en tandas.
6. Servir y disfrutar.

Valor nutricional (cantidad por ración):
Calorías 135; Grasas 12,3 g; Carbohidratos 4 g; Azúcar 0,9 g; Proteínas 4 g; Colesterol 74 mg

Capítulo 10: Plan de comidas de 30 días

Día 1
Desayuno-Frittata de queso y verduras
Almuerzo-Deliciosa Fajita de Pollo
Cena - Chuletas de cerdo a la mostaza

Día 2
Desayuno-Huevo revuelto con salchichas

Almuerzo-Pollo griego clásico
Cena - Chuletas de cerdo al ajo

Día 3
Desayuno-Huevos con queso Muffins de desayuno
Almuerzo-Pechugas de pollo picantes
Cena: chuletas de cerdo con queso cheddar

Día 4
Desayuno: Hash clásico de boniato
Almuerzo-Sabores de Pollo al Dijon
Cena - Chuletas de cerdo fritas al aire

Día 5
Desayuno-Huevos con queso fáciles de desayunar
Muslos de Pollo Lunch-Jerk
Cena-Chuletas de cerdo con mantequilla de hierbas

Día 6
Desayuno-Huevo frittata de queso
Almuerzo-Sabores y muslos de pollo crujientes

Cena - Chuletas de cerdo con costra crujiente

Día 7
Desayuno-Hueveras de queso y jamón

Almuerzo- Pollo al limón fácil y rápido
Cena: Chuletas de cerdo sazonadas con pimienta de limón

Día 8
Desayuno-Tortilla de espinacas saludable

Almuerzo-Pollo con jalapeños picantes
Cena-Deliciosas chuletas de cerdo al rancho

Día 9
Desayuno-Huevo con queso y champiñones al horno
Almuerzo-Pollo griego saludable
Cena - Chuletas de cerdo jugosas y sabrosas

Día 10
Desayuno-Desayuno Hash Browns de rábano
Almuerzo-Deliciosas albóndigas de pollo
Cena- Chuletas de cerdo encebolladas

Día 11
Desayuno-Tortilla de queso
Almuerzo-Fácil Camarones Cajún

Cena-Simples chuletas de cerdo para freír en el aire

Día 12
Desayuno-Magdalenas de huevo con salchicha y queso
Almuerzo-Salmón tierno y jugoso
Cena-Bistec de cerdo picante

Día 13
Desayuno-Frittata fácil de desayunar
Almuerzo-Cena de gambas y verduras
Cena-Culo de cerdo fácil

Día 14
Desayuno-Frittata de brócoli y pimientos

Almuerzo - Camarones al ajo con limón

Cena-Chuletas de cerdo sazonadas

Día 15

Desayuno-Frittata de queso y salchicha

Almuerzo-Pescado blanco al limón y al ajo

Cena-Fácil y deliciosa Chuletas de Cerdo

Día 16

Desayuno-Huevos con salchichas y espinacas

Almuerzo-Fácil Camarones al Coco

Cena - Chuletas de cerdo tiernas

Día 17

Desayuno-Magdalenas de huevo con espinacas y ajo

Almuerzo-Filetes de pescado blanco a la parmesana

Cena - Bistec Marinado

Día 18

Desayuno-Frittata de verduras

Almuerzo: sabrosas fajitas de camarones

Cena-Ternera Asiática

Día 19

Desayuno-Magdalenas de huevo con col rizada

Almuerzo-Salmón con jengibre y ajo

Cena: sabroso asado de ternera

Día 20

Desayuno-Frittata de queso y champiñones

Almuerzo: sabrosos camarones al chipotle

Cena-Bistec de queso y mantequilla

Día 21

Desayuno-Hueveras de requesón

Almuerzo-Patatas de atún

Cena-Asado de ternera al romero y tomillo

Día 22

Desayuno-Hueveras de hierbas sabrosas

Almuerzo: buñuelos de pollo con sabor a queso

Cena-Tender & Juicy Kebab

Día 23

Desayuno-Magdalenas de huevo con tomate y albahaca

Almuerzo-Deliciosas hamburguesas de pollo

Cena: sabrosa carne con jengibre y ajo

Día 24

Desayuno-Magdalenas de huevo con pimiento y feta

Almuerzo-Tortilla de queso cheddar

Cena - Bistec especiado

Día 25

Desayuno-Quiche de queso al ajo

Almuerzo-Pechugas de pollo al limón

Cena-Ternera y brócoli saludables

Día 26

Desayuno-Patatas de calabacín para el desayuno

Almuerzo: bocado de huevo con salchicha y queso suizo

Cena-Ternera al ajo y brócoli

Día 27

Desayuno-Quiche de brócoli

Almuerzo: bocado de huevo con queso gruyere

Cena-Patatas de ternera Berger

Día 28

Desayuno-Frittata de queso, salchichas y pimientos

Almuerzo-Quiche de brócoli

Cena-Satay de ternera

Día 29

Desayuno-Frittata de champiñones

Almuerzo-Quiche de queso al ajo

Cena - Filete de costilla

Día 30

Desayuno-Frittata de brócoli y pimientos

Almuerzo-Frittata de salchichas y pimientos con queso

Cena- Bistec con Setas

Conclusión:

La dieta Keto y la freidora de aire Cosori son una de las combinaciones únicas de un plan de dieta saludable y nutritiva y un moderno aparato de cocina saludable. La dieta Keto es una de las dietas saludables más famosas del mundo que es baja en carbohidratos y alta en grasas. La mayoría de los pueblos de todo el mundo utilizan esta dieta para la pérdida de peso rápida propósito. La dieta Keto tiene varios beneficios para la salud, en este libro hemos visto varios beneficios para la salud de la dieta Keto.

El libro contiene recetas saludables de la dieta ceto, como desayunos y almuerzos, carne de ave, carne de cerdo, cordero, aperitivos, mariscos, comidas sin carne y postres. Todas las recetas de este libro son únicas y están escritas de forma fácilmente comprensible. Las recetas escritas en este libro se dan su preparación exacta y el tiempo de cocción.

www.ingramcontent.com/pod-product-compliance
Lightning Source LLC
Chambersburg PA
CBHW081345070526
44578CB00005B/731